无人艇技术基础

王曰英　周卫祥　路　楠　魏　岩　吴　洋　编著

電子工業出版社
Publishing House of Electronics Industry
北京 · BEIJING

内 容 简 介

本书就无人艇的运动控制、自主感知与路径规划等的相关原理和设计展开介绍与扩展，基本囊括了无人艇运动控制与路径规划的主要内容。本书的主要内容包括：国内外无人艇的应用与发展现状和关键技术研究现状，无人艇的运动学模型、动力学模型及水平面 3 自由度运动数学模型，无人艇自动靠泊控制、路径跟踪控制、轨迹跟踪控制和编队控制的控制器设计及仿真，用 Gazebo 仿真软件完成工业单目相机与镭神激光雷达的联合标定及多传感器融合建模，以及全局和局部的多种路径规划算法。

本书中提供了基本的原理及方法介绍和计算推导实例，内容全面，实用性强，适用范围广，可作为高等院校船舶与海洋工程、控制理论与控制工程等相关专业高年级本科生和研究生的课程教材，也可作为无人艇运动数学模型、无人艇运动控制、自主感知技术与环境建模、无人艇路径规划方面的参考资料。

图书在版编目（CIP）数据

无人艇技术基础 / 王曰英等编著. —北京：电子工业出版社，2024.4
ISBN 978-7-121-47487-3

Ⅰ. ①无…　Ⅱ. ①王…　Ⅲ. ①无人驾驶－水面舰艇－高等学校－教材　Ⅳ. ①U674.7

中国国家版本馆 CIP 数据核字（2024）第 054602 号

责任编辑：刘　瑀
印　　刷：天津千鹤文化传播有限公司
装　　订：天津千鹤文化传播有限公司
出版发行：电子工业出版社
　　　　　北京市海淀区万寿路 173 信箱　　邮编 100036
开　　本：787×1 092　1/16　印张：9.75　字数：250 千字
版　　次：2024 年 4 月第 1 版
印　　次：2024 年 4 月第 1 次印刷
定　　价：49.00 元

凡所购买电子工业出版社图书有缺损问题，请向购买书店调换。若书店售缺，请与本社发行部联系，联系及邮购电话：（010）88254888，88258888。

质量投诉请发邮件至 zlts@phei.com.cn，盗版侵权举报请发邮件至 dbqq@phei.com.cn。

本书咨询联系方式：（010）88254115，liuy01@phei.com.cn。

前　言

近年来，随着无人机、无人车等无人装备的迅速发展，智能无人系统的发展逐渐从空中、陆地扩展到了海洋，同时由于世界各国对于海洋资源开发和海洋权益维护的重视，各国研究人员纷纷投入对无人艇相关技术的研究。

无人艇作为一种智能无人系统，在军事、科学考察等方面具有巨大的商业价值和应用潜能。无人艇运动控制与路径规划技术是将无人艇应用于实际的核心内容，优秀的控制系统、感知系统和路径规划系统是无人艇完成各种任务的必要前提。

本书就无人艇的运动控制、自主感知与路径规划等的相关原理和设计展开介绍与扩展，基本囊括了无人艇运动控制与路径规划的主要内容。全书分为 5 章，第 1 章介绍国内外无人艇的应用与发展现状和关键技术研究现状；第 2 章介绍无人艇的运动学模型、动力学模型及水平面 3 自由度运动数学模型；第 3 章从 Lyapunov 稳定性理论入手，介绍无人艇自动靠泊控制、路径跟踪控制、轨迹跟踪控制和编队控制的控制器设计及仿真；第 4 章利用 Gazebo 仿真软件完成工业单目相机与镭神激光雷达的联合标定及多传感器融合建模；第 5 章介绍全局和局部的多种路径规划算法。

本书由上海大学王曰英教授团队编著，上海海事大学周卫祥老师、浙江工业大学魏岩老师、上海交通大学吴洋博士参与了编写。具体分工如下。

王曰英教授负责本书的统稿与审阅工作，周卫祥老师负责编写本书 3.3 节、3.5 节，魏岩老师负责编写本书 3.2 节，吴洋老师负责编写本书 3.4 节，王曰英教授及其团队成员路楠负责编写本书其余章节。

为了方便读者学习使用和参考，本书提供了基本的原理及方法介绍和计算推导实例。在编写本书的过程中，编者查阅了大量的资料，包括国内外专家学者的研究报告、相关的学术会议报告、学术论文等，在此对这些专家学者在无人艇运动控制与路径规划领域所做出的贡献表示崇高的敬意，对能引用他们的成果感到十分荣幸并由衷表示谢意。

本书内容全面，实用性强，适用范围广，可作为高等院校船舶与海洋工程、控制理论与控制工程等相关专业高年级本科生和研究生的课程教材，也可作为无人艇运动数学模型、无人艇运动控制、自主感知技术与环境建模、无人艇路径规划方面的参考资料。

本书提供配套的电子课件（PPT），读者可登录华信教育资源网（www.hxedu.com.cn）免费下载。

由于编者水平有限，对某些问题的理解可能还不够深入，本书中难免存在不足之处，敬请广大读者批评指正。

编　者

目 录

第1章　绪　　论

1.1　无人艇概念

无人艇是一种以半自主或全自主方式在水面航行的无人化、智能化海上作业平台，主要用于执行危险及不适合有人船只执行的任务。

作为一种新型的无人化平台，与传统水面舰船相比，无人艇具有以下典型的优势。

（1）小型轻量、反应快速。无人艇发展至今已经衍生出很多类型，与传统水面舰船相比，其主尺度和排水量均不大，总长在6～20m范围内的最为常见，排水量在数吨到数十吨之间，但其快速性特点远优于同级别的传统水面舰船。

（2）机动灵活、适应性强。无人艇具有较小的排水量、较浅的吃水设计，因而特别适合在港口、航道、近岸等浅水区域活动作业，并且可以更好地应对海况干扰所产生的影响。

（3）艇型丰富。由于无人艇不需要考虑船员的适居性设计问题，因此无人艇的艇型设计更加自由、灵活，如可以采用单体滑行艇型、水翼艇型、多体船艇型及半潜式艇型等。

（4）推进方式多样。无人艇除可以沿用传统水面舰船推进方式，如螺旋桨推进配合方向舵、喷水推进、表面桨推进等以外，还可以采用全电力推进方式及利用太阳能、风能和海洋能等环保能源的推进方式。

（5）信息化、智能化。一方面，无人艇可以凭借自身所具备的人工智能以不同程度的自主性完成指定任务；另一方面，无人艇可以同时与空中、水上和水下的平台系统进行通信，协作组成立体监测网络，这有助于信息战的实现。

（6）人员零伤亡。人员零伤亡是所有无人装备最重要的特性，这在当前珍视生命、渴望和平的年代里显得尤为重要，同时也是无人装备得以飞速发展的主要原因。无人艇的操控人员不需要亲临实际海域，只需要在几十千米甚至更远的控制基地通过无线电通信设备或卫星通信设备操控即可。

无人艇的架构设计一般划分为监控站（岸基/母舰监控系统）、无人艇（本体系统）两大部分。对于无人艇本体而言，根据任务、功能的不同，无人艇的系统构成主要包括载体、动力、操纵、控制、感知、通信、导航、载荷、作业、保障等子系统。基于模块化的设计理念，可将子系统细分为各个功能模块。在无人艇研制过程中，依据任务需求和总体设计方案，分别对各功能模块进行技术攻关、详细设计、软硬件开发，通过系统集成最终构建出具备自主操控、安全航行及特定功能的无人艇系统。一种典型的无人艇系统构成图如图 1-1 所示，为了保障无人艇有效运行，无人艇系统包含约 20 个子系统（功能模块），显然无人艇系统是一个非常复杂的系统。

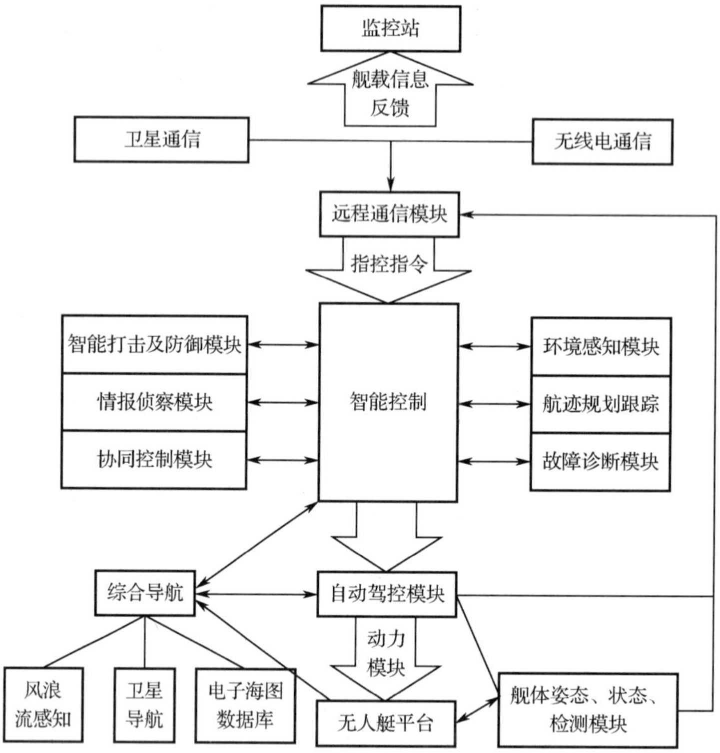

图 1-1　一种典型的无人艇系统构成图

1.2　无人艇研究现状

1.2.1　国内无人艇的应用与发展现状

国内无人艇的研究起步较晚，目前市场上并没有集驾驶、遥控、自主航行功能于一体的无人艇系统，这就要求研究人员必须针对无人艇的任务需求、艇体特征及总体布局要求，结合系统功能、经济成本等因素的约束条件限制，设计并构建无人艇系统。国内从事无人艇研究的主要有中国科学院沈阳自动化研究所、哈尔滨工程大学、上海大学、上海海事大学、沈阳航天新光集团有限公司、珠海云洲智能科技有限公司等。

（1）Silver Frog 无人艇。上海海事大学研制的 Silver Frog 无人艇为双体铝合金多任务通用平台。该无人艇长 2.7m，宽 1.48m，型深 0.36m，重 60kg，有效载荷为 100kg，由 60Ah 的锂电池组供电给直流电动机驱动双螺旋桨推进。该无人艇的控制系统由载体平台控制系统和岸基监控系统两部分组成，岸基监控系统通过无线网络（有效通信距离可达 1n mile）下达人机交互指令给载体平台控制系统，进而操控无人艇。

（2）Triple-hulled 三体无人艇。中国科学院沈阳自动化研究所研发的 Triple-hulled 三体无人艇采用类似 Silver Frog 无人艇的设计：采用直流驱动电动机推进方式，无人艇平台分为地面控制系统、无线传输设备和艇载控制系统三大部分。该无人艇配备了线加速度/角速度传感器、陀螺仪、罗经和 GPS 等。

（3）“天象一号”无人艇。2008 年，沈阳航天新光集团有限公司研制出了“天象一号”无人艇，如图 1-2 所示。该无人艇长 6.5m，船体采用碳纤维制成，配有 GPS、雷达、图像传输和处理系统等多种传感器，具备自主和遥控两种模式，该无人艇作为应急装备成功为 2008 年的青岛奥帆赛提供了气象保障服务。

图 1-2 “天象一号”无人艇

（4）XL 号无人艇。哈尔滨工程大学水下机器人技术重点实验室是国内较早从事无人潜水器和无人艇等无人系统研究的单位之一，长期从事无人潜水器和无人艇相关技术的攻关，取得了多项国际先进、国内领先的技术成果，突破了多项关键技术，如系统仿真技术、自主驾控系统体系结构、避碰规划技术、运动控制技术及路径跟踪技术等。XL 号无人艇采用单体高速滑行艇型设计，搭载雷达、光视觉、红外视觉等传感器，具备自主感知和自主航行能力，可实现复杂障碍环境下甚至动态目标的自主避碰航行。

1.2.2 国外无人艇的应用与发展现状

美国、英国、法国、德国、以色列等国家已将无人艇作为重要军事项目进行研究和开发，其中具有代表性的成果有美国的 Spartan 无人艇和以色列的 Protector 无人艇等。

1.2.2.1 美国

美国有许多军方单位、地方研究协会、大学等长期致力于无人艇的研究，主导着全球无人艇的发展方向。

（1）Spartan 无人艇。Spartan 无人艇项目由美国主持，联合法国、新加坡共同研制。Spartan 试验艇搭载于“葛底斯堡”号导弹巡洋舰，其参加了波斯湾作战行动，之后美国海军部根据其试验结果开始进行大规模的研制，并将其列入濒海战斗舰（Littoral Combat Ship，LCS）的全套武器装备清单。Spartan 无人艇有两种设计方案，均为硬壳充气型高速滑行艇，它既能自主航行，又能遥控操纵。该无人艇长 11m，排水量为 2.3t，最高航速可达 50kn，续航时间可达 12h，可搭载 1350～2300kg 的有效载荷。

（2）SSC San Diego 无人艇。美国空间和海战系统中心的机器人研究小组研发了一种通用无人艇试验平台——SSC San Diego 无人艇。该研究小组一直致力于无人艇相关技术的研究，基于 SSC San Diego 无人艇研发了许多无人艇领域的通用性技术，这些技术可以很方便地实现工程化应用。

（3）Harbor Wing 无人艇。美国海军还研发了大量的无人快艇，主要用于执行侦察任务。Harbor Wing 无人艇是一艘长约 18m、重 10t、远程无人驾驶、高适航性的双体侦察船，已有 X1 和 X2 两个型号。

（4）三体无人艇。通用动力机械系统公司为美国海军研制的无人艇长 10.6m，宽 3.25m，最高航速可达 35kn。该无人艇设计为三体滑行艇型，能在 4 级海况下发射和回收，并且自带传感器系统（如拖曳式声呐系统和多基地场外低频声呐系统），具有先进的无人导航和 360°“情境意识”自主控制能力及 24h 连续执行任务的能力。

1.2.2.2 以色列

以色列具有非常强大的军事科技研发能力，目前主要有拉斐尔公司、航空防务系统公司、埃尔比特系统公司等进行无人艇及其相关技术的研究。

（1）Protector 无人艇。2003 年，以色列的拉斐尔公司与航空防务系统公司共同研发了著名的 Protector 无人艇。该无人艇于 2005 年开始装备部队，用于执行保卫领水和近岸水域任务，在试验和使用过程中显示出了较高的战术技术性能，是以色列无人艇的典型代表。该无人艇长 9m，排水量为 4t，最高航速为 40kn，最大载荷为 1t，续航时间约为 8h，艇上装备 1 挺 7.62mm 或 12.7mm 机枪（可增加 1 具 40mm 榴弹发射器），同时备有电动机械瞄准传动装置的火控系统，有遥控和自主两种控制模式。

（2）Silver Marlin 无人艇。以色列的埃尔比特系统公司研制的 Silver Marlin 无人艇被称为第二代无人艇，于 2007 年初开始海试。该无人艇在 Café 赛艇 35 的基础上设计制造而成，长 10.67m，满载排水量为 4t，最高航速可达 45kn，续航力为 500n mile，续航时间为 24h。

（3）Stingray 无人艇。Stingray 无人艇是以色列的埃尔比特系统公司研制的另一款小型无人艇。该无人艇是在民用喷水推进艇型的基础上开发的，最高航速可达 40kn，续航时间不小于 8h，有效载荷不小于 150kg，不但体型小、隐身性强，而且具备海上目标检测与识别功能，可兼容情报侦察与监视、电子战和电子侦察等系统。

（4）Starfish 无人艇。Starfish 无人艇由以色列的航空防务系统公司研制。该无人艇长 11m，有效载荷为 2.5t，最高航速为 45kn，作战半径为 300n mile，续航时间为 10h，其动力系统配备双柴油机，喷水推进，还可搭载光电侦察系统、目标搜索系统、通信系统及小口径舰炮（具有岸基、海基、空基 3 种平台控制模式）。

1.2.2.3 其他国家

法国在无人艇领域的典型代表产品主要有 ACSA 公司的 Basil 无人艇、Sirehna 公司的 Rodeur 无人艇，其中 Rodeur 无人艇可执行多种任务，包括反水雷、反潜、侦察监视、海上安防、海洋环境探测及调查等。

日本对无人艇的相关研究工作也开展得相对较早。日本的 Yamaha 公司研制的无人高速军用艇（Unmanned Marine Vehicle High-speed，UMV-H）采用深 V 形设计，长 4.44m，最高航速为 40kn，有遥控和自主两种控制模式。此外，Yamaha 公司针对海洋水文气象环境监测及生物化学科考任务研制了无人海洋探测艇（Unmanned Marine Vehicle Ocean type，UMV-O），该型首艇 Kan-Chan 已于 2003 年交付日本科技厅投入使用。

Charlie 双体无人艇由意大利机器人技术集团研制，长 2.4m，宽 1.7m，并配备 GPS 及 KVH 型陀螺仪，其电力推进系统设计为由铅酸电池、太阳能电池板联合供电，采用螺旋桨推进方式。

此外，英国、德国、葡萄牙等国家也研制了各自的无人艇，如 Springer 无人艇、Swordfish 无人艇和 See-Wiesel 无人艇等。

1.2.3 关键技术研究现状

1.2.3.1 态势感知

当前国内学术界对无人艇水面态势感知的目的及无人艇水面态势感知技术没有一个清晰的定义，给出的相关定义往往是广泛的或较模糊的。例如，程烨提到无人艇的态势感知能力为“无人艇通过关联来自导航雷达、激光雷达、光电红外摄像头、吊放声呐、被动声呐和极高频声呐等多个传感器源的多条目标航迹，判断目标的状态，过滤虚警目标，识别静态和动态障碍物，从而高精度识别目标，并确认任务目标”；李惟提到无人搜救系统中的态势感知为“对目标和环境信息的探测”。通过对比和分析态势感知的定义及其在网络安全和无人机领域的应用思路，可发现它们具有三个共性特征：①收集信息；②理解信息；③预测信息。

由于水面态势感知技术属于新兴的研究领域，因此网络上没有公开的、符合条件的水面态势库，真实的水面态势也难以大量获得。同时，无人艇作为未来必将广泛应用的精密设备，对应用的技术有着实时性高、成本低、准确率高等要求。因此，研究如何生成接近真实情况的水面态势，以及实时性高、成本低、准确率高的无人艇水面态势感知技术具有重要意义。

无人艇水面态势感知技术的输入为水面海洋实体和环境属性，输出为水面海洋实体关系，如果能够事先枚举常见的水面海洋实体关系，那么可以将该问题视为一个分类问题来解决。近年来，随着机器学习和深度学习的发展，针对分类问题的解决方案中涌现出了一批极为优秀的算法。在机器学习方面，2017 年提出的轻量级梯度提升决策树（LightGBM）作为成熟的机器学习框架，在分类问题上具有分类速度快、准确率高、训练速度快及部署简单等特点。在深度学习方面，2017 年提出的图卷积神经网络可以用于充分提取由关联属性构造的图数据中的信息，从而通过图嵌入的方式大大减少计算特征维度并结合图可预存储的方式使推理计算量有效减少，在提升分类效果的同时提高了实际推理效率。

1.2.3.2 路径规划

路径规划分为全局路径规划和局部路径规划。全局路径规划是指利用电子海图等先进信息，根据任务需求，在较大的范围内借助合适的搜索算法寻求一条可行的无障碍路线。局部路径规划在全局路径航行中起辅助作用，无人艇在全局路径航行中对未知的障碍物进行探测并自主避让，避让完成之后继续按照全局路径航行。

1. 全局路径规划

全局路径规划需要获取整个环境的信息，根据获得的完整信息对环境进行建模，并对指定路径进行初步规划。在整个全局路径规划的过程中，可以将全局路径规划问题拆分为环境信息获取及建模和全局路径规划算法选择。当存在未知的障碍物或航行过程中偶遇突发状况时，全局路径规划算法无法解决路径规划问题，因此其只适用于对实时性要求不高、环境信息获取完全的情况。

1）Dijkstra 算法

Dijkstra 算法由 Dijkstra 在 1959 年首次提出，是一种计算精度较高的全局路径规划算法，用于获取最优路径。经典的 Dijkstra 算法原理简单，但是计算流程过于复杂且占用的内存较大，获取的结果只能按照预定的路线航行，只适用于较小规模的路径规划。王先全等使用邻接表及二叉排序树结构，对传统 Dijkstra 算法进行优化，以提高计算效率、加快路径规划速度。庄佳园等使用动态网格模型，将基于距离寻优的 Dijkstra 算法应用于无人艇的全局路径规划，通过删减非最优路径的节点，在降低算法自身的内存占用的同时加快路径规划速度并优化全局路径，使规划的路径更加平滑，适合无人艇的航行。

2）A*算法

A*算法是由 Hart 等提出的一种启发式算法，它是 Dijkstra 算法的拓展，同时也是在静态网络中寻找最优路径最有效的方法。

A*算法原理简单，比 Dijkstra 算法运算速度更快，但是其对启发函数非常依赖，这就导致该算法的计算量是巨大的。A*算法由于计算效率高，因此被广泛利用，不少专家也根据 A*算法的缺陷对其加以改造。Svec 等将全局路径规划算法和局部有界最优算法结合，用于解决无人艇的动态路径规划问题。该算法通过取最小值中的极大值，将海浪等因素可能导致的偏差考虑在内，更适用于海上环境，实验证明了该算法具有实用价值，但是其对无人艇运动控制的精度要求更高。KIMH 提出一种基于改进 A*算法的全局路径规划算法，由于 KIMH 将无人艇的最大转弯半径及外界环境纳入考虑范围，因此改进后的算法更加灵活，仿真实验证明了该算法的有效性。

3）蚁群算法

蚁群算法（Ant Colony Optimization，ACO）是 Dorigo 等提出的一种智能优化算法，通过重复模拟蚁群的觅食行为完成最优路径的寻找。

蚁群算法相比传统算法具有鲁棒性较高和便于并行处理的优点，但是如果初期路径规模太大或前期信息素缺失，则可能导致路径规划求解时间变长或无法得到全局最优解。针对蚁群算法的这一问题，Stutzle 等提出最大最小蚂蚁系统（Max-Min Ant System，MMAS）算法，通过对路径上的信息素进行上下限的控制，在一定程度上减少了停滞现象，但是当求解过于分散时，收敛速度也会减慢。尽管如此，由于 MMAS 算法能够有效平衡收敛速度和避免陷入局部最优解问题，因此 MMAS 算法可以较快地获得最优解。游晓明等提出一种新的动态搜索诱导算法以改进蚁群算法的性能，在改进过程中利用动态衰减模型调整阈值以加快收敛速度，测试结果说明该算法不仅可以加快收敛速度，还可以提高优化解的质量。

4）遗传算法

遗传算法由 Holland 提出，是一种模拟生物进化过程的随机搜索算法。遗传算法具有较高的鲁棒性，适用于复杂环境下的路径求解问题，应用非常广泛，但是其存在收敛速度慢、控制变量多和求解能力较差的缺点。Long 等针对遗传算法收敛速度慢的缺点，使用网格法对环境建模，提出一种全新的初始种群，提高了种群的收敛速度及种群的初始质量，通过设置自适应交叉概率及变异概率，生成路径的速度有较为明显的提高，仿真实验证明了该算法的可行性。

5）智能水滴算法

2009 年，Hamed Shah-Hossini 提出智能水滴算法。智能水滴算法根据水滴与周边河道环境互相作用产生的影响，如水滴前进速度、自身携带的泥土量变化，通过概率实现对路径的选择，水滴受重力作用进行启发式搜索，以寻找最优路径。

与其他传统算法相比，智能水滴算法具有良好的正反馈机制和自组织特性，但是其存在计算能力较低、搜索能力差和算法早熟的缺点。

徐佳敏等针对智能水滴算法早熟的缺点，提出通过非均匀性的编译避免算法早熟。EZUGWU 等设计出一种增强智能水滴算法，将退火算法作为局部启发式搜索元引入智能水滴算法，加快了算法的收敛速度。

全局路径规划算法的优缺点对比如表 1-1 所示。除本书中介绍的几种全局路径规划算法之外，还有模拟退火算法、神经网络算法等全局路径规划算法，但这些算法在无人艇的全局路径规划中应用较少，故在此不对其进行介绍。

表 1-1　全局路径规划算法的优缺点对比

算法	Dijkstra 算法	A*算法	蚁群算法	遗传算法	智能水滴算法
优点	原理简单，鲁棒性高，应用广泛且计算精度较高	原理简单，求解的路径最直接有效	鲁棒性较高，同时具有正反馈机制，可以并行处理，求解精准度高	鲁棒性较高，适用于复杂环境下的路径求解问题，应用广泛	具有良好的正反馈机制和自组织特性
缺点	计算效率低，占用的内存较大，求解速度慢	对启发函数非常依赖，求解速度慢	参数设置不当会使求解不精准，可能会陷入局部最优解问题	收敛速度慢，控制变量多，求解能力较差，系统稳定性不高	计算能力较低，搜索能力差，可能会出现算法早熟现象

2. 局部路径规划

与全局路径规划算法不同，局部路径规划算法不需要完整的环境信息，通过传感器从周围环境中获取信息，包括但不限于障碍物的尺寸、形状和相对速度，并通过算法计算得到一条安全的路径。常见的局部路径规划算法包括人工势场法、速度障碍法、向量场直方图法等。

1）人工势场法

人工势场法由 Khatib 首次提出，目前已经成为局部路径规划中应用最广泛的算法之一。人工势场法具有计算简单、反应迅速的优点，但是如果存在某一点合力为 0，那么无人艇将围绕此点做圆周运动，最终无法到达目的地，从而陷入局部最优解问题。除此之外，当无人艇被障碍物环绕时，利用人工势场法无法求解。

陈超等通过引进新的引力场函数和斥力场函数，对传统的人工势场法进行了优化。除此之外，在应力场内添加振荡函数，当无人艇陷入局部最优解问题时，振荡函数通过修改引力场方向破坏局部最优解问题的平衡，通过仿真实验可知该优化算法可以解决局部最优解问题，但是求解的路径随机且得到的不是最优解。

2）速度障碍法

速度障碍（Velocity Obstacle，VO）法是 Fiorini 等提出的一种局部路径规划算法。速度障碍法与其他智能算法相比，将障碍物的速度属性纳入考虑范围，能可靠地保障无人艇的避障安全，避障的准确性非常高。但是速度障碍法没有考虑障碍物速度的动态变化，并且在规划避障路线时速度较慢。

Kuwata 等成功地将速度障碍法应用于无人艇的局部避障，计算无人艇与障碍物之间的最近距离及到达最近距离的时间，只有当最近距离和到达最近距离的时间都满足约束条件时才会判定可能发生碰撞，同时建立代价函数，这时只需要从安全的速度空间内选取代价函数值最小的速度矢量即可实现局部避障。

3）向量场直方图法

向量场直方图法是 Borenstein 针对人工势场法的特殊情况提出的一种实时路径规划算法。向量场直方图法具有较高的鲁棒性，适用于多种场合下的局部动态避障，但是由于缺乏对障碍物速度属性及无人艇操控性的考虑，因此可能会陷入局部最优解问题。Loel 针对局部最优解问题，通过将向量场直方图法与 A*算法结合得到 VFH*算法。该算法在复杂的局部环境中依然可以进行局部路径规划。Babinec 等提出一种基于 VFH*算法的优化算法，通过栅格化建模，将无人艇航行空间划分为具有二值信息的单元，通过获取单元的信任度值计算障碍物栅格的向量值和矢量角等信息，得到复杂环境下的最优路径。

局部路径规划算法的优缺点对比如表 1-2 所示。除本书中介绍的几种局部路径规划算法之外，还有梯度法、ASL 法等经典局部路径规划算法，但这些算法并不适用于无人艇领域，故在此不对其进行介绍。

表 1-2 局部路径规划算法的优缺点对比

算法	人工势场法	速度障碍法	向量场直方图法
优点	计算简单，反应迅速，有较好的实时性，路径规划的准确性较高	将障碍物的速度属性纳入考虑范围，保证路径的规划避开动态障碍物	鲁棒性较高，计算高效，适用于多障碍物的规避，路径规划的准确性更高
缺点	当目标点附近存在障碍物时，可能会陷入局部最优解问题	没有考虑到障碍物速度的动态变化，求解速度较慢	没有考虑无人艇自身的动力学模型，实际对无人艇的操控非常困难

1.2.3.3 运动控制

控制器可以根据特定任务目标设计控制算法，计算要达到这些目标底层驱动机构需要执行的指令。通常外部环境干扰、控制器所用模型与系统模型间的误差及系统动态变化等因素对控制器有影响，控制器设计中普遍采用闭环反馈控制，在一定程度上提高了系统鲁棒性。简单来说，一个反馈控制系统首先通过测量系统输出并比较此输出与其参考值得出输出偏差，其次依赖系统模型和一定算法计算出修正输出偏差所需的控制输入，最后将此输入应用于被控系统以达到期望的系统轨迹。

对无人艇而言，依据控制目标的不同，一般有三类控制问题。第一类为定值控制问题，即参考值为一个定值，对应的控制器为调节器（Regulator）。无人艇中常见的定速控制、航向控制和动力定位等问题都属于定值控制问题。定值控制是自动控制领域理论研究较为深入的一个方向。第二类为路径跟踪控制问题，即给定参考值为一条与时间无关的几何空间轨迹。船舶控制领域研究较多的 Line-of-Sight 就可以视为一种直线路径跟踪控制问题，也可以视为参考轨迹为曲线的路径跟踪控制问题。第三类与第二类很相似，为与时间相关的轨迹跟踪控制问题，即参考轨迹是时间的函数。所涉及的控制目标一般为控制系统在指定的时间到达指定的状态（位置、速度等）。

对于这些不同的控制问题，需要提出不同的控制算法应用于无人艇。PID 控制算法是最早被提出也是迄今为止应用最为广泛的控制算法。实际上，PID 控制算法最早被提出时的应用就是船舶航向控制。PID 控制算法之所以至今应用仍如此广泛，主要是因为其实现相对容易且成本低廉。但是，PID 控制算法有参数难以调节或超调、难以处理约束条件、系统非线性及定量化优化系统性能等不足。基于 Lyapunov 定理的非线性控制则可以很方便地处理系统非线性不足，并且能给出系统解析解，保证系统闭环稳定性。常见的非线性控制算法，如反步法、滑膜控制法、反馈线性化法等，也被应用于船舶控制。但是其应用并不是很广泛，一个主要原因是系统分析通常较为复杂，并且设计出的控制律通常只适用于具有某一类非线性特性的系统，并不具有普适性，约束条件的处理也比较困难。智能控制算法，如模糊逻辑控制算法，通常需要与其他算法结合使用，否则很难保证其可靠性。基于优化的控制可以定义一个性能函数，所以可以明确地衡量系统与设定目标之间的差距。例如，Springer 无人艇采用的就是线性二次高斯控制算法。表 1-3 所示为常见控制算法的优缺点对比。

表 1-3　常见控制算法的优缺点对比

控制算法	PID	非线性（Lyapunov）控制	智能控制，如模糊、神经网络等
优点	实现简单，计算快	解析控制律，理论特性保证	无须模型，实现简单，计算快
缺点	参数调节难，不具移植性	针对特定系统非线性特性，不具普适性	依赖经验，性能不能保证

第 2 章　无人艇运动数学模型

船舶运动数学模型是描述船舶运动特性及研究船舶运动控制相关问题的基础和关键。当前通过仿真研究设计船舶运动控制器是比较有效的方法。建立船舶运动数学模型在船舶运动控制领域不仅能设计船舶操纵控制器并为研究船舶闭环系统特性搭建一个基本的仿真研究平台，而且能直接为船舶运动控制器的设计服务。在实际的海面上，船舶会受到风、浪、洋流、重力等环境因素的干扰，船舶的运动会异常复杂，建立适合的船舶运动数学模型，可以验证控制算法的有效性，从而对船舶进行精准控制。因此，建立复杂程度适中、控制精度满足要求的船舶运动数学模型是至关重要的。

本章首先介绍描述船舶运动的两个坐标系，在此基础上系统介绍船舶的运动参考坐标系、船舶的运动数学模型，将欠驱动船舶运动数学模型分为运动学模型和动力学模型两部分。其次推导出船舶 6 自由度运动数学模型。最后针对本书的主要研究内容，简化欠驱动船舶运动标准的数学模型，推导出欠驱动船舶的 3 自由度运动数学模型，为后续的无人艇控制相关问题研究奠定基础。

2.1　参考坐标系

船舶在水中的运动非常复杂，一般情况下具有 6 个自由度。为了更好地研究船舶的运动，一般采用两种坐标系：以地球表面为原点的惯性坐标系和以船体重心为原点的船体坐标系。惯性坐标系用来描述船舶的位置和姿态，船体坐标系能更好地描述船舶的线速度和角速度。

惯性坐标系 $OXYZ$ 的原点 O 是任取的，X 轴平行于水平面，指向北方；Y 轴平行于水平面，指向东方；Z 轴垂直于水平面，指向地心。

船体坐标系 $O_bX_bY_bZ_b$ 一般选取船体的重心作为原点，X_b 轴是纵坐标轴，指向船艏，沿着 X_b 轴的平动称为纵荡（Surge），绕 X_b 轴的转动称为横摇（Roll）；Y_b 轴是横坐标轴，指向船舶的右舷，沿着 Y_b 轴的平动称为横荡（Sway），绕 Y_b 轴的转动称为纵摇（Pitch）；Z_b 轴是垂向坐标轴，指向船舶的龙骨，沿着 Z_b 轴的平动称为垂荡（Heave），绕 Z_b 轴的转动称为艏摇（Yaw），如图 2-1 所示。船舶的 6 自由度运动及符号定义如表 2-1 所示。

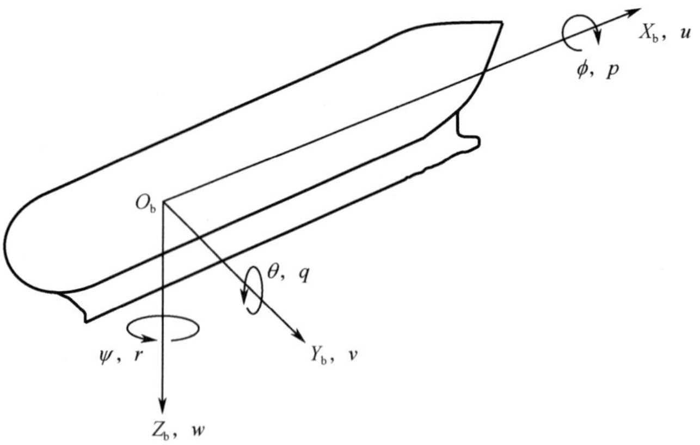

图 2-1　船体坐标系

表 2-1　船舶的 6 自由度运动及符号定义

自　由　度	力或力矩	线速度或角速度	位置或欧拉角
纵荡（Surge）	X	u	x
横荡（Sway）	Y	v	y
垂荡（Heave）	Z	w	z
横摇（Roll）	K	p	ϕ
纵摇（Pitch）	M	q	θ
艏摇（Yaw）	N	r	ψ

根据表 2-1 中各个符号的定义，船舶的 6 自由度运动可以用向量表示为

$$\boldsymbol{\eta}=[\boldsymbol{\eta}_1,\boldsymbol{\eta}_2]^{\mathrm{T}}，\quad \boldsymbol{\eta}_1=[x,y,z]^{\mathrm{T}}，\quad \boldsymbol{\eta}_2=[\phi,\theta,\psi]^{\mathrm{T}}$$

$$\boldsymbol{v}=[\boldsymbol{v}_1,\boldsymbol{v}_2]^{\mathrm{T}}，\quad \boldsymbol{v}_1=[u,v,w]^{\mathrm{T}}，\quad \boldsymbol{v}_2=[p,q,r]^{\mathrm{T}}$$

$$\boldsymbol{\tau}=[\boldsymbol{\tau}_1,\boldsymbol{\tau}_2]^{\mathrm{T}}，\quad \boldsymbol{\tau}_1=[X,Y,Z]^{\mathrm{T}}，\quad \boldsymbol{\tau}_2=[K,M,N]^{\mathrm{T}}$$

式中，$\boldsymbol{\eta}$ 表示惯性坐标系下船舶的位置或欧拉角；$\boldsymbol{v}$ 表示船体坐标系下船舶的线速度或角速度；$\boldsymbol{\tau}$ 表示船体坐标系下船舶的力或力矩。对于船舶运动控制的研究，为了满足船舶的运动学特性和动力学特性，常常需要将船舶的运动在两个坐标系下进行转换。接下来分别对船舶的运动学模型和动力学模型进行分析。

2.2　运动学模型

船舶的位置向量的微分与线速度向量可以用式（2.1）进行转换：

$$\dot{\boldsymbol{\eta}}_1=\boldsymbol{T}_1(\boldsymbol{\eta}_2)\boldsymbol{v}_1 \tag{2.1}$$

式中，$\boldsymbol{T}_1(\boldsymbol{\eta}_2)$ 为从船体坐标系到惯性坐标系的转换矩阵，是关于欧拉角的方程。$\boldsymbol{T}_1(\boldsymbol{\eta}_2)$ 的形式如下：

$$\boldsymbol{T}_1(\boldsymbol{\eta}_2)=\begin{bmatrix}\cos\psi\cos\theta & -\sin\psi\cos\phi+\sin\phi\sin\theta\cos\psi & \sin\psi\sin\phi+\sin\theta\cos\psi\cos\phi\\ \sin\psi\cos\theta & \cos\psi\cos\phi+\sin\phi\sin\theta\sin\psi & -\cos\psi\sin\theta+\sin\theta\sin\psi\cos\phi\\ -\sin\theta & \sin\phi\cos\theta & \cos\phi\cos\theta\end{bmatrix} \tag{2.2}$$

由式（2.2）可以看出，转换矩阵 $\boldsymbol{T}_1(\boldsymbol{\eta}_2)$ 是可逆的，且满足 $\boldsymbol{T}_1^{-1}(\boldsymbol{\eta}_2)=\boldsymbol{T}_1^{\mathrm{T}}(\boldsymbol{\eta}_2)$。

根据式（2.1），线速度的逆转换可以表示为

$$\boldsymbol{v}_1=\boldsymbol{T}_1^{-1}(\boldsymbol{\eta}_2)\dot{\boldsymbol{\eta}}_1 \tag{2.3}$$

船舶的欧拉角向量的微分与角速度向量的转换关系和位置向量的微分与线速度向量的转换关系相似，具体转换关系如下：

$$\dot{\boldsymbol{\eta}}_2=\boldsymbol{T}_2(\boldsymbol{\eta}_2)\boldsymbol{v}_2 \tag{2.4}$$

式中，转换矩阵 $\boldsymbol{T}_2(\boldsymbol{\eta}_2)$ 可表示为

$$\boldsymbol{T}_2(\boldsymbol{\eta}_2)=\begin{bmatrix}1 & \sin\phi\tan\theta & \cos\phi\tan\theta\\ 0 & \cos\phi & -\sin\phi\\ 0 & \sin\phi\sec\theta & \cos\phi\sec\theta\end{bmatrix} \tag{2.5}$$

由式（2.5）可知，转换矩阵 $\boldsymbol{T}_2(\boldsymbol{\eta}_2)$ 在 $\theta=\pm\dfrac{\pi}{2}$ 处是奇异的，即存在 $\boldsymbol{T}_1^{-1}(\boldsymbol{\eta}_2)\neq\boldsymbol{T}_1^{\mathrm{T}}(\boldsymbol{\eta}_2)$。然而当船舶在水面上运动时，由于存在静回复力，因此船舶在实际运动中不可能出现 $\theta=\pm\dfrac{\pi}{2}$。

根据式（2.1）和式（2.4）可以得到船舶的运动学模型，即

$$\begin{bmatrix}\dot{\boldsymbol{\eta}}_1\\ \dot{\boldsymbol{\eta}}_2\end{bmatrix}=\begin{bmatrix}\boldsymbol{T}_1(\boldsymbol{\eta}_2) & \boldsymbol{0}_{3\times3}\\ \boldsymbol{0}_{3\times3} & \boldsymbol{T}_2(\boldsymbol{\eta}_2)\end{bmatrix}\begin{bmatrix}\boldsymbol{v}_1\\ \boldsymbol{v}_2\end{bmatrix} \tag{2.6}$$

式（2.6）可以简写为

$$\dot{\boldsymbol{\eta}}=\boldsymbol{T}(\boldsymbol{\eta})\boldsymbol{v} \tag{2.7}$$

2.3　动力学模型

在建立船舶在海上运动的数学模型时，通常会将船舶看作一个刚体。根据牛顿-欧拉（Newton-Euler）方程可以推导出船舶的平衡力和力矩方程，即船舶的 6 自由度动力学方程：

$$\begin{cases}[\dot{\boldsymbol{v}}_1+\boldsymbol{v}_2\times\boldsymbol{v}_1+\dot{\boldsymbol{v}}_2\times\boldsymbol{r}_g+\dot{\boldsymbol{v}}_2\times(\dot{\boldsymbol{v}}_2\times\boldsymbol{r}_g)]=\boldsymbol{f}_v\\ \boldsymbol{I}_0\dot{\boldsymbol{v}}_2+\boldsymbol{v}_2\times\boldsymbol{I}_0\boldsymbol{v}_2+m\boldsymbol{r}_g\times(\dot{\boldsymbol{v}}_1+\boldsymbol{v}_2\times\boldsymbol{v}_1)=\boldsymbol{m}_v\end{cases} \tag{2.8}$$

式中，$\boldsymbol{f}_v=[X,Y,Z]^{\mathrm{T}}$ 为船舶在船体坐标系 $O_{\mathrm{b}}X_{\mathrm{b}}Y_{\mathrm{b}}Z_{\mathrm{b}}$ 各方向上分解的力；$\boldsymbol{m}_v=[K,M,N]^{\mathrm{T}}$ 为船舶在船体坐标系 $O_{\mathrm{b}}X_{\mathrm{b}}Y_{\mathrm{b}}Z_{\mathrm{b}}$ 各方向上分解的力矩；$\boldsymbol{v}_1=[u,v,w]^{\mathrm{T}}$ 为船舶在船体坐标系 $O_{\mathrm{b}}X_{\mathrm{b}}Y_{\mathrm{b}}Z_{\mathrm{b}}$ 下的线速度；$\boldsymbol{v}_2=[p,q,r]^{\mathrm{T}}$ 为船舶在船体坐标系 $O_{\mathrm{b}}X_{\mathrm{b}}Y_{\mathrm{b}}Z_{\mathrm{b}}$ 下相对于惯性坐标系 $OXYZ$ 的角速度；$\boldsymbol{r}_g=[x_g,y_g,z_g]^{\mathrm{T}}$ 为船舶的船体坐标系 $O_{\mathrm{b}}X_{\mathrm{b}}Y_{\mathrm{b}}Z_{\mathrm{b}}$ 原点到惯性坐标系

$OXYZ$ 原点的向量，且 $\boldsymbol{r}_g = \dfrac{1}{m}\int_V r\rho_m \mathrm{d}V$；张量 $\boldsymbol{I}_0$ 是船舶对船体坐标系原点 $O_\mathrm{b}X_\mathrm{b}Y_\mathrm{b}Z_\mathrm{b}$ 的刚体转动惯量矩阵，具体形式为

$$\boldsymbol{I}_0 = \begin{bmatrix} I_x & -I_{xy} & -I_{xz} \\ -I_{yx} & I_y & -I_{yz} \\ -I_{zx} & -I_{zy} & I_z \end{bmatrix},\quad \boldsymbol{I}_0 = \boldsymbol{I}_0^\mathrm{T} \tag{2.9}$$

式中，I_x、I_y、I_z 分别为船舶绕 X_b 轴、Y_b 轴、Z_b 轴旋转的转动惯量。转动惯量的乘积分别是 I_{xy}、I_{xz}、I_{yz}，并且满足 $I_{xy} = I_{yx}$，$I_{xz} = I_{zx}$，$I_{yz} = I_{zy}$，具体形式为

$$\begin{cases} I_x = \int_V \rho_m (y^2 + z^2)\mathrm{d}V,\ I_{xy} = \int_V \rho_m xy\mathrm{d}V \\ I_y = \int_V \rho_m (x^2 + z^2)\mathrm{d}V,\ I_{xz} = \int_V \rho_m xz\mathrm{d}V \\ I_z = \int_V \rho_m (x^2 + y^2)\mathrm{d}V,\ I_{yz} = \int_V \rho_m yz\mathrm{d}V \end{cases} \tag{2.10}$$

式中，$\int_V \rho_m \mathrm{d}V = m$ 为船舶的质量，其中 ρ_m 为船舶的质量密度，V 为船舶的体积。

将船舶的 6 自由度运动的分量代入式（2.8），船舶的运动方程可写为

$$\boldsymbol{M}_\mathrm{RB}\dot{\boldsymbol{v}} + \boldsymbol{C}_\mathrm{RB}(\boldsymbol{v})\boldsymbol{v} = \boldsymbol{\tau}_\mathrm{RB} \tag{2.11}$$

式中，$\boldsymbol{v} = [u,v,w,p,q,r]^\mathrm{T}$ 表示船舶在船体坐标系下的线速度和角速度；$\boldsymbol{\tau}_\mathrm{RB} = [X,Y,Z,K,M,N]^\mathrm{T}$ 表示船舶在船体坐标系下受到的力和力矩；$\boldsymbol{M}_\mathrm{RB}$ 为船舶的惯性矩阵；$\boldsymbol{C}_\mathrm{RB}(\boldsymbol{v})$ 为船舶的科里奥利向心力矩阵。$\boldsymbol{M}_\mathrm{RB}$ 与 $\boldsymbol{C}_\mathrm{RB}(\boldsymbol{v})$ 的具体形式如下：

$$\boldsymbol{M}_\mathrm{RB} = \begin{bmatrix} m & 0 & 0 & 0 & mz_g & -my_g \\ 0 & m & 0 & -mz_g & 0 & mx_g \\ 0 & 0 & m & my_g & -mx_g & 0 \\ 0 & -mz_g & my_g & I_x & -I_{xy} & -I_{xz} \\ mz_g & 0 & -mx_g & -I_{yx} & I_y & -I_{yz} \\ -my_g & mx_g & 0 & -I_{xz} & -I_{zy} & I_z \end{bmatrix} \tag{2.12}$$

$$\boldsymbol{C}_\mathrm{RB}(\boldsymbol{v}) = \left[\begin{matrix} 0 & 0 & 0 \\ 0 & 0 & 0 \\ 0 & 0 & 0 \\ -m(y_g q + z_g r) & m(y_g p + w) & m(z_g p - v) \\ m(x_g q - w) & -m(z_g r + x_g p) & m(z_g q + u) \\ m(x_g r + v) & m(y_g r - u) & -m(x_g p + y_g q) \end{matrix}\right.$$
$$\left.\begin{matrix} m(y_g q + z_g r) & -m(x_g q - w) & -m(x_g r - v) \\ -m(y_g p + w) & m(z_g r + x_g p) & -m(y_g r - u) \\ -m(z_g q - v) & -m(z_g q + u) & m(x_g p + y_g q) \\ 0 & -I_{yz} q - I_{xz} p + I_z r & I_{yz} r + I_{xy} p - I_y q \\ I_{yz} q + I_{xz} p - I_z r & 0 & -I_{xz} r - I_{xy} q + I_x p \\ -I_{yz} r - I_{xy} p + I_y q & I_{xz} r + I_{xy} q - I_x p & 0 \end{matrix}\right] \tag{2.13}$$

根据 $\boldsymbol{M}_{\mathrm{RB}}$ 与 $\boldsymbol{C}_{\mathrm{RB}}(\boldsymbol{v})$ 的形式可以看出，$\dot{\boldsymbol{M}}_{\mathrm{RB}}=\mathbf{0}$，并且 $\boldsymbol{M}_{\mathrm{RB}}=\boldsymbol{M}_{\mathrm{RB}}^{\mathrm{T}}>\mathbf{0}$，$\boldsymbol{C}_{\mathrm{RB}}(\boldsymbol{v})$ 是斜对称的，且满足 $\boldsymbol{C}_{\mathrm{RB}}(\boldsymbol{v})=-\boldsymbol{C}_{\mathrm{RB}}^{\mathrm{T}}(\boldsymbol{v})$。$\boldsymbol{\tau}_{\mathrm{RB}}$ 主要包括流体动力 $\boldsymbol{\tau}_{\mathrm{H}}$、外部干扰力 $\boldsymbol{\tau}_{\mathrm{E}}$ 和船舶控制力 $\boldsymbol{\tau}_{\mathrm{C}}$ 三类力，即 $\boldsymbol{\tau}_{\mathrm{RB}}=\boldsymbol{\tau}_{\mathrm{H}}+\boldsymbol{\tau}_{\mathrm{E}}+\boldsymbol{\tau}_{\mathrm{C}}$。下面对这三类力进行详细介绍。

2.3.1　流体动力数学模型

船舶在海洋中运动时会受到水动力的作用。通常，船舶受到的流体动力是可以线性叠加的，这些力是由以下三部分叠加而成的。

（1）由附加质量引起的惯性力。

（2）由流体黏性引起的水动力阻尼力。

（3）由重力和浮力引起的回复力。

流体动力或力矩表达式可以写为

$$\boldsymbol{\tau}_{\mathrm{H}}=-\boldsymbol{M}_{\mathrm{A}}\dot{\boldsymbol{v}}-\boldsymbol{C}_{\mathrm{A}}(\boldsymbol{v})\boldsymbol{v}-\boldsymbol{D}(\boldsymbol{v})\boldsymbol{v}-\boldsymbol{g}(\boldsymbol{\eta}) \tag{2.14}$$

式中，$\boldsymbol{M}_{\mathrm{A}}$ 为附加惯性质量矩阵；$\boldsymbol{C}_{\mathrm{A}}(\boldsymbol{v})$ 为流体力学中的科里奥利向心力矩阵；$\boldsymbol{D}(\boldsymbol{v})$ 为阻尼力矩阵；$\boldsymbol{g}(\boldsymbol{\eta})$ 为船舶所受重力和浮力引起的回复力矩阵。

附加惯性质量矩阵 $\boldsymbol{M}_{\mathrm{A}}$ 的形式为

$$\boldsymbol{M}_{\mathrm{A}}=-\begin{bmatrix} X_{\dot{u}} & X_{\dot{v}} & X_{\dot{w}} & X_{\dot{p}} & X_{\dot{q}} & X_{\dot{r}} \\ Y_{\dot{u}} & Y_{\dot{v}} & Y_{\dot{w}} & Y_{\dot{p}} & Y_{\dot{q}} & Y_{\dot{r}} \\ Z_{\dot{u}} & Z_{\dot{v}} & Z_{\dot{w}} & Z_{\dot{p}} & Z_{\dot{q}} & Z_{\dot{r}} \\ K_{\dot{u}} & K_{\dot{v}} & K_{\dot{w}} & K_{\dot{p}} & K_{\dot{q}} & K_{\dot{r}} \\ M_{\dot{u}} & M_{\dot{v}} & M_{\dot{w}} & M_{\dot{p}} & M_{\dot{q}} & M_{\dot{r}} \\ N_{\dot{u}} & N_{\dot{v}} & N_{\dot{w}} & N_{\dot{p}} & N_{\dot{q}} & N_{\dot{r}} \end{bmatrix} \tag{2.15}$$

流体力学中的科里奥利向心力矩阵 $\boldsymbol{C}_{\mathrm{A}}(\boldsymbol{v})$ 的形式为

$$\boldsymbol{C}_{\mathrm{A}}(\boldsymbol{v})=\begin{bmatrix} 0 & 0 & 0 & 0 & -a_3 & a_2 \\ 0 & 0 & 0 & a_3 & 0 & -a_1 \\ 0 & 0 & 0 & -a_2 & a_1 & 0 \\ 0 & -a_3 & a_2 & 0 & -b_3 & b_2 \\ a_3 & 0 & -a_1 & b_3 & 0 & -b_1 \\ -a_2 & a_1 & 0 & -b_2 & b_1 & 0 \end{bmatrix} \tag{2.16}$$

式中，

$$[a_1 \quad a_2 \quad a_3 \quad b_1 \quad b_2 \quad b_3]^{\mathrm{T}}=\boldsymbol{M}_{\mathrm{A}}\boldsymbol{v} \tag{2.17}$$

$\boldsymbol{M}_{\mathrm{A}}$ 与 $\boldsymbol{C}_{\mathrm{A}}(\boldsymbol{v})$ 分别满足 $\boldsymbol{M}_{\mathrm{A}}=\boldsymbol{M}_{\mathrm{A}}^{\mathrm{T}}>\mathbf{0}$，$\boldsymbol{C}_{\mathrm{A}}(\boldsymbol{v})=-\boldsymbol{C}_{\mathrm{A}}^{\mathrm{T}}(\boldsymbol{v})$。

船舶在海洋中运动的过程中受到的水动力阻尼力受涡流、表面摩擦阻尼、浪漂移引起的阻尼等多种因素的影响。通常将水动力阻尼力矩阵 $\boldsymbol{D}(\boldsymbol{v})$ 写为

$$\boldsymbol{D}(\boldsymbol{v})=\boldsymbol{D}+\boldsymbol{D}_{\mathrm{n}}(\boldsymbol{v}) \tag{2.18}$$

式中，线性阻尼力矩阵 $\boldsymbol{D}$ 的形式为

$$\boldsymbol{D}=\begin{bmatrix} X_u & 0 & 0 & 0 & 0 & 0 \\ 0 & Y_v & 0 & Y_p & 0 & Y_r \\ 0 & 0 & Z_w & 0 & Z_q & 0 \\ 0 & K_v & 0 & K_p & 0 & K_r \\ 0 & 0 & M_w & 0 & M_q & 0 \\ 0 & N_v & 0 & N_p & 0 & N_r \end{bmatrix} \tag{2.19}$$

非线性阻尼力矩阵 $\boldsymbol{D}_{\mathrm{n}}(\boldsymbol{v})$ 的形式为

$$\boldsymbol{D}_{\mathrm{n}}(\boldsymbol{v})=\begin{bmatrix} X_{|u|u}|u| & 0 & 0 & 0 & 0 & 0 \\ 0 & Y_{|v|v}|v|+Y_{|r|v}|r| & 0 & Y_p & 0 & Y_{|v|r}|v|+Y_{|r|r}|r| \\ 0 & 0 & Z_{|w|w}|w| & 0 & 0 & 0 \\ 0 & 0 & 0 & K_{|p|p}|p| & 0 & 0 \\ 0 & 0 & 0 & 0 & M_{|q|q}|q| & 0 \\ 0 & N_{|v|v}|v|+N_{|r|v}|r| & 0 & 0 & 0 & N_{|v|r}|v|+N_{|r|r}|r| \end{bmatrix} \tag{2.20}$$

船舶在海洋中运动时会受到由重力和浮力引起的回复力，回复力 $\boldsymbol{g}(\boldsymbol{\eta})$ 在船体坐标系下的形式为

$$\boldsymbol{g}(\boldsymbol{\eta})=\begin{bmatrix} (mg-\rho g\nabla)\sin\theta \\ -(mg-\rho g\nabla)\cos\theta\sin\phi \\ -(mg-\rho g\nabla)\cos\theta\cos\phi \\ -(y_g mg-y_f\rho g\nabla)\cos\theta\cos\phi+(z_g mg-z_f\rho g\nabla)\cos\theta\sin\phi \\ (z_g mg-z_f\rho g\nabla)\sin\theta+(x_g mg-x_f\rho g\nabla)\cos\theta\sin\phi \\ (x_g mg-x_f\rho g\nabla)\cos\theta\sin\phi-(y_g mg-y_f\rho g\nabla)\sin\theta \end{bmatrix} \tag{2.21}$$

式中，m 为船舶的质量；g 为重力加速度；mg 为船舶在水中所受的重力；ρ 为海水密度；∇ 为排水体积；$\rho g\nabla$ 为船舶在水中所受到的浮力；$\boldsymbol{r}_f=[x_f,y_f,z_f]$ 为浮力的中心坐标。

通过式（2.11）和式（2.14）可得，船舶的 6 自由度动力学模型为

$$\boldsymbol{M}\dot{\boldsymbol{v}}+\boldsymbol{C}(\boldsymbol{v})\boldsymbol{v}+\boldsymbol{D}(\boldsymbol{v})\boldsymbol{v}+\boldsymbol{g}(\boldsymbol{\eta})=\boldsymbol{\tau}_{\mathrm{E}}+\boldsymbol{\tau}_{\mathrm{C}} \tag{2.22}$$

式中，$\boldsymbol{M}=\boldsymbol{M}_{\mathrm{RB}}+\boldsymbol{M}_{\mathrm{A}}$；$\boldsymbol{C}(\boldsymbol{v})\boldsymbol{v}=\boldsymbol{C}_{\mathrm{RB}}(\boldsymbol{v})\boldsymbol{v}+\boldsymbol{C}_{\mathrm{A}}(\boldsymbol{v})$；$\boldsymbol{\tau}_{\mathrm{E}}$ 为外部干扰力；$\boldsymbol{\tau}_{\mathrm{C}}$ 为船舶控制力。

2.3.2　外部干扰力数学模型

船舶在海洋中运动时会受到风、浪、洋流等外界环境因素的干扰，为研究船舶的运动特性，需要对这些外部干扰进行数学建模，从而更好地对船舶运动进行控制。外部干扰力 $\boldsymbol{\tau}_{\mathrm{E}}$ 满足：

$$\boldsymbol{\tau}_{\mathrm{E}} = \boldsymbol{\tau}_{\mathrm{wind}} + \boldsymbol{\tau}_{\mathrm{wave}} + \boldsymbol{\tau}_{\mathrm{current}} \tag{2.23}$$

式中，$\boldsymbol{\tau}_{\mathrm{wind}}$、$\boldsymbol{\tau}_{\mathrm{wave}}$、$\boldsymbol{\tau}_{\mathrm{current}}$ 分别为船舶所受到的风、浪、洋流干扰引起的力和力矩。

2.3.2.1　风干扰数学模型

当船舶在海洋中运动时，风对船舶产生的力和力矩 $\boldsymbol{\tau}_{\mathrm{wind}}$ 可表示为

$$\boldsymbol{\tau}_{\mathrm{wind}} = \frac{1}{2}\rho_{\mathrm{w}} V_{\mathrm{rw}}^{2} \begin{bmatrix} C_X(\gamma_{\mathrm{rw}}) A_{\mathrm{F}} \\ C_Y(\gamma_{\mathrm{rw}}) A_{\mathrm{L}} \\ C_Z(\gamma_{\mathrm{rw}}) A_{\mathrm{F}} \\ C_K(\gamma_{\mathrm{rw}}) A_{\mathrm{L}} H_{\mathrm{L}} \\ C_M(\gamma_{\mathrm{rw}}) A_{\mathrm{F}} H_{\mathrm{F}} \\ C_N(\gamma_{\mathrm{rw}}) A_{\mathrm{L}} L_{\mathrm{OA}} \end{bmatrix} \tag{2.24}$$

同时有

$$\begin{cases} u_{\mathrm{rw}} = u - u_{\mathrm{w}} = u - V_{\mathrm{rw}} \sin(\beta_{\mathrm{w}} - \psi) \\ v_{\mathrm{rw}} = v - v_{\mathrm{w}} = v - V_{\mathrm{rw}} \cos(\beta_{\mathrm{w}} - \psi) \end{cases} \tag{2.25}$$

$$\begin{cases} V_{\mathrm{rw}} = \sqrt{u_{\mathrm{rw}}^2 + v_{\mathrm{rw}}^2} \\ \gamma_{\mathrm{rw}} = -\arctan 2(v_{\mathrm{rw}}, u_{\mathrm{rw}}) \end{cases} \tag{2.26}$$

式中，ρ_{w} 为空气密度；V_{rw} 为相对风速；A_{L}、A_{F} 分别为船舶侧面和正面受风面积；H_{L}、H_{F} 分别为船舶侧面和正面受风面积的质心；L_{OA} 为船舶的总长度；γ_{rw} 为船舶受到风的相对风向角；β_{w} 为风向角；$C_X(\gamma_{\mathrm{rw}})$、$C_Y(\gamma_{\mathrm{rw}})$、$C_Z(\gamma_{\mathrm{rw}})$、$C_K(\gamma_{\mathrm{rw}})$、$C_M(\gamma_{\mathrm{rw}})$、$C_N(\gamma_{\mathrm{rw}})$ 为风的力和力矩的系数，常通过船舶的模型实验获得。

2.3.2.2　浪干扰数学模型

浪是使船舶在海洋中运动时产生摇摆最重要的因素，其对船舶的干扰比其他因素更加复杂，且难以计算。浪对船舶产生的力和力矩 $\boldsymbol{\tau}_{\mathrm{wave}}$ 可表示为

$$
\boldsymbol{\tau}_{\text{wave}}=\begin{bmatrix} \sum_{i=1}^{N}\rho gBLT\cos\beta s_i(t) \\ \sum_{i=1}^{N}-\rho gBLT\sin\beta s_i(t) \\ 0 \\ 0 \\ 0 \\ \sum_{i=1}^{N}\frac{1}{24}\rho gBL(L^2-B^2)\sin 2\beta s_i^2(t) \end{bmatrix} \tag{2.27}
$$

式中，ρ 为海水密度；L、B 分别为船长和船宽；T 为船吃水；β 为船舶与浪的遭遇角；$s_i(t)$ 为浪的波能谱。当忽略浪的高阶项影响时，浪的波能谱定义为

$$
s_i(t)=A_i\frac{2\pi}{\lambda_i}\sin(\omega_{ei}t+\phi_i) \tag{2.28}
$$

式中，A_i 为波幅；λ_i 为波长；ω_{ei} 为遭遇频率；ϕ_i 为在 $(0,2\pi]$ 上均匀分布的随机相位。

2.3.2.3 洋流干扰数学模型

潮汐、风和海水密度的不同会引起洋流，洋流具有变化缓慢的特点，常被视为定常干扰。首先定义船舶的相对流速为

$$
\boldsymbol{v}_{\text{rc}}=\boldsymbol{v}-\boldsymbol{v}_{\text{c}} \tag{2.29}
$$

式中，$\boldsymbol{v}_{\text{c}}=[u_{\text{c}},v_{\text{c}},w_{\text{c}},0,0,0]^{\text{T}}$ 为船舶在船体坐标系下的无旋流速度向量。惯性坐标系下的洋流速度为 $[u_{\text{c}}^{\text{E}},v_{\text{c}}^{\text{E}},w_{\text{c}}^{\text{E}}]^{\text{T}}$，在船体坐标系下可表示为

$$
\begin{bmatrix} u_{\text{c}} \\ v_{\text{c}} \\ w_{\text{c}} \end{bmatrix}=\boldsymbol{J}_1^{\text{T}}(\boldsymbol{\eta}_2)\begin{bmatrix} u_{\text{c}}^{\text{E}} \\ v_{\text{c}}^{\text{E}} \\ w_{\text{c}}^{\text{E}} \end{bmatrix} \tag{2.30}
$$

洋流作用在船体上的力和力矩可以表示为

$$
\boldsymbol{\tau}_{\text{current}}=(\boldsymbol{M}_{\text{RB}}+\boldsymbol{M}_{\text{A}})\dot{\boldsymbol{v}}+\boldsymbol{C}(\boldsymbol{v}_{\text{rc}})\boldsymbol{v}_{\text{rc}}-\boldsymbol{C}(\boldsymbol{v})\boldsymbol{v}+\boldsymbol{D}(\boldsymbol{v}_{\text{rc}})\boldsymbol{v}_{\text{rc}}-\boldsymbol{D}(\boldsymbol{v})\boldsymbol{v} \tag{2.31}
$$

2.3.3 船舶控制力数学模型

船舶在海洋中运动时由推进器产生船舶控制力，不同船舶推进器的类型、数量及位置都有所不同。大部分船舶主要由螺旋桨和舵机作为执行机构，没有侧推力，因此是欠驱动的。船舶控制力的具体计算涉及螺旋桨和舵机特性模型。

2.4　无人艇水平面 3 自由度运动数学模型

2.4.1　无人艇水平面 3 自由度一般方程

本节主要研究无人艇控制相关问题，将船舶的 6 自由度运动数学模型简化成 3 自由度运动数学模型。仅考虑船舶在水平面中横荡、纵荡和艏摇 3 个自由度的运动，船舶的运动学向量为 $\boldsymbol{\eta}=[x,y,\psi]^{\mathrm{T}}$，动力学向量为 $\boldsymbol{v}=[u,v,r]^{\mathrm{T}}$，并进行以下假设。

（1）忽略船舶横摇、纵摇和垂荡 3 个自由度的运动，即 $z=0$，$w=0$，$\phi=0$，$p=0$，$q=0$，$\theta=0$。

（2）船舶质量分布均匀，并且关于平面 $X_{\mathrm{b}}O_{\mathrm{b}}Z_{\mathrm{b}}$ 对称，即 $I_{xy}=I_{yz}=0$。

（3）船舶的重心和浮力中心均位于 Z_{b} 轴上。

船舶的 3 自由度运动数学模型为

$$\begin{cases}\dot{\boldsymbol{\eta}}=\boldsymbol{R}(\boldsymbol{\eta})\boldsymbol{v}\\ \boldsymbol{M}\dot{\boldsymbol{v}}=-\boldsymbol{C}(\boldsymbol{v})\boldsymbol{v}-[\boldsymbol{D}+\boldsymbol{D}_{\mathrm{n}}(\boldsymbol{v})]\boldsymbol{v}+\boldsymbol{\tau}+\boldsymbol{\tau}_{\mathrm{E}}\end{cases} \tag{2.32}$$

式中，$\boldsymbol{R}(\boldsymbol{\eta})$、$\boldsymbol{M}$、$\boldsymbol{C}(\boldsymbol{v})$、$\boldsymbol{D}$、$\boldsymbol{D}_{\mathrm{n}}(\boldsymbol{v})$ 分别为

$$\boldsymbol{R}(\boldsymbol{\eta})=\begin{bmatrix}\cos\psi & -\sin\psi & 0\\ \sin\psi & \cos\psi & 0\\ 0 & 0 & 1\end{bmatrix}$$

$$\boldsymbol{M}=\begin{bmatrix}m-X_{\dot{u}} & 0 & 0\\ 0 & m-Y_{\dot{v}} & mx_g-Y_{\dot{r}}\\ 0 & mx_g-Y_{\dot{r}} & I_z-N_{\dot{r}}\end{bmatrix}$$

$$\boldsymbol{C}(\boldsymbol{v})=\begin{bmatrix}0 & 0 & -m(x_g r+v)+Y_{\dot{v}}v+Y_{\dot{r}}r\\ 0 & 0 & mu-X_{\dot{u}}u\\ m(x_g r+v)-Y_{\dot{v}}v-Y_{\dot{r}}r & -mu+X_{\dot{u}}u & 0\end{bmatrix}$$

$$\boldsymbol{D}=\begin{bmatrix}-X_u & 0 & 0\\ 0 & -Y_v & -Y_r\\ 0 & -N_v & -N_r\end{bmatrix}$$

$$\boldsymbol{D}_{\mathrm{n}}(\boldsymbol{v})=\begin{bmatrix}X_{|u|u}|u| & 0 & 0\\ 0 & Y_{|v|v}|v|+Y_{|r|v}|r| & Y_{|v|r}|v|\\ 0 & N_{|v|v}|v|+N_{|r|v}|r| & N_{|v|r}|v|+N_{|r|r}|r|\end{bmatrix}$$

$\boldsymbol{\tau}_{\mathrm{E}}$ 为船舶受到的外部干扰力，$\boldsymbol{\tau}_{\mathrm{E}}=[\tau_{u\mathrm{E}},\tau_{v\mathrm{E}},\tau_{r\mathrm{E}}]^{\mathrm{T}}$，其中 $\tau_{u\mathrm{E}}$、$\tau_{v\mathrm{E}}$ 分别为船舶在纵向和横向上受到的外部干扰力，$\tau_{r\mathrm{E}}$ 为船舶在艏摇方向上受到的外部干扰力。

考虑到欠驱动船舶在横向上没有直接驱动力，船舶控制力 $\boldsymbol{\tau}_{\mathrm{C}}$ 可表示为

$$\boldsymbol{\tau}_{\mathrm{C}}=\begin{bmatrix}\tau_u\\0\\\tau_r\end{bmatrix} \tag{2.33}$$

2.4.2 简化的无人艇水平面 3 自由度运动数学模型

欠驱动船舶的 3 自由度运动数学模型为式（2.32），在某些情况下，忽略非线性阻尼力矩阵 $\boldsymbol{D}_{\mathrm{n}}(\boldsymbol{v})$ 和外部干扰力 $\boldsymbol{\tau}_{\mathrm{E}}$ 的影响，可得到简化的船舶 3 自由度运动数学模型，即

$$\begin{cases}\dot{\boldsymbol{\eta}}=\boldsymbol{R}(\boldsymbol{\eta})\boldsymbol{v}\\\boldsymbol{M}\dot{\boldsymbol{v}}=-\boldsymbol{C}(\boldsymbol{v})\boldsymbol{v}-\boldsymbol{D}\boldsymbol{v}+\boldsymbol{\tau}\end{cases} \tag{2.34}$$

式中，$\boldsymbol{R}(\boldsymbol{\eta})$、$\boldsymbol{M}$、$\boldsymbol{C}(\boldsymbol{v})$、$\boldsymbol{D}$ 和 $\boldsymbol{\tau}$ 分别为

$$\boldsymbol{R}(\boldsymbol{\eta})=\begin{bmatrix}\cos\psi & -\sin\psi & 0\\\sin\psi & \cos\psi & 0\\0 & 0 & 1\end{bmatrix}$$

$$\boldsymbol{M}=\begin{bmatrix}m-X_{\dot{u}} & 0 & 0\\0 & m-Y_{\dot{v}} & 0\\0 & 0 & I_z-N_{\dot{r}}\end{bmatrix}$$

$$\boldsymbol{C}(\boldsymbol{v})=\begin{bmatrix}0 & 0 & -(mv-Y_{\dot{v}}v)\\0 & 0 & mu-X_{\dot{u}}u\\mv-Y_{\dot{v}}v & mu-X_{\dot{u}}u & 0\end{bmatrix}$$

$$\boldsymbol{D}=\begin{bmatrix}-X_u & 0 & 0\\0 & -Y_v & 0\\0 & 0 & -N_r\end{bmatrix}$$

$$\boldsymbol{\tau}=\begin{bmatrix}\tau_u\\0\\\tau_r\end{bmatrix}$$

将式（2.34）展开可得，船舶的运动学方程和动力学方程分别为

$$\begin{cases}\dot{x}=u\cos\psi-v\sin\psi\\\dot{y}=u\sin\psi+v\cos\psi\\\dot{\psi}=r\end{cases} \tag{2.35}$$

$$\begin{cases}\dot{u}=\dfrac{m_{22}}{m_{11}}vr-\dfrac{d_{11}}{m_{11}}u+\dfrac{1}{m_{11}}\tau_u\\\dot{v}=-\dfrac{m_{11}}{m_{22}}ur-\dfrac{d_{22}}{m_{22}}v\\\dot{r}=\dfrac{m_{11}-m_{22}}{m_{33}}uv-\dfrac{d_{33}}{m_{33}}r+\dfrac{1}{m_{33}}\tau_r\end{cases} \tag{2.36}$$

第3章　无人艇运动控制

3.1　基础理论

船舶运动控制系统具有非线性和模型不确定性等特征，它还会面临风、浪、洋流等环境干扰问题，本节介绍非线性控制理论，包括 Lyapunov 稳定性理论，以及滑模控制、Backstepping 控制、自适应控制及自抗扰控制等非线性系统的鲁棒性控制，为欠驱动船舶的运动控制奠定理论基础。

3.1.1　Lyapunov 稳定性理论

对于一个控制系统，最重要的问题是其稳定性。如果一个系统在平衡状态时受到来自外部的输入或扰动，经过一段时间的自由运动后仍能恢复到平衡状态，那么可以称这个系统是稳定的，否则系统不稳定。不管是线性系统还是非线性系统，要想实现其控制功能就必须要求其是稳定系统。

在经典控制理论中，线性系统的稳定性取决于系统的结构和参数，与系统的输入、输出及外部扰动无关。针对 SISO（单输入/单输出）系统，常采用频域分析方法来研究其稳定性，主要应用的方法及工具有根轨迹法、伯德图、奈奎斯特稳定判据和劳斯判据。但是，在工程应用中遇到的系统大多是非线性系统，非线性系统的稳定性不仅与系统自身有关，还与初始条件和外部扰动有关。19 世纪末俄国数学家 A. M. Lyapunov 提出的稳定性理论，成为后来研究非线性系统稳定性问题的主流理论。

3.1.1.1　基本概念

设有如下动态系统：

$$\dot{\boldsymbol{x}} = \boldsymbol{f}(\boldsymbol{x}(t), t) \tag{3.1}$$

式中，$\boldsymbol{x}(t)$ 为状态向量，是一个 n 维向量；$\boldsymbol{f}(\boldsymbol{x}(t), t)$ 为状态 $\boldsymbol{x}(t)$ 和时间 t 的函数。

设式（3.1）在给定初始条件 (x_0, t_0) 下有唯一解：

$$\boldsymbol{x} = \Phi(t; \boldsymbol{x}_0, t_0) \tag{3.2}$$

式中，$\boldsymbol{x}_0$ 为 $\boldsymbol{x}$ 在初始时刻，即 $t = t_0$ 时刻的状态。式（3.2）称为系统的状态轨迹。

1. 平衡状态

如果对于式（3.1）存在 $\boldsymbol{x}_{\mathrm{e}}$，使系统对所有的 t 都满足：

$$\dot{\boldsymbol{x}}(t)=\boldsymbol{f}(\boldsymbol{x}_{\mathrm{e}},t)=\boldsymbol{0} \tag{3.3}$$

则称 $\boldsymbol{x}_{\mathrm{e}}$ 为系统的平衡状态。

一个系统可能不存在平衡状态，也可能存在一个或多个平衡状态。对于系统的任意一个平衡状态，可以通过坐标转换将其移动到坐标原点。因此，研究非线性系统的稳定性，只需要分析系统在原点处的稳定性。对于存在多个平衡状态的非线性系统，则需要对其所有平衡状态的稳定性逐一进行分析。

2. 稳定性定义

在 n 维状态空间中，用 $\|\boldsymbol{x}-\boldsymbol{x}_{\mathrm{e}}\|$ 表示状态 $\boldsymbol{x}$ 与平衡状态 $\boldsymbol{x}_{\mathrm{e}}$ 之间的距离，如果给定某一实数 ε，使：

$$\|\boldsymbol{x}-\boldsymbol{x}_{\mathrm{e}}\|\leqslant\varepsilon,\quad t\gg t_0 \tag{3.4}$$

则称系统响应有界。根据系统是否有界，稳定性定义可分为以下 4 种情况。

1）Lyapunov 意义下稳定

如果对于任一给定的实数 $\varepsilon>0$，都存在另一实数 $\delta(\varepsilon,t_0)$，使：

$$\|\boldsymbol{x}-\boldsymbol{x}_{\mathrm{e}}\|\leqslant\delta(\varepsilon,t_0) \tag{3.5}$$

并且从任一初始状态 $\boldsymbol{x}_0$ 出发的 $\boldsymbol{x}$ 都满足：

$$\|\boldsymbol{x}-\boldsymbol{x}_{\mathrm{e}}\|\leqslant\varepsilon,\quad t\gg t_0 \tag{3.6}$$

则称平衡状态 $\boldsymbol{x}_{\mathrm{e}}$ 是 Lyapunov 意义下稳定的。如果 δ 与 ε 无关，则称平衡状态 $\boldsymbol{x}_{\mathrm{e}}$ 是一致稳定的。

2）渐进稳定

如果平衡状态 $\boldsymbol{x}_{\mathrm{e}}$ 是 Lyapunov 意义下稳定的，满足式（3.5）的状态 $\boldsymbol{x}$ 在 t 趋向于无穷时有界且收敛于 $\boldsymbol{x}_{\mathrm{e}}$，则称平衡状态 $\boldsymbol{x}_{\mathrm{e}}$ 是渐近稳定的。邻域 $s(\delta)$ 称为平衡状态 $\boldsymbol{x}_{\mathrm{e}}$ 的渐近稳定域。在工程应用中，渐进稳定性比稳定性更具有实际意义，如何确定及扩大渐近稳定域的范围尤其重要。

3）大范围渐近稳定

如果平衡状态 $\boldsymbol{x}_{\mathrm{e}}$ 稳定，且从所有初始状态出发的 $\boldsymbol{x}$ 都具有渐进稳定性，则称平衡状态 $\boldsymbol{x}_{\mathrm{e}}$ 是大范围渐近稳定的。大范围渐近稳定的必要条件是，系统只存在一个平衡状态。对于线性系统而言，如果平衡状态渐进稳定，则必定为大范围渐进稳定系统；如果平衡状态只满足 Lyapunov 意义下稳定，不满足渐进稳定，则为临界稳定系统，也属于线性不稳定系统。

4）不稳定

如果给定 $\varepsilon > 0$，$\delta > 0$，从 $s(\delta)$ 出发的 $\boldsymbol{x}$ 至少有一条状态轨迹与平衡状态 $\boldsymbol{x}_{\mathrm{e}}$ 的距离超过 ε，则称平衡状态 $\boldsymbol{x}_{\mathrm{e}}$ 不稳定。

3.1.1.2　Lyapunov 第二法

Lyapunov 稳定性理论主要提供了两种判别系统稳定性的方法。Lyapunov 第一法又称间接法，其基本思路与经典控制理论相似，即将非线性系统线性化之后，通过求解线性系统的微分方程即可判别系统稳定性。Lyapunov 第二法又称直接法，其建立在能量观点的基础上，从而不需要求解系统的微分方程。Lyapunov 第二法构造了一个广义能量函数，用于模拟系统能量，分析这个标量函数的性质即可判别系统稳定性。

工程应用中的系统通常都是非线性系统，对于部分简单的系统，可以在平衡点附近将其线性化，以降低分析难度；对于复杂的系统，往往难以将其线性化。此外，对一些高阶微分方程进行求解较为困难。因此，Lyapunov 第一法虽然更加完善，但在实际应用中会遇到阻碍，而 Lyapunov 第二法对于任何复杂系统都适用，不局限于线性系统。

在运动方程求解困难的高阶系统、非线性系统、时变系统的稳定性分析中，更能显示出 Lyapunov 第二法的优越性。而且，Lyapunov 第二法中构造的 Lyapunov 函数不唯一，只要满足 Lyapunov 第二法所假设的条件，任意标量函数均可作为 Lyapunov 函数。随着现代计算机技术的发展，寻找 Lyapunov 函数的过程也被简化，使 Lyapunov 第二法成为分析非线性系统最常用、最有效的方法。本节主要介绍 Lyapunov 第二法，对 Lyapunov 第一法不展开介绍，读者可自行查阅资料学习。

1．标量函数的符号性质

设 $V(\boldsymbol{x})$ 由 n 维状态向量 $\boldsymbol{x}$ 定义，在 $\boldsymbol{x}=\boldsymbol{0}$ 处，$V(\boldsymbol{x})=0$。对于任一非零状态向量 $\boldsymbol{x}$，如果：

（1）$V(\boldsymbol{x})>0$，则称 $V(\boldsymbol{x})$ 是正定的。

（2）$V(\boldsymbol{x})\geqslant 0$，则称 $V(\boldsymbol{x})$ 是非负定或半正定的。

（3）$V(\boldsymbol{x})<0$，则称 $V(\boldsymbol{x})$ 是负定的。

（4）$V(\boldsymbol{x})\leqslant 0$，则称 $V(\boldsymbol{x})$ 是非正定或半负定的。

（5）符号不定，则称 $V(\boldsymbol{x})$ 是不定的。

2．二次型标量函数

设 $\boldsymbol{x}=[x_1,x_2,\cdots,x_n]^{\mathrm{T}}$，标量函数可表示为

$$V(\boldsymbol{x})=\boldsymbol{x}^{\mathrm{T}}\boldsymbol{P}\boldsymbol{x} \tag{3.7}$$

矩阵 $\boldsymbol{P}$ 与 $V(\boldsymbol{x})$ 的符号性质一致，可由 Sylvester 判据判定 $\boldsymbol{P}$ 的符号，进而判定 $V(\boldsymbol{x})$ 的正定性。

3. 稳定性判据

设系统的状态方程为

$$\dot{\boldsymbol{x}} = \boldsymbol{f}(\boldsymbol{x}(t)) \tag{3.8}$$

且 $\boldsymbol{x}_e = \boldsymbol{0}$，$\boldsymbol{f}(\boldsymbol{x}_e) = \boldsymbol{0}$。如果存在一个标量函数 $V(\boldsymbol{x})$，满足以下条件：

（1）$V(\boldsymbol{x})$ 对所有的 $\boldsymbol{x}$ 都存在一阶连续偏导。

（2）$V(\boldsymbol{x})$ 是正定的。

（3）$\dot{V}(\boldsymbol{x}) = \mathrm{d}\dot{V}(\boldsymbol{x})/\mathrm{d}t$。

如果 $\dot{V}(\boldsymbol{x})$ 是非正定的，则称 $\boldsymbol{x}_e$ 在 Lyapunov 意义下稳定。

如果 $\dot{V}(\boldsymbol{x})$ 是负定的，则称原点平衡状态是渐近稳定的。或者，如果 $\dot{V}(\boldsymbol{x})$ 是非正定的，但对任意初始状态 $\boldsymbol{x}(t_0) \neq \boldsymbol{0}$，当 $\boldsymbol{x} \neq \boldsymbol{0}$ 时都有 $\dot{V}(\boldsymbol{x})$ 不恒为 0，则也可以称原点平衡状态是渐近稳定的。进一步，如果当 $\|\boldsymbol{x}\| \to \infty$ 时，$V(\boldsymbol{x}) \to \infty$，则称系统是大范围渐进稳定的。

如果 $\dot{V}(\boldsymbol{x})$ 是正定的，则称 $\boldsymbol{x}_e$ 不稳定。

以上是 Lyapunov 第二法的几个稳定性判据，但 Lyapunov 稳定性理论并没有说明如何寻找 $V(\boldsymbol{x})$。$V(\boldsymbol{x})$ 并不唯一，需要根据其属性合理构造。此外，$V(\boldsymbol{x})$ 只能描述系统在平衡状态邻域内的局部运动，无法反映系统在平衡状态邻域外的运动。

3.1.2 非线性系统的鲁棒性控制

3.1.2.1 滑模控制

滑模控制（Sliding Mode Control，SMC）又称变结构控制（Variable Structure Control，VSC），变结构控制理论是 20 世纪 50 年代由乌托金、埃米李亚诺夫等学者提出的。滑模控制是一种不连续的非线性控制，具有系统结构不唯一、随时间不断变化的开关特性。在滑模控制的过程中，系统会按照预先设定滑动模态的状态轨迹运动。预先设定滑动模态的状态轨迹称为滑模面，其与外部扰动和系统参数都无关。因此，滑模控制具有对参数变化及扰动不灵敏、响应速度快、物理实现简单等特点。

设有一个控制系统：

$$\dot{\boldsymbol{x}} = \boldsymbol{f}(\boldsymbol{x}, \boldsymbol{u}, t) \tag{3.9}$$

式中，$\boldsymbol{x} \in \mathbf{R}^n$；$\boldsymbol{u}$ 表示控制输入，$\boldsymbol{u} \in \mathbf{R}^n$；$t$ 表示时间，$t \in \mathbf{R}$。

定义一个切换面 $\boldsymbol{s}(\boldsymbol{x}) = \boldsymbol{s}(x_1, x_2, \cdots x_n) = \boldsymbol{0}$，在切换面上的运动点有 3 种情况，如图 3-1 所示。

（1）A 表示通常点，系统运动点运动到切换面 $\boldsymbol{s}(\boldsymbol{x}) = \boldsymbol{0}$ 附近时，穿过此点。

（2）B 表示起始点，系统运动点运动到切换面 $\boldsymbol{s}(\boldsymbol{x}) = \boldsymbol{0}$ 附近时，从切换面两边离开的点。

（3）C 表示终止点，系统运动点运动到切换面 $\boldsymbol{s}(\boldsymbol{x}) = \boldsymbol{0}$ 附近时，从切换面两端趋近的点。

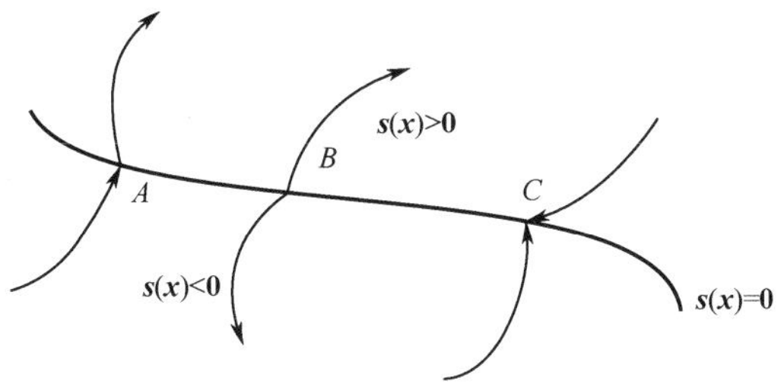

图 3-1　切换面上运动点的状态

系统状态空间被滑模面 $\boldsymbol{s}(\boldsymbol{x})=\mathbf{0}$ 分为 $\boldsymbol{s}(\boldsymbol{x})>\mathbf{0}$ 和 $\boldsymbol{s}(\boldsymbol{x})<\mathbf{0}$ 两部分。

针对非线性系统，即式（3.1），需要根据切换函数 $\boldsymbol{s}(\boldsymbol{x},t)$ 求解控制律：

$$\boldsymbol{u}_i(\boldsymbol{x},t)=\begin{cases}\boldsymbol{u}_i^+(\boldsymbol{x},t), & \boldsymbol{s}_i(\boldsymbol{x},t)>\mathbf{0}\\ \boldsymbol{u}_i^-(\boldsymbol{x},t), & \boldsymbol{s}_i(\boldsymbol{x},t)<\mathbf{0}\end{cases} \tag{3.10}$$

式中，$\boldsymbol{u}_i^+(\boldsymbol{x},t)$ 与 $\boldsymbol{u}_i^-(\boldsymbol{x},t)$ 都是连续的，并且 $\boldsymbol{u}_i^+(\boldsymbol{x},t)\neq\boldsymbol{u}_i^-(\boldsymbol{x},t)$。

（1）若滑动模态存在，则式（3.10）成立。

（2）满足滑模控制的条件，在设定的光滑切换面以外的点都会在有限时间内快速到达切换面。

（3）必须保证滑模运动的稳定性。

（4）需要达到控制系统的动态品质。

前 3 点是滑模控制的基本问题，满足这 4 个条件的控制才叫滑模控制。

3.1.2.2　Backstepping 控制

Backstepping 控制算法又称为反步法或反推法，常与 Lyapunov 稳定性理论结合使用。Backstepping 控制算法由于具有设计过程结构化、适用于线性系统和非线性系统等优点，因此在控制领域受到广泛关注。Backstepping 控制算法的设计原理是，将阶数为 n 的复杂系统分解成数量不超过其阶数的子系统，为每个子系统构造稳定函数及虚拟控制量，采用反递推模式倒推整个系统，直到建立起完整的控制律为止。

以下将介绍 Backstepping 控制算法的设计过程。现有 n 阶系统如下：

$$\begin{cases}\dot{\boldsymbol{x}}_1=\boldsymbol{f}_1(\boldsymbol{x}_1)+\boldsymbol{G}_1(\boldsymbol{x}_1)\boldsymbol{x}_1\\ \dot{\boldsymbol{x}}_2=\boldsymbol{f}_2(\boldsymbol{x}_2)+\boldsymbol{G}_2(\boldsymbol{x}_2)\boldsymbol{x}_2\\ \cdots\cdots\\ \dot{\boldsymbol{x}}_i=\boldsymbol{f}_i(\boldsymbol{x}_i)+\boldsymbol{G}_i(\boldsymbol{x}_i)\boldsymbol{x}_i\\ \cdots\cdots\\ \dot{\boldsymbol{x}}_n=\boldsymbol{u}\end{cases} \tag{3.11}$$

式中，$\boldsymbol{x}_i\in\mathbf{R}^n$（$i$=1,2,⋯,$n$），为系统的状态变量；$\boldsymbol{u}\in\mathbf{R}$，为系统的输入变量；$\boldsymbol{f}_i$ 为系统的非线性部分函数，呈下三角结构。Backstepping 控制算法的设计思想是将每个子系统 $\dot{\boldsymbol{x}}_i$ 中的 $\boldsymbol{x}_{i+1}$ 作为虚拟控制量，并引入误差变量 $\boldsymbol{z}_i$，通过合理控制消除误差使整个系统达到渐近稳定状态。

引入如下误差变量 z_i：

$$\begin{cases} \boldsymbol{z}_1 = \boldsymbol{x}_1 - \boldsymbol{x}_{\mathrm{d}}(t) \\ \boldsymbol{z}_2 = \boldsymbol{x}_2 - \boldsymbol{\alpha}_1 \\ \cdots\cdots \\ \boldsymbol{z}_i = \boldsymbol{x}_i - \boldsymbol{\alpha}_{i-1} \\ \cdots\cdots \\ \boldsymbol{z}_n = \boldsymbol{x}_n - \boldsymbol{\alpha}_{n-1} \end{cases} \tag{3.12}$$

构造第一个 Lyapunov 函数如下：

$$V_1 = \frac{1}{2}\boldsymbol{z}_1^{\mathrm{T}}\boldsymbol{z}_1 \tag{3.13}$$

则有

$$\begin{aligned} \dot{V}_1 &= \boldsymbol{z}_1^{\mathrm{T}}\dot{\boldsymbol{z}}_1 = \boldsymbol{z}_1^{\mathrm{T}}(\dot{\boldsymbol{x}}_1 - \dot{\boldsymbol{x}}_{\mathrm{d}}(t)) = \boldsymbol{z}_1^{\mathrm{T}}(\boldsymbol{f}_1 + \boldsymbol{G}_1(\boldsymbol{z}_2 + \boldsymbol{\alpha}_1) - \dot{\boldsymbol{x}}_{\mathrm{d}}) \\ &= \boldsymbol{z}_1^{\mathrm{T}}(\boldsymbol{f}_1 + \boldsymbol{G}_1\boldsymbol{\alpha}_1 - \dot{\boldsymbol{x}}_{\mathrm{d}}) + \boldsymbol{z}_1^{\mathrm{T}}\boldsymbol{G}_1\boldsymbol{z}_2 \end{aligned} \tag{3.14}$$

选取 $c_1 > 0$，使：

$$\boldsymbol{\alpha}_1 = \boldsymbol{G}_1^{-1}(-\boldsymbol{f}_1 + \dot{\boldsymbol{x}}_{\mathrm{d}} - c_1\boldsymbol{z}_1) \tag{3.15}$$

将式（3.15）代入式（3.14），可得

$$\dot{V}_1 = -\boldsymbol{z}_1^{\mathrm{T}}c_1\boldsymbol{z}_1 + \boldsymbol{z}_1^{\mathrm{T}}c_1\boldsymbol{z}_2 \tag{3.16}$$

由式（3.16）可知，当 $\boldsymbol{z}_2 \to \boldsymbol{0}$ 时，$\dot{V}_1$ 负定。

构造第二个 Lyapunov 函数如下：

$$V_2 = V_1 + \frac{1}{2}\boldsymbol{z}_2^{\mathrm{T}}\boldsymbol{z}_2 \tag{3.17}$$

则有

$$\dot{V}_2 = \dot{V}_1 + \boldsymbol{z}_2^{\mathrm{T}}\dot{\boldsymbol{z}}_2 = \dot{V}_1 + \boldsymbol{z}_2^{\mathrm{T}}\left(\boldsymbol{f}_2 + \boldsymbol{G}_2\boldsymbol{z}_3 + \boldsymbol{G}_2\boldsymbol{\alpha}_2 - \dot{\boldsymbol{\alpha}}_1\right) \tag{3.18}$$

选取一个待设计的常数 $c_2 > 0$，使：

$$\boldsymbol{\alpha}_2 = \boldsymbol{G}_2^{-1}(-\boldsymbol{f} + \dot{\boldsymbol{\alpha}}_1 - \boldsymbol{G}_1\boldsymbol{z}_1^{\mathrm{T}} - c_2\boldsymbol{z}_2) \tag{3.19}$$

将式（3.19）代入式（3.18），可得

$$\dot{V}_2 = -\boldsymbol{z}_1^{\mathrm{T}}c_1\boldsymbol{z}_1 - \boldsymbol{z}_2^{\mathrm{T}}c_2\boldsymbol{z}_2 + \boldsymbol{z}_2^{\mathrm{T}}\boldsymbol{G}_2\boldsymbol{z}_3 \tag{3.20}$$

由式（3.20）可知，当 $\boldsymbol{z}_3 \to \boldsymbol{0}$ 时，$\dot{V}_2$ 负定。

构造第 i 个 Lyapunov 函数如下：

$$V_i = V_{i-1} + \frac{1}{2}\boldsymbol{z}_i^{\mathrm{T}}\boldsymbol{z}_i \tag{3.21}$$

求导可得

$$\dot{V}_i = \dot{V}_{i-1} + \boldsymbol{z}_i^{\mathrm{T}}\dot{\boldsymbol{z}}_i \tag{3.22}$$

式中，

$$\dot{\boldsymbol{z}}_i = \boldsymbol{f}_i + \boldsymbol{G}_i\boldsymbol{z}_{i+1} + \boldsymbol{G}_i\boldsymbol{\alpha}_i - \dot{\boldsymbol{\alpha}}_{i-1} \tag{3.23}$$

则有

$$\dot{V}_i = \dot{V}_{i-1} + \boldsymbol{z}_i^{\mathrm{T}}\boldsymbol{z}_i(\boldsymbol{f}_i + \boldsymbol{G}_i\boldsymbol{z}_{i+1} + \boldsymbol{G}_i\boldsymbol{\alpha}_i - \dot{\boldsymbol{\alpha}}_{i-1}) \tag{3.24}$$

选取一个待设计的常数 $c_i > 0$，使：

$$\boldsymbol{\alpha}_i = \boldsymbol{G}_i^{-1}(-\boldsymbol{f}_i + \dot{\boldsymbol{\alpha}}_{i-1} - \boldsymbol{G}_{i-q}^{\mathrm{T}}\boldsymbol{z}_{i-1} - c_i\boldsymbol{z}_i) \tag{3.25}$$

将式（3.25）代入式（3.24），可得

$$\dot{V}_i = -\sum_{j=1}^{i}\boldsymbol{z}_j^{\mathrm{T}}\boldsymbol{G}_i\boldsymbol{z}_j + \boldsymbol{z}_i^{\mathrm{T}}\boldsymbol{G}_i\boldsymbol{z}_{i+1} \tag{3.26}$$

由式（3.26）可知，当 $\boldsymbol{z}_{i+1} \to \boldsymbol{0}$ 时，$\dot{V}_i$ 负定。

构造第 n 个 Lyapunov 函数如下：

$$V_n = V_{n+1} + \frac{1}{2}\boldsymbol{z}_n^{\mathrm{T}}\boldsymbol{z}_n \tag{3.27}$$

则有

$$\dot{V}_n = \dot{V}_{n-1} + \boldsymbol{G}\boldsymbol{z}_n^{\mathrm{T}}\dot{\boldsymbol{z}}_n = \dot{V}_{n-1} + \boldsymbol{z}_n^{\mathrm{T}}(\boldsymbol{u} - \dot{\boldsymbol{\alpha}}_{n-1}) \tag{3.28}$$

根据式（3.28），可得

$$\boldsymbol{u} = \boldsymbol{G}_n^{-1}(-\boldsymbol{f}_n + \dot{\boldsymbol{\alpha}}_{n-1} + \boldsymbol{G}_{n-1}^{\mathrm{T}}\boldsymbol{z}_{n-1} - c_n\boldsymbol{z}_n) \tag{3.29}$$

将式（3.29）代入式（3.28），可得

$$\dot{V}_n = -\sum_{j=1}^{i}\boldsymbol{z}_j^{\mathrm{T}}c_j\boldsymbol{z}_j \tag{3.30}$$

至此，$\boldsymbol{u}$ 即所求控制律，证得 Lyapunov 函数正定，其导数负定，系统渐近稳定。

3.1.2.3　自适应控制

在工程应用中，被控对象的模型常常难以确定，并且工况和条件改变也会导致系统的动态参数甚至结构发生变化。自适应控制技术可以在系统发生变化时自动对模型阶次、参数或输入进行补偿和调整，以期获得更好的暂态性能。

自适应控制技术需要做到实时检测系统的参数、性能和状态，从而将当前的指标往预期方向调整，进而通过控制律来控制系统使其运行在最优状态。自适应控制系统由性能指标测量模块、比较模块、决策模块、自适应机构及可调系统组成，其特点是，可以在线辨识参数，进而修改控制器参数。自适应控制系统一般具有以下功能。

（1）实时进行系统结构和参数辨识。

（2）按确定的控制律来进行决策。

（3）实时修改控制器参数或可调输入信号。

自适应控制系统可以分为模型参考自适应控制系统和自校正控制系统两大类。

1. 模型参考自适应控制系统

模型参考自适应控制系统的理论基础一般是 Lyapunov 稳定性理论，引入了一个参考模型辅助系统，参考输入同时加入可调系统和参考模型输入端，参考模型的输出或状态一般用期望的性能指标设计。通常使用减法器来处理可调系统和参考模型的输出或状态，对误差信号 e 进行控制以修改可调系统的参数，或者产生一个辅助输入信号以尽可能减小误差，实现对系统的自适应控制。

2. 自校正控制系统

自校正控制系统的理论基础为系统辨识和随机最优控制理论，一般需要先对过程和被控对象进行在线参数辨识，然后利用过程参数估计值 $\theta(t)$ 和事先规定的性能指标对调节器的过程参数 $\theta_c(t)$ 进行在线处理，并以此控制被控对象。自校正的过程一般重复多次，直至系统的性能趋于最优。

自适应控制适用于输出特性和扰动特性变化范围很大，同时对性能指标要求高的系统。自适应控制系统由于具有实时学习特性，并且对未知参数先验知识信息依赖性不强，因此在实际工程中应用十分广泛。

3.1.2.4 自抗扰控制

自抗扰控制技术可以实时计算系统在运行过程中受到的内部扰动和外部扰动之和，并且通过非线性反馈对误差进行补偿，对模型的精度要求不高，是一种要求不高且性能优良的控制技术。自抗扰控制器主要由微分跟踪器、扩张状态观测器和非线性状态反馈控制律组成。

1. 微分跟踪器

自抗扰控制器用微分跟踪器来安排过渡过程，以得到光滑的输入信号，并提取微分信号。微分跟踪器的离散形式如下：

$$\begin{cases} v_1(k+1)=v_1(k)+hv_2(k) \\ v_2(k+1)=v_2(k)+h\mathrm{fst}(v_1(k)-v_0,v_2(k),r,h_0) \end{cases} \tag{3.31}$$

式中，h 为采样步长；有

$$\mathrm{fst}=\begin{cases} -ra, & |a|\geqslant d \\ -r\,\mathrm{sgn}(a), & |a|\leqslant d \end{cases} \tag{3.32}$$

同时，有

$$d=rh,\ d_0=dh,\ y=v_1-v+hv_2,\ a_0=\sqrt{2d+8r|y|}$$

$$a=\begin{cases} v_2+\dfrac{y}{h}, & |y|>d_0 \\ v_2+\dfrac{\mathrm{sgn}(y)(a_2-d)}{2}, & |y|\leqslant d_0 \end{cases}$$

v_1 跟踪 $v(t)$，v_2 收敛于 v_1 的导数。这里 r 和 h_0 为可调参数，r 越大，v_1 跟踪 $v(t)$ 的速度越快。该微分跟踪器对信号 $v(t)$ 还具有滤波功能，h_0 越大，滤波效果越好。

2. 扩张状态观测器

扩张状态观测器是自抗扰控制器的核心部分，它将随机系统内部和外部的各种扰动都归结为系统的总扰动，对系统状态和总扰动进行实时估计，并对扰动给予相应补偿，把含有未知扰动的非线性、不确定对象转化为“积分串联型”线性对象，从而实现系统的动态反馈线性化，使非线性、不确定系统近似线性化和确定化。下面以二阶系统为例，介绍扩张状态观测器的一般理论。

设有以下非线性系统：

$$\begin{cases}\dot{x}_1 = x_2 \\ \dot{x}_2 = f(x_1, x_2) + bu \\ y = x_1\end{cases} \tag{3.33}$$

当 $f(x_1,x_2)$ 已知时，系统观测器可设计为

$$\begin{cases}e_1 = z_1 - y \\ \dot{z}_1 = z_2 - \beta_1 e_1 \\ \dot{z}_2 = f(z_1, z_2) - \beta_2 e_1 + bu\end{cases} \tag{3.34}$$

当 $f(x_1,x_2)$ 未知时，把作用于开环系统的加速度 $f(x_1(t),x_2(t))$ 的实时作用量扩张成新的状态变量 x_3，记作：

$$x_3(t) = f(x_1(t), x_2(t)) \tag{3.35}$$

并记 $\dot{x}_3 = \omega(t)$，则式（3.33）可以扩张成新的线性控制系统：

$$\begin{cases}\dot{x}_1 = x_2 \\ \dot{x}_2 = x_3 + bu \\ \dot{x}_3 = \omega t \\ y = x_1\end{cases} \tag{3.36}$$

建立扩张状态观测器：

$$\begin{cases}\dot{z}_1 = z_2 - \beta_1 e_1 \\ \dot{z}_2 = z_3 - \beta_2 \mathrm{fal}(e_1, a_1, \delta) + bu \\ \dot{z}_3 = -\beta_3 \mathrm{fal}(e_1, a_2, \delta) \\ e_1 = z_1 - y\end{cases} \tag{3.37}$$

式中，$\mathrm{fal}(e,a,\delta) = \begin{cases}|e|^a \operatorname{sgn}(\varepsilon), & |e| > \delta, \delta > 0 \\ \dfrac{e}{\delta^{1-a}}, & |e| \leqslant \delta\end{cases}$

只要选择适当的参数 β_1、β_2、β_3，这个非线性系统就能很好地估计系统的状态变量 $x_1(t)$、$x_2(t)$ 及实时作用量 $x_3(t)$。如果 $f(x_1,x_2)$ 中含有时间变量 t 和未知扰动作用 $d(t)$，那么同样可以估计出实时作用量 $f(x_1(t),x_2(t),t,d(t))$，该被扩张的状态变量是作用于系统的加速度实时作用量。式（3.37）称为式（3.33）的扩张状态观测器。

得到 $x_3(t)$ 的估计值 $z_3(t)$，若参数 b 已知，则可将控制量取为 $u = u_0 - \dfrac{z_3(t)}{b}$，这样使对象变为

$$\begin{cases}\dot{x}_1 = x_2 \\ \dot{x}_2 = f(x_1, x_2) + b\left(u_0 - \dfrac{z_3(t)}{b}\right) \\ y = x_1\end{cases} \Rightarrow \begin{cases}\dot{x}_1 = x_2 \\ \dot{x}_2 = bu_0 \\ y = x_1\end{cases} \tag{3.38}$$

这样便对系统进行了实时动态线性化，使非线性、不确定对象转化为一个“积分串联型”线性对象。

扩张状态观测器基于系统已知输入、输出，通过状态误差重构出系统状态和系统扰动的实时作用量并加以补偿。扩张状态观测器的补偿量并不区分内部扰动或外部扰动，直接补偿它们的综合作用，即对系统的总扰动，实质上起到的是一种抗扰作用。

3. 非线性状态反馈控制律

在非线性对象控制中，反馈线性化是一种有效的方法，能以增益反比的方式抑制扰动，但是反馈线性化需要知道控制对象的精确数学模型，这大大限制了它的使用范围。非线性状态反馈控制律的一般理论如下。

设有以下一阶误差系统：

$$\dot{\varepsilon} = \omega + u \tag{3.39}$$

如果实施误差的线性反馈 $u = -k^{\varepsilon}$，$k > 0$，则有

$$\begin{cases} \dot{\varepsilon} = -k^{\varepsilon} + \omega \\ \dfrac{1}{2}\dfrac{\mathrm{d}\varepsilon^2}{\mathrm{d}t} + k\varepsilon^2 = \varepsilon\omega \end{cases} \tag{3.40}$$

如果存在一个常数 $\omega_0 > 0$，满足：

$$\begin{cases} |\omega| < \omega_0 \\ \dfrac{1}{2}\dfrac{\mathrm{d}\varepsilon^2}{\mathrm{d}t} < k|\varepsilon|\left(|\varepsilon| - \dfrac{\omega_0}{k}\right) \end{cases} \tag{3.41}$$

则当 $|\varepsilon| > \dfrac{\omega_0}{k}$ 时，有 $\dfrac{\mathrm{d}\varepsilon^2}{\mathrm{d}t} < 0$，即系统稳态误差小于 $\dfrac{\omega_0}{k}$，在线性反馈下稳态误差与反馈增益 k 成反比。

如果对式（3.39）实施误差的非线性反馈：

$$\begin{cases} u = -k|\varepsilon|^a \operatorname{sgn}(\varepsilon) \\ \dot{\varepsilon} = -k|\varepsilon|^a \operatorname{sgn}(\varepsilon) + \omega \\ \dfrac{1}{2}\dfrac{\mathrm{d}\varepsilon^2}{\mathrm{d}t} < -k|\varepsilon|\left(|\varepsilon|^a - \dfrac{\omega_0}{k}\right) \end{cases} \tag{3.42}$$

则当 $|\varepsilon|^a > \dfrac{\omega_0}{k}$ 时，有 $\dfrac{\mathrm{d}\varepsilon^2}{\mathrm{d}t} < 0$，即系统稳态误差小于 $\left(\dfrac{\omega_0}{k}\right)^a$，$a$ 减小会以指数级减小稳态误差，非线性反馈策略优于线性反馈策略。

微分跟踪器、扩张状态观测器和非线性状态反馈控制律三部分组成自抗扰控制器。微分跟踪器能快速无超调地跟踪输入信号并给出比较好的微分信号，避免了由设定值突变而造成控制量的剧烈变化及输出量的超调；扩张状态观测器不仅能估计各个状态变量，还能估计扰动并给予相应补偿；对来自微分跟踪器与扩张状态观测器的输出取误差可得到系统状态变量误差，对象状态变量误差经过非线性状态反馈控制律运算后，再加上扩张状态观测器对未知扰动估计的补偿量，最终作为被控对象的控制量。

3.2 无人艇自动靠泊控制

3.2.1 概念

无人艇可以在特定的环境中完成既定的任务，但其靠泊却始终需要人工介入。常规的无人艇人工辅助靠泊以人工遥控或人工挂钩拖曳的方式进行。无人艇人工辅助靠泊需要耗费较多的人力、物力才能完成。20 世纪 90 年代，人们开始研究无人艇自动靠泊控制技术。与人工辅助靠泊相比，自动靠泊具有控制精度高、人力资源消耗少等优势。在研究中，自动靠泊控制又称为镇定控制。自动靠泊控制要求无人艇的位置、速度和航向等被镇定控制到某个平衡点。欠驱动无人艇运行环境复杂，不可避免地会受到风、浪、洋流等外部环境因素的影响。

本节将介绍一类无人艇自动靠泊控制技术，利用自适应神经网络 Backstepping 控制算法实现欠驱动无人艇的自动靠泊控制。由于欠驱动无人艇是强耦合的多输入多输出非线性系统，因此直接进行控制器设计较为复杂。本节用微分同胚变换方法实现无人艇运动学模型和动力学模型的解耦。设计径向基神经网络来补偿无人艇在运行中面临的不确定性，使无人艇对外部扰动具有较高的鲁棒性。最终，设计自适应神经网络 Backstepping 控制算法实现无人艇的自动靠泊控制。

3.2.2 控制器设计与稳定性分析

图 3-2 所示为欠驱动无人艇船体坐标系模型图，根据 2.4.2 节简化的无人艇水平面 3 自由度运动数学模型可知，带有模型不确定性的无人艇运动学模型和动力学模型分别为

$$\begin{cases}\dot{x}=u\cos(\psi)-v\sin(\psi)\\ \dot{y}=u\sin(\psi)+v\cos(\psi)\\ \dot{\psi}=r\end{cases} \tag{3.43}$$

$$\begin{cases}\dot{u}=\dfrac{m_{22}}{m_{11}}vr-\dfrac{d_{11}}{m_{11}}u+\dfrac{1}{m_{11}}\tau_u+f_1\\ \dot{v}=-\dfrac{m_{11}}{m_{22}}ur-\dfrac{d_{22}}{m_{22}}v\\ \dot{r}=-\dfrac{m_{11}-m_{22}}{m_{33}}uv-\dfrac{d_{33}}{m_{33}}r+\dfrac{1}{m_{33}}\tau_r+f_3\end{cases} \tag{3.44}$$

式中，f_1、f_3 表示模型不确定项；τ_u、τ_r 表示控制输入；x、y、ψ 表示无人艇的位置和偏航角；u、v、r 表示无人艇的航行速度和偏航角速度；m_{11}、m_{22}、m_{33}、d_{11}、d_{22}、d_{33} 为无人艇的参数。从式（3.44）中可以看出，模型中只考虑了纵向和转艏的模

型不确定项 f_1、 f_3。在式（3.43）和式（3.44）中，直接设计控制器时发现存在一定的耦合，因此需要先对式（3.43）和式（3.44）进行解耦。下面将采用微分同胚变换方法对无人艇的运动学模型和动力学模型进行解耦。

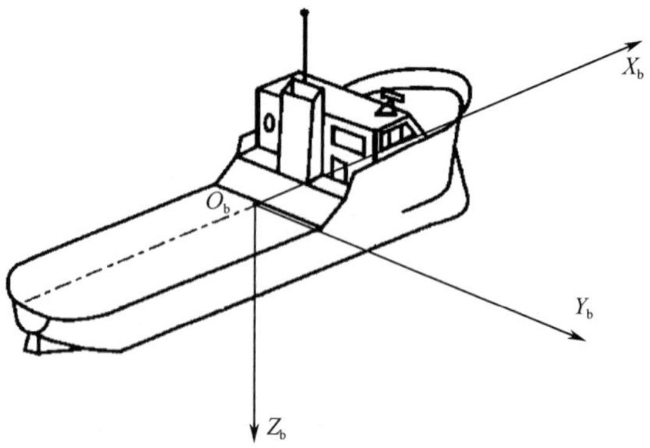

图 3-2　欠驱动无人艇船体坐标系模型图

引入 q_1、 q_2、 q_3 对欠驱动无人艇进行微分同胚变换：

$$\begin{cases} q_1 = x\cos(\psi) + y\sin(\psi) \\ q_2 = -x\sin(\psi) + y\cos(\psi) \\ q_3 = \psi \end{cases} \tag{3.45}$$

该变换将无人艇在大地坐标系中的位置及姿态信息转换到一个新的坐标系下。对式（3.45）求导，可得

$$\begin{cases} \dot{q}_1 = u + q_2 r \\ \dot{q}_2 = v - q_1 r \\ \dot{q}_3 = r \end{cases} \tag{3.46}$$

进一步对式（3.45）进行变换，令 $\dot{u} = \tau_1 + f_1$， $\dot{r} = \tau_3 + f_3$， $A = \dfrac{m_{11}}{m_{22}}$， $B = \dfrac{d_{22}}{m_{22}}$，并将其代入式（3.46），可得

$$\begin{cases} \dot{u} = \tau_1 + f_1 \\ \dot{v} = -Aur - Bv \\ \dot{r} = \tau_3 + f_3 \end{cases} \tag{3.47}$$

令 $Q_2 = q_2 + \dfrac{v}{B}$，引入新变量 α 使 $\alpha = -\dfrac{A}{B}u - q_1$，将这两个公式代入式（3.47），可得

$$\begin{cases} \dot{q}_1 = -\dfrac{B}{A}q_1 - \dfrac{B}{A}\alpha - \dfrac{v}{B}r \\ \dot{Q}_2 = \alpha r \\ \dot{q}_3 = r \\ \dot{\alpha} = \tau_\alpha + F_1 \\ \dot{v} = -Bv + B(q_1 + \alpha)r \\ \dot{r} = \tau_3 + F_3 \end{cases} \tag{3.48}$$

式中，$\tau_\alpha = \frac{B}{A}(q_1+\alpha) - r\left(Q_2 - \frac{v}{B}\right) - \frac{A}{B}\tau_1$，$F_1 = -\frac{m_{11}}{d_{22}} f_1$，$F_3 = -\frac{1}{m_{33}} f_3$。

通过微分同胚变换，欠驱动无人艇的模型转换为式（3.48）的形式。

因此，最终可以将式（3.48）转化为

$$\begin{cases} \dot{Q}_2 = \alpha r \\ \dot{\alpha} = \tau_\alpha + F_1 \\ \dot{q}_3 = r \\ \dot{r} = \tau_3 + F_3 \end{cases} \tag{3.49}$$

式中，F_1、F_3 为模型不确定项。进一步，式（3.49）可以分为如下两个子系统：

$$\begin{cases} \dot{Q}_2 = \alpha r \\ \dot{\alpha} = \tau_\alpha + F_1 \\ \dot{q}_3 = r \end{cases} \tag{3.50}$$

$$\begin{cases} \dot{q}_3 = r \\ \dot{r} = \tau_3 + F_3 \end{cases} \tag{3.51}$$

注意到，式（3.50）中仅有控制输入 τ_α，式（3.51）中仅有控制输入 τ_3。至此，实现了系统的解耦。接下来，可以对两个子系统分别设计控制器以实现自动靠泊控制的目标。

首先，针对式（3.50）设计自适应神经网络 Backsetpping 控制算法。

建立 Lyapunov 函数：$V_1 = \frac{1}{2}\boldsymbol{Q}_2^2 + \frac{1}{2}\boldsymbol{z}_\alpha^2 + \frac{1}{2}\tilde{\boldsymbol{W}}_1^{\mathrm{T}} T_1^{-1} \tilde{\boldsymbol{W}}_1$。其中，$\boldsymbol{z}_\alpha = \boldsymbol{\alpha} - \boldsymbol{\alpha}_{\mathrm{d}}$，$\boldsymbol{\alpha}_{\mathrm{d}}$ 为待设计的虚拟控制律；$T_1 = T_1^{-1}$，为正的参数；$\tilde{\boldsymbol{W}}_1 = \boldsymbol{W}_1^* - \hat{\boldsymbol{W}}_1$，$\boldsymbol{W}_1^*$ 表示最优神经网络自适应律，$\hat{\boldsymbol{W}}_1$ 表示实际神经网络自适应律，并且有

$$\boldsymbol{F}_1 = \boldsymbol{W}_1^{*\mathrm{T}} \boldsymbol{S}_1(\boldsymbol{x}) + \delta_1 \tag{3.52}$$

式中，$\boldsymbol{S}_1(\boldsymbol{x})$ 表示高斯核函数；δ_1 表示一个常数，满足 $|\delta_1| \leqslant \bar{\delta}_1$，其中 $\bar{\delta}_1$ 为一个有界的常数。

对 V_1 求导，可得

$$\begin{aligned} \dot{V}_1 &= \boldsymbol{Q}_2\dot{\boldsymbol{Q}}_2 + \boldsymbol{z}_\alpha \dot{\boldsymbol{z}}_\alpha - \tilde{\boldsymbol{W}}_1^{\mathrm{T}} T_1^{-1} \dot{\hat{\boldsymbol{W}}}_1 \\ &= \boldsymbol{Q}_2 r(\boldsymbol{z}_\alpha + \boldsymbol{\alpha}_{\mathrm{d}}) + \boldsymbol{z}_\alpha(\boldsymbol{\tau}_\alpha + \boldsymbol{W}_1^{*\mathrm{T}} \boldsymbol{S}_1(\boldsymbol{x}) + \delta_1 - \boldsymbol{\alpha}_{\mathrm{d}}) - \tilde{\boldsymbol{W}}_1^{\mathrm{T}} T_1^{-1} \dot{\hat{\boldsymbol{W}}}_1 \end{aligned} \tag{3.53}$$

设计虚拟控制律：$\boldsymbol{\alpha}_{\mathrm{d}} = -\frac{1}{r} k_2 \boldsymbol{Q}_2$。其中，$k_2 > 0$，为待确定的参数。将 $\boldsymbol{\alpha}_{\mathrm{d}}$ 代入式(3.53)，可得

$$\begin{aligned} \dot{V}_1 &= \boldsymbol{Q}_2\dot{\boldsymbol{Q}}_2 + \boldsymbol{z}_\alpha \dot{\boldsymbol{z}}_\alpha - \tilde{\boldsymbol{W}}_1^{\mathrm{T}} T_1^{-1} \dot{\hat{\boldsymbol{W}}}_1 \\ &= -k_2 \boldsymbol{Q}_2^2 + \boldsymbol{Q}_2 r \boldsymbol{z}_\alpha + \boldsymbol{z}_\alpha(\boldsymbol{\tau}_\alpha + \boldsymbol{W}_1^{*\mathrm{T}} \boldsymbol{S}_1(\boldsymbol{x}) + \delta_1 - \boldsymbol{\alpha}_{\mathrm{d}}) - \tilde{\boldsymbol{W}}_1^{\mathrm{T}} T_1^{-1} \dot{\hat{\boldsymbol{W}}}_1 \end{aligned} \tag{3.54}$$

设计控制律和自适应律分别为

$$\boldsymbol{\tau}_\alpha = -k_1 \boldsymbol{z}_\alpha - \boldsymbol{Q}_2 r + \dot{\boldsymbol{\alpha}}_{\mathrm{d}} - \hat{\boldsymbol{W}}_1^{\mathrm{T}} \boldsymbol{S}_1(\boldsymbol{x}) \tag{3.55}$$

$$\dot{\hat{\boldsymbol{W}}}_1 = T_1(\boldsymbol{z}_\alpha \boldsymbol{S}_1(\boldsymbol{x}) - k_{w1} \hat{\boldsymbol{W}}_1) \tag{3.56}$$

式中，$k_1 > 0$，$k_{w1} > 0$，为待设计的参数。

其次，针对式（3.51）设计控制器。

建立 Lyapunov 函数：$V_2 = \frac{1}{2}\boldsymbol{q}_3^2 + \frac{1}{2}\boldsymbol{z}_r^2 + \frac{1}{2}\tilde{\boldsymbol{W}}_2^{\mathrm{T}} T_2^{-1} \tilde{\boldsymbol{W}}_2$。其中，$\boldsymbol{z}_r = \boldsymbol{r} - \boldsymbol{r}_{\mathrm{d}}$，$\boldsymbol{r}_{\mathrm{d}}$ 为待设计的虚拟控制律；$T_2 = T_2^{-1}$，为正的参数；$\tilde{\boldsymbol{W}}_2 = \boldsymbol{W}_2^* - \hat{\boldsymbol{W}}_2$，$\boldsymbol{W}_2^*$ 表示最优神经网络自适应律，$\hat{\boldsymbol{W}}_2$ 表示实际神经网络自适应律，并且有

$$\boldsymbol{F}_3 = \boldsymbol{W}_2^{*\mathrm{T}} \boldsymbol{S}_2(\boldsymbol{x}) + \delta_2 \tag{3.57}$$

式中，$\boldsymbol{S}_2(\boldsymbol{x})$ 表示高斯核函数；δ_2 表示一个常数，满足 $|\delta_2| \leqslant \bar{\delta}_2$，其中 $\bar{\delta}_2$ 为一个有界的常数。对 V_2 求导，可得

$$\dot{V}_2 = \boldsymbol{q}_3(\boldsymbol{z}_r + \boldsymbol{r}_{\mathrm{d}}) + \boldsymbol{z}_r(\boldsymbol{\tau}_3 + \boldsymbol{W}_2^{*\mathrm{T}} \boldsymbol{S}_2(\boldsymbol{x}) + \delta_2 - \dot{\boldsymbol{r}}_{\mathrm{d}}) + \tilde{\boldsymbol{W}}_2^{\mathrm{T}} T_2^{-1} \dot{\hat{\boldsymbol{W}}}_2 \tag{3.58}$$

设计虚拟控制律：$\boldsymbol{r}_{\mathrm{d}} = -k_3 \boldsymbol{q}_3$。其中，$k_3 > 0$，为待确定的参数。将 $\boldsymbol{r}_{\mathrm{d}}$ 代入式（3.58），可得

$$\dot{V}_2 = -k_3 \boldsymbol{q}_3^2 + \boldsymbol{q}_3 \boldsymbol{z}_r + \boldsymbol{z}_r(\boldsymbol{\tau}_3 + \boldsymbol{W}_2^{*\mathrm{T}} \boldsymbol{S}_2(\boldsymbol{x}) + \delta_2 - \dot{\boldsymbol{r}}_{\mathrm{d}}) + \tilde{\boldsymbol{W}}_2^{\mathrm{T}} T_2^{-1} \dot{\hat{\boldsymbol{W}}}_2 \tag{3.59}$$

设计控制律和自适应律分别为

$$\boldsymbol{\tau}_3 = -k_4 \boldsymbol{z}_r - \boldsymbol{q}_3 + \dot{\boldsymbol{r}}_{\mathrm{d}} - \hat{\boldsymbol{W}}_2^{\mathrm{T}} \boldsymbol{S}_2(\boldsymbol{x}) \tag{3.60}$$

$$\dot{\hat{\boldsymbol{W}}}_2 = T_2(\boldsymbol{z}_r \boldsymbol{S}_2(\boldsymbol{x}) - k_{w2} \hat{\boldsymbol{W}}_2) \tag{3.61}$$

式中，$k_4 > 0$，$k_{w2} > 0$ 表示待确定的参数。

最后，进行稳定性分析。

定理：考虑式（3.43）、式（3.44），经过微分同胚变换，在控制律，即式（3.55）、式（3.60），以及自适应律，即式（3.56）、式（3.61）的作用下，所有闭环系统的信号都是半全局最终一致有界的。

证明：将式（3.55）和式（3.56）代入式（3.54），可得

$$\dot{V}_1 = -k_1 \boldsymbol{z}_\alpha^2 - k_2 \boldsymbol{Q}_2^2 - \tilde{\boldsymbol{W}}_1^{\mathrm{T}} T_1^{-1} \dot{\hat{\boldsymbol{W}}}_1 + \boldsymbol{z}_\alpha \delta_1 \tag{3.62}$$

由杨氏不等式可得

$$\tilde{\boldsymbol{W}}_1^{\mathrm{T}} \hat{\boldsymbol{W}}_1 = \boldsymbol{W}_1^* - \tilde{\boldsymbol{W}}_1 \leqslant \frac{1}{2}(\|\boldsymbol{W}_1^*\|^2 - \|\tilde{\boldsymbol{W}}_1\|^2) \tag{3.63}$$

$$\boldsymbol{z}_\alpha \delta_1 \leqslant \frac{1}{2}\boldsymbol{z}_\alpha^2 + \frac{1}{2}\bar{\delta}_1^2 \tag{3.64}$$

将式（3.63）、式（3.64）代入式（3.62），可得

$$\dot{V}_1 = -\left(k_1 - \frac{1}{2}\right)\boldsymbol{z}_\alpha^2 - k_2 \boldsymbol{Q}_2^2 - \frac{1}{2}k_{w1}\|\tilde{\boldsymbol{W}}_1\|^2 + \frac{1}{2}k_{w1}\|\boldsymbol{W}_1^*\|^2 + \frac{1}{2}\bar{\delta}_1^2 \tag{3.65}$$

令 $K_1 = \lambda_{\min}(2k_1 - 1, 2k_2, k_{w1}\varGamma_1)$，$\boldsymbol{D}_2 = \frac{1}{2}k_{w1}\|\boldsymbol{W}_1^*\|^2 + \frac{1}{2}\bar{\delta}_1^2$，可得

$$\dot{V}_1 = -K_1 V_1 + \boldsymbol{D}_2 \tag{3.66}$$

由式（3.66）可知，V_1 是有界的，进而可知 $\boldsymbol{z}_\alpha$、$\boldsymbol{Q}_2$ 及 $\hat{\boldsymbol{W}}_1$ 都是有界的。由式（3.55）、式（3.56）可知，其信号由 $\boldsymbol{z}_\alpha$、$\boldsymbol{Q}_2$ 及 $\hat{\boldsymbol{W}}_1$ 等有界信号组成，进而可知控制律和自适应律

也是有界的。

针对第二个子系统，将式（3.60）、式（3.61）代入式（3.59），可得

$$\dot{V}_2 = -k_3\boldsymbol{q}_3^2 - k_4\boldsymbol{z}_r^2 + k_{w2}\tilde{\boldsymbol{W}}_2^{\mathrm{T}}\dot{\hat{\boldsymbol{W}}}_2 + \boldsymbol{z}_r\delta_2 \tag{3.67}$$

由杨氏不等式可得

$$\tilde{\boldsymbol{W}}_2^{\mathrm{T}}\hat{\boldsymbol{W}}_2 = \boldsymbol{W}_2^* - \tilde{\boldsymbol{W}}_2 \leqslant \frac{1}{2}(\|\boldsymbol{W}_2^*\|^2 - \|\tilde{\boldsymbol{W}}_2\|^2) \tag{3.68}$$

$$\boldsymbol{z}_r\delta_2 \leqslant \frac{1}{2}\boldsymbol{z}_r^2 + \frac{1}{2}\bar{\delta}_2^2 \tag{3.69}$$

将式（3.68）、式（3.69）代入式（3.67），可得

$$\dot{V}_2 = -\left(k_3 - \frac{1}{2}\right)\boldsymbol{q}_3^2 - k_4\boldsymbol{z}_r^2 - \frac{1}{2}k_{w2}\|\tilde{\boldsymbol{W}}_2\|^2 + \frac{1}{2}k_{w2}\|\boldsymbol{W}_2^*\|^2 + \frac{1}{2}\bar{\delta}_2^2 \tag{3.70}$$

令 $K_2 = \lambda_{\min}(2k_3 - 1, 2k_4, k_{w2}\Gamma_2)$，$\boldsymbol{D}_2 = \frac{1}{2}k_{w2}\|\boldsymbol{W}_2^*\|^2 + \frac{1}{2}\bar{\delta}_2^2$，可得

$$\dot{V}_2 = -K_2V_2 + \boldsymbol{D}_2 \tag{3.71}$$

由式（3.71）可知，系统是半全局最终一致有界的，进而可知 $\boldsymbol{q}_3$、$\boldsymbol{z}_r$ 及 $\hat{\boldsymbol{W}}_2$ 都是有界的。由式（3.60）、式（3.61）可知，其信号由 $\boldsymbol{q}_3$、$\boldsymbol{z}_r$ 及 $\hat{\boldsymbol{W}}_2$ 等有界信号组成，进而可知控制律和自适应律也是有界的。

由此可证明，在控制律，即式（3.55）、式（3.60），以及自适应律，即式（3.56）、式（3.61）的作用下，所有闭环系统的信号都是半全局最终一致有界的。

3.2.3　仿真实验

本节将对所设计的控制算法进行仿真实验。欠驱动无人艇的模型参数如表 3-1 所示。

表 3-1　欠驱动无人艇的模型参数

参　数	值	单　位
m	2.38	kg
L	1.255	m
B	0.29	m
I_z	1.760	kg·m^2
X_u	−0.722 53	kg/s
Y_v	−0.889 65	kg/s
N_r	−1.900	kg/s
$X_{\dot{u}}$	−2	kg
$Y_{\dot{v}}$	−10	kg
$N_{\dot{r}}$	−1	kg·m^2

续表

参　数	值	单　位
$X_{u\|u\|}$	−1.327 42	kg/s
$Y_{v\|v\|}$	−36.472 87	kg/s
$N_{r\|r\|}$	0.080	kg/s

欠驱动无人艇的初始状态为

$$[x(0), y(0), \psi(0), u(0), v(0), r(0)] = [-15, -20, 60^{\circ}, 0.2, 0, 0]$$

主要参数为 $k_1 = 5$，$k_2 = 5$，$k_3 = 1$，$k_4 = 5$，$k_{w1} = k_{w2} = 0.1$，$T_1 = T_2 = 1$；仿真时间为 t=200s；假设外部扰动为 $F_1 = 0.1\sin(0.1t)$，$F_3 = 0.1\cos(0.1t)$。

仿真结果如图 3-3～图 3-6 所示。其中，图 3-3 所示为无人艇自动靠泊轨迹，图 3-4 所示为无人艇位置和艏向角变化曲线，图 3-5 所示为横、纵方向速度和角速度变化曲线，图 3-6 所示为纵向推力和转艏力矩曲线。由图 3-3 可以看出，无人艇逐渐驶向靠泊点。由图 3-4 可以看出，无人艇位置和艏向角在 150s 左右逐渐收敛至 0。由图 3-3～图 3-6 可以看出，所有信号都是有界的。

仿真结果证明了所设计的微分同胚变换和控制算法的有效性。

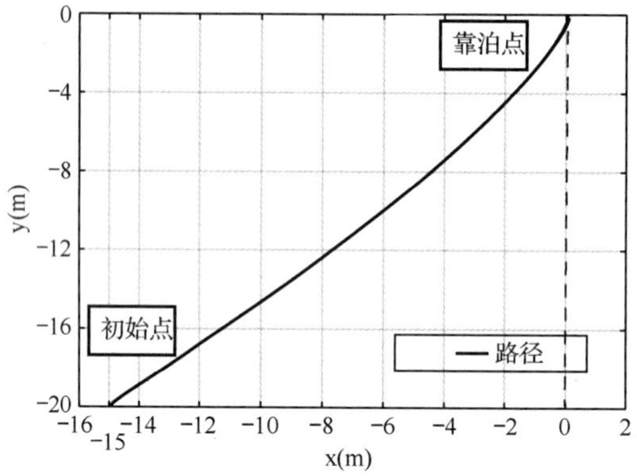

图 3-3　无人艇自动靠泊轨迹

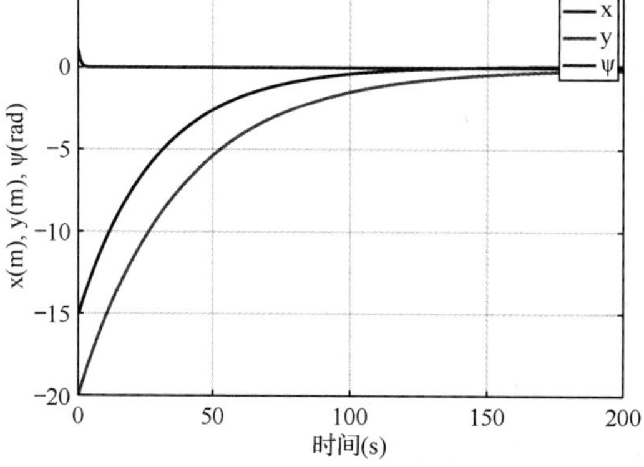

图 3-4　无人艇位置和艏向角变化曲线

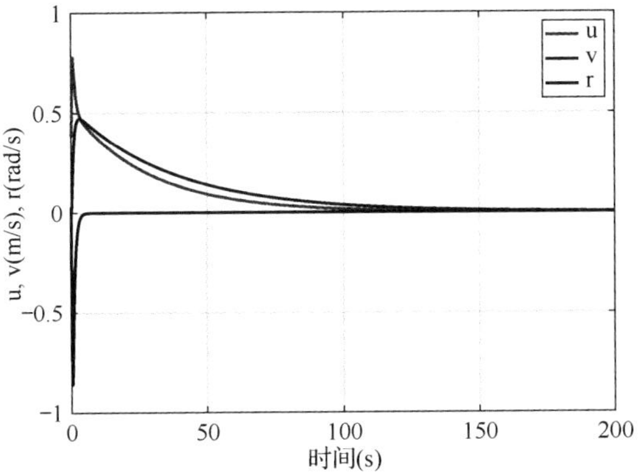

图 3-5　横、纵方向速度和角速度变化曲线

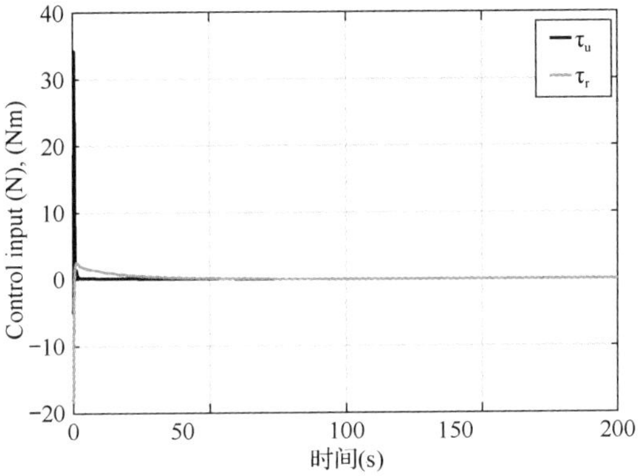

图 3-6　纵向推力和转艏力矩曲线

3.3　无人艇路径跟踪控制

3.3.1　基础知识概述

3.3.1.1　3 自由度下的运动学模型和动力学模型

6 自由度坐标系模型较为复杂，会加大无人艇控制器设计难度且难以实现，为简化实验模型，下面仅考虑前进速度、横向速度和艏向角速度这 3 个自由度的运动，即构成 3 自由度坐标系。

为研究方便，做出以下假设。

（1）忽略无人艇的垂荡、横摇和纵摇，也就是 z、ϕ、θ、w、p、q 的数值都是 0。

（2）无人艇是关于纵垂面左右完全对称的均质体，因此 $I_{xy}=I_{yz}=0$。

（3）无人艇的重心和浮力中心都在 Z_{b} 轴上。

根据上述假设，结合无人艇水平面 6 自由度运动数学模型，建立无人艇水平面 3 自由度运动数学模型：

$$\begin{cases}\dot{\boldsymbol{\eta}}=\boldsymbol{J}(\boldsymbol{\eta})\boldsymbol{v}\\ \boldsymbol{M}\dot{\boldsymbol{v}}+\boldsymbol{C}(\boldsymbol{v})\boldsymbol{v}+\boldsymbol{D}(\boldsymbol{v})\boldsymbol{v}=\boldsymbol{\tau}+\boldsymbol{\tau}_{\mathrm{w}}\end{cases} \tag{3.72}$$

式中，$\boldsymbol{J}(\boldsymbol{\eta})$、$\boldsymbol{M}$、$\boldsymbol{C}(\boldsymbol{v})$ 和 $\boldsymbol{D}(\boldsymbol{v})$ 的具体表达式为

$$\begin{aligned}
\boldsymbol{J}(\boldsymbol{\eta})&=\begin{bmatrix}\cos(\psi) & -\sin(\psi) & 0\\ \sin(\psi) & \cos(\psi) & 0\\ 0 & 0 & 1\end{bmatrix}\\
\boldsymbol{M}&=\begin{bmatrix}m-X_{\dot{u}} & 0 & 0\\ 0 & m-Y_{\dot{v}} & mx_g-Y_{\dot{r}}\\ 0 & mx_g-Y_{\dot{r}} & I_z-N_{\dot{r}}\end{bmatrix}\\
\boldsymbol{C}(\boldsymbol{v})&=\begin{bmatrix}0 & 0 & -m(x_g r+v)+Y_{\dot{v}}v+Y_{\dot{r}}r\\ 0 & 0 & mu-X_{\dot{u}}u\\ m(x_g r+v)-Y_{\dot{v}}v-Y_{\dot{r}}r & -mu+X_{\dot{u}}u & 0\end{bmatrix}\\
\boldsymbol{D}(\boldsymbol{v})&=\begin{bmatrix}-X_u & 0 & 0\\ 0 & -Y_v & -Y_r\\ 0 & -N_v & -N_r\end{bmatrix}
\end{aligned} \tag{3.73}$$

由于无人艇是欠驱动的，仅能产生纵向和旋转的力矩，而不能在水平方向上施加推力，因此其控制力公式为

$$\boldsymbol{\tau}=[\tau_u\ \ 0\ \ \tau_r]^{\mathrm{T}} \tag{3.74}$$

环境作用力 $\boldsymbol{\tau}_{\mathrm{w}}$ 可以按纵荡、横荡和艏摇 3 个自由度分解成 $\boldsymbol{\tau}_{\mathrm{w}}=[\tau_{\mathrm{w}u}\quad \tau_{\mathrm{w}v}\quad \tau_{\mathrm{w}r}]^{\mathrm{T}}$。$\boldsymbol{\tau}_{\mathrm{w}}$ 受外部扰动和模型不确定性的影响。

在无人艇沿纵垂面 $X_{\mathrm{b}}O_{\mathrm{b}}Z_{\mathrm{b}}$ 和横垂面 $Y_{\mathrm{b}}O_{\mathrm{b}}Z_{\mathrm{b}}$ 对称的情况下，本书给出了无人艇水平面 3 自由度运动数学模型的简化公式：

$$\begin{cases}\dot{\boldsymbol{\eta}}=\boldsymbol{J}(\boldsymbol{\eta})\boldsymbol{v}\\ \boldsymbol{M}\dot{\boldsymbol{v}}+\boldsymbol{C}(\boldsymbol{v})\boldsymbol{v}+\boldsymbol{D}(\boldsymbol{v})\boldsymbol{v}=\boldsymbol{\tau}+\boldsymbol{\tau}_{\mathrm{w}}\end{cases} \tag{3.75}$$

式中，$\boldsymbol{J}(\boldsymbol{\eta})$ 不变，$\boldsymbol{M}$、$\boldsymbol{C}(\boldsymbol{v})$ 和 $\boldsymbol{D}(\boldsymbol{v})$ 简化为

$$\begin{aligned}
\boldsymbol{M}&=\begin{bmatrix}m_{11} & 0 & 0\\ 0 & m_{22} & 0\\ 0 & 0 & m_{33}\end{bmatrix}=\begin{bmatrix}m-X_{\dot{u}} & 0 & 0\\ 0 & m-Y_{\dot{v}} & 0\\ 0 & 0 & I_z-N_{\dot{r}}\end{bmatrix}\\
\boldsymbol{C}(\boldsymbol{v})&=\begin{bmatrix}0 & 0 & -m_{22}v\\ 0 & 0 & m_{11}u\\ m_{22}v & -m_{11}u & 0\end{bmatrix}\\
\boldsymbol{D}(\boldsymbol{v})&=\begin{bmatrix}d_{11} & 0 & 0\\ 0 & d_{22} & 0\\ 0 & 0 & d_{33}\end{bmatrix}\begin{bmatrix}-X_u & 0 & 0\\ 0 & -Y_v & 0\\ 0 & 0 & -N_r\end{bmatrix}
\end{aligned} \tag{3.76}$$

系统矩阵具有以下属性。

（1）惯性矩阵 $\boldsymbol{M}$ 正定，即 $\boldsymbol{x}^{\mathrm{T}}\boldsymbol{m}\boldsymbol{x}>0$。

（2）科里奥利向心力矩阵是反对称矩阵，即 $\boldsymbol{C}(\boldsymbol{v})=-\boldsymbol{C}^{\mathrm{T}}(\boldsymbol{v})$。

（3）线性阻尼力矩阵 $\boldsymbol{D}$ 正定，即 $\boldsymbol{x}^{\mathrm{T}}\boldsymbol{D}\boldsymbol{x}>0$。

（4）转换矩阵 $\boldsymbol{J}$ 满足 $\boldsymbol{J}^{-1}(\boldsymbol{\eta})=\boldsymbol{J}^{\mathrm{T}}(\boldsymbol{\eta})$。

将式（3.75）展开，得到无人艇水平面 3 自由度运动方程：

$$\begin{cases}\dot{x}=u\cos\psi-\sin\psi\\ \dot{y}=u\sin\psi+v\cos\psi\\ \dot{\psi}=r\\ m_{11}\dot{u}-m_{22}vr+d_{11}u=\tau_u+\tau_{\mathrm{w}u}\\ m_{22}\dot{v}-m_{11}ur+d_{22}v=0+\tau_{\mathrm{w}u}\\ m_{33}\dot{r}+(m_{22}-m_{11})uv+d_{33}r=\tau_r+\tau_{\mathrm{w}r}\end{cases} \tag{3.77}$$

3.3.1.2　Backstepping 控制算法概述

Backstepping 控制算法是一种逆向设计方法，它不仅能将 Lyapunov 函数及控制器的设计过程系统化，还能控制具有 n 个相对阶次的非线性系统，克服了传统无源设计中相对阶数为 1 的局限性。

以满足严格反馈形式的非线性系统为例：

$$\begin{cases}\dot{x}_1=x_2+f_1(x_1)\\ \dot{x}_2=x_3+f_2(x_1,x_2)\\ \cdots\cdots\\ \dot{x}_i=x_{i+1}+f_i(x_1,x_2,\cdots,x_i)\end{cases} \tag{3.78}$$

Backstepping 控制算法的设计方法是把 x_{i+1} 的状态看作 x_i 的虚拟控制输入，定义 $V=x_i^2/2$，显然虚拟控制律 $\alpha_i=x_{i+1}=-x_i-f_i(x_1,x_2,\cdots,x_i)$ 可以使状态渐近稳定。由于 x_{i+1} 并非真实的控制输入，因此可以考虑引入误差变量 z_i，设计控制律，使初始状态 x_i 渐近收敛到虚拟控制律 α_i 中，继而实现整个系统的渐近稳定。相应的误差变量 z_i 由此被引入虚拟控制律 α_i，$z_i:z_i=x_i-\alpha_{i-1}(x_1,x_2,\cdots,x_{i-1})$，其中 α_i 待定。在 Backstepping 控制算法设计过程中，每个误差变量 z_i 都会被设计一个 Lyapunov 函数，使每个状态变量都具有渐近收敛性。

在设计的第一步，对于状态 $x_i=z_i$ 定义候选 Lyapunov 函数为 $V=x_i^2/2$，引入虚拟控制律 $\alpha_1:=x_2=-x_1=f_1(x_1)$ 可使状态 z_i 稳定，此时对应的误差变量 $z_2=x_2-\alpha_1(z_1)$。重新定义候选 Lyapunov 函数 $V=z_i^2/2$，其中，

$$\begin{aligned}&\dot{z}_1=-z_1+z_2\\ &\dot{z}_2=x_3-f_2(x_1,x_2)-\frac{\partial\alpha}{\partial z_1}\dot{z}_1=x_3+\overline{f}_2(z_1,z_2)\\ &\dot{V}_1=-z_i^2+z_1z_2\end{aligned} \tag{3.79}$$

如果 $z_2=0$，则此时 $\dot{V}_1=-z_1^{\,2}$，z_1 渐近稳定。为了使 $z_2=0$ 稳定，还需要引入虚拟

控制律α_2及误差变量z_3。以此类推，如果想要使z_i稳定，则必须引入虚拟控制律α_i及误差变量z_{i+1}。z_{i+1}可采用之前类似的递推定义，$z_{i+1}=x_{i+1}-\alpha_i(z_1,z_2,\cdots,z_i)$。

因此，在设计的第 i 步，Lyapunov 函数的定义是误差变量z_i：

$$V_i(z_i)=(z_1{}^2+z_2{}^2+\cdots+z_i{}^2)/2 \tag{3.80}$$

建立虚拟控制律：

$$\alpha_{i-1}(z_1,z_2,\cdots,z_i)=-z_{i-1}-z_i-f_i(z_1,z_2,\cdots,z_i) \tag{3.81}$$

可得

$$\begin{aligned}\dot{z}_i&=-z_{i-1}-z_i+z_{i+1}\\ \dot{V}_i&=-z_1^2-\cdots-\overline{f}_i(z_1,z_2,\cdots,z_i)\end{aligned} \tag{3.82}$$

在设计的最后一步，可得

$$\begin{aligned}\dot{z}_n&=u+\overline{f}_n(z_1,z_2,\cdots,z_i)\\ \dot{V}_n&=-z_1^2-\cdots-z_{n-1}^2+z_nz_{n-1}+z_n\dot{z}_n\end{aligned} \tag{3.83}$$

建立反馈控制律：

$$u=\alpha_n(z_1,z_2,\cdots,z_i)=-z_{n-1}-z_n-\overline{f_n}(z_1,z_2,\cdots,z_n) \tag{3.84}$$

采用虚拟控制律与反馈控制律对初始的非线性系统进行渐进稳定。

Backstepping 控制算法设计的主要技术特点如下。

（1）利用坐标到坐标的微分同胚变换，关于z_i的一个简单二次型 Lyapunov 函数可以根据系统的渐近稳定直接被引入。

（2）通过建立适当的虚拟控制律α_i，逐次递推求出负定 Lyapunov 函数的微分$\dot{V}_i$。

3.3.1.3 滑模控制的基本原理

滑模控制的基本原理是，按系统要求的动力学特性，设计出一种可转换的超平面，并利用滑模控制器实现从超平面的外部到超平面的转换。当系统到达超平面时，控制动作会使系统沿着超平面的方向移动至系统的初始位置。在转换超平面时，在系统的状态沿着超平面滑移到初始位置的过程中，就形成了滑模面。

考虑一般性，有如下系统：

$$\dot{\boldsymbol{x}}=\boldsymbol{f}(\boldsymbol{x}),\ \boldsymbol{x}\in\mathbf{R}^n \tag{3.85}$$

定义一个该系统的状态空间中的超平面$\boldsymbol{s}(\boldsymbol{x})=\boldsymbol{s}(\boldsymbol{x}_1,\boldsymbol{x}_2,\cdots,\boldsymbol{x}_n)=\mathbf{0}$，从图 3-7 中可以看出，$\boldsymbol{s}(\boldsymbol{x})$将一个空间分成上、下两部分，即$\boldsymbol{s}(\boldsymbol{x})>\mathbf{0}$的部分和$\boldsymbol{s}(\boldsymbol{x})<0$的部分。在超平面$\boldsymbol{s}(\boldsymbol{x})$上移动的点可以分成 3 种类型：$A$（通常点）、$B$（起始点）、$C$（终止点）。

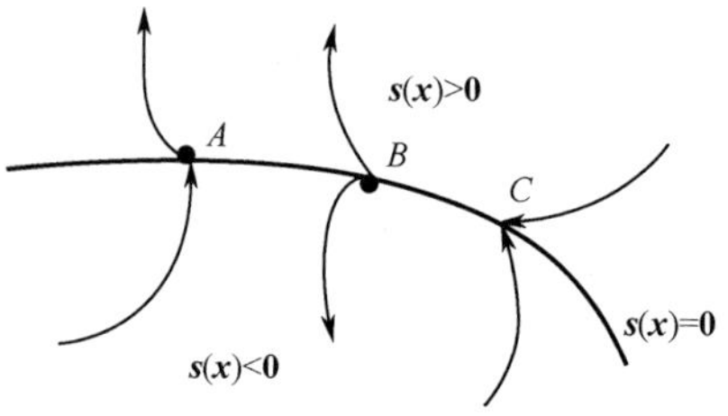

图 3-7　超平面上 3 种点的特性

对设计者而言，A 点和 B 点都是不需要重视的，而 C 点则需要格外关注。如果在超平面 $\boldsymbol{s}(\boldsymbol{x})=\boldsymbol{0}$ 上有一个区域，该区域内所有的点都是终止点，那么当系统运动状态移动至该区域附近时，就被“吸引”到该区域运动。

本节以一种具有代表性的非线性控制系统为例，对滑模控制器的设计方式进行介绍。

非线性控制系统的表达式如下：

$$\dot{\boldsymbol{x}}=\boldsymbol{f}(t,\boldsymbol{x})+\boldsymbol{g}(t,\boldsymbol{x})\boldsymbol{u}(t) \tag{3.86}$$

式中，$\boldsymbol{x}\in\mathbf{R}^n$，$\boldsymbol{u}(t)\in\mathbf{R}^m$，$\boldsymbol{f}(t,\boldsymbol{x})\in\mathbf{R}^{m\times n}$，$\boldsymbol{g}(t,\boldsymbol{x})\in\mathbf{R}^{n\times m}$。不连续反馈的表达式如下：

$$\boldsymbol{u}_i=\begin{cases}\boldsymbol{u}_i^+(t,\boldsymbol{x}), & \boldsymbol{s}_i(\boldsymbol{x})>\boldsymbol{0}\\ \boldsymbol{u}_i^-(t,\boldsymbol{x}), & \boldsymbol{s}_i(\boldsymbol{x})<\boldsymbol{0}\end{cases} \tag{3.87}$$

式中，$\boldsymbol{s}_i(\boldsymbol{x})$ 为第 i 个滑模面，$i=1,2,\cdots,m$，且 $\boldsymbol{s}(\boldsymbol{x})=[\boldsymbol{s}_1(\boldsymbol{x}),\boldsymbol{s}_2(\boldsymbol{x}),\cdots,\boldsymbol{s}_m(\boldsymbol{x})]^{\mathrm{T}}=\boldsymbol{0}$。

该滑模控制器的设计可分成两个步骤。

第一个步骤是设计合适的滑模面 $\boldsymbol{s}(\boldsymbol{x})$，也称为切换函数或开关面，它表示系统理想的动态性质，能渐进稳定其所决定的滑动模态，且具有良好的质量。

第二个步骤是滑模控制器 $\boldsymbol{u}$ 的设计。滑模控制通常包括两个控制分量，分别是切换控制分量 u_{sw} 和等效控制分量 u_{eq}。切换控制的设计是为了使系统到达条件 $\boldsymbol{s}\dot{\boldsymbol{s}}<\boldsymbol{0}$ 成立，由此在有限的时间内使趋近运动（非滑动模态）到达滑模面。等效控制的设计要求在系统轨迹到达滑模面时（滑动模态），可以确保系统轨迹在滑模面上并沿滑模面移动到系统的初始位置。

无人艇是一个典型的非线性、强耦合、欠驱动和模型不确定的复杂系统。尽管无人艇的侧向不能直接受控，但是可以通过控制其前向速度和偏航角达到跟踪水平面上任意期望路径的目的。因此，所设计的控制器需要满足以下 4 方面要求。

（1）对于由模型描述的无人艇来说，在所设计的控制器的作用下，其轨迹要收敛于期望路径，即沿迹误差 s 和横向航迹误差 e 都应趋向于 0：

$$\lim_{t\to\infty}e=0,\ \lim_{t\to\infty}s=0 \tag{3.88}$$

（2）所设计的控制器要能够驱使无人艇的前向速度收敛到期望值 u_{d}。

（3）所设计的控制器要对无人艇的模型不确定性有一定的鲁棒性，能够降低其对控制效果的影响。

（4）所设计的控制器要对外部扰动有一定的鲁棒性，能够降低其对无人艇轨迹跟踪精度的影响。

基于上述要求，本节对无人艇的路径跟踪控制器进行设计。所设计的控制器包含两个模块：制导律模块和动力学控制模块。对于制导律模块，采用虚拟向导方法进行设计。相比传统的视线导引方法，虚拟向导方法能够保证对曲线的平滑跟踪。对于动力学控制模块，采用 Backstepping 控制算法，结合滑模控制的高鲁棒性，解决模型不确定性及外部扰动影响下的轨迹跟踪控制难题。

以下详细介绍制导律和动力学控制器的设计流程。

无人艇路径跟踪控制示意图如图 3-8 所示。

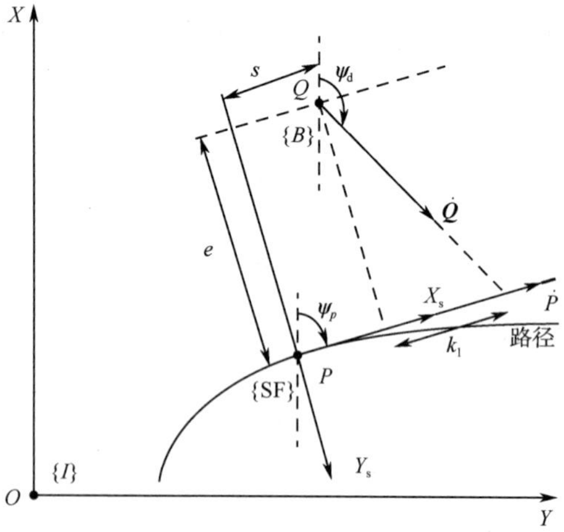

图 3-8　无人艇路径跟踪控制示意图

3.3.2　制导律设计

设无人艇在惯性坐标系下的位置为$\boldsymbol{Q}=[\xi,\eta]^{\mathrm{T}}$，则其在惯性坐标系中的速度可以表示为

$$\dot{\boldsymbol{Q}}=\begin{bmatrix}\cos\psi & -\sin\psi\\ \sin\psi & \cos\psi\end{bmatrix}\begin{bmatrix}u\\ v\end{bmatrix}=J(\psi)\begin{bmatrix}u\\ v\end{bmatrix} \tag{3.89}$$

对于路径上的虚拟向导来说，无人艇沿着路径的切线方向向前运动。以虚拟向导的位置$\boldsymbol{P}=[\xi_P,\eta_P]^{\mathrm{T}}$为原点，其运动方向为$X$轴，右舷方向为$Y$轴，建立{SF}坐标系$P\text{-}X_sY_s$。则{SF}坐标系到惯性坐标系的旋转角度为

$$\psi_P=\arctan2(\eta_P',\xi_P') \tag{3.90}$$

式中，$\eta_P'=\dfrac{\partial\eta_P}{\partial\mu}$，$\xi_P'=\dfrac{\partial\xi_P}{\partial\mu}$，其中$\mu$为待设计的路径参数。

从{SF}坐标系到惯性坐标系的转换矩阵可以表示为

$$\boldsymbol{J}(\psi_P)=\begin{bmatrix}\cos\psi_P & -\sin\psi_P\\ \sin\psi_P & \cos\psi_P\end{bmatrix} \tag{3.91}$$

虚拟向导的协作速度可以表示为

$$u_P=\sqrt{\dot{\boldsymbol{P}}^{\mathrm{T}}\boldsymbol{P}}=\dot{\mu}\sqrt{(\eta_P')^2+(\xi_P')^2} \tag{3.92}$$

则虚拟向导在惯性坐标系中的速度为

$$\dot{\boldsymbol{P}}=\boldsymbol{J}(\psi_P)\begin{bmatrix}u_P\\ 0\end{bmatrix}=\begin{bmatrix}\cos\psi_P & -\sin\psi_P\\ \sin\psi_P & \cos\psi_P\end{bmatrix}\begin{bmatrix}u_P\\ 0\end{bmatrix} \tag{3.93}$$

定义无人艇的跟踪误差为$\boldsymbol{\rho}=[s,e]^{\mathrm{T}}$，其中$s$为沿迹误差，$e$为横向航迹误差。

进一步可得

$$\boldsymbol{\rho}=[s,e]^{\mathrm{T}}=\boldsymbol{J}^{\mathrm{T}}(\psi_P)(\boldsymbol{Q}-\boldsymbol{P}) \tag{3.94}$$

其导数为

$$\dot{\boldsymbol{\rho}} = \boldsymbol{J}^{\mathrm{T}}(\psi_P)(\dot{\boldsymbol{Q}} - \dot{\boldsymbol{P}}) \tag{3.95}$$

为保证跟踪误差收敛，考虑如下的 Lyapunov 函数：

$$V_1 = \frac{1}{2}\boldsymbol{\rho}^{\mathrm{T}}\boldsymbol{\rho} \tag{3.96}$$

其导数为

$$\begin{aligned}\dot{V}_1 &= \boldsymbol{\rho}^{\mathrm{T}}\dot{\boldsymbol{\rho}} \\ &= \boldsymbol{\rho}^{\mathrm{T}}\boldsymbol{J}^{\mathrm{T}}(\psi_P)(\dot{\boldsymbol{Q}} - \dot{\boldsymbol{P}}) \\ &= s(u\cos(\psi-\psi_P) - v\sin(\psi-\psi_P) - u_P) + e(u\sin(\psi-\psi_P) + v\cos(\psi-\psi_P)) \\ &= s(u\cos(\psi-\psi_P) - v\sin(\psi-\psi_P) - \dot{\mu}\sqrt{(\eta_P')^2 + (\xi_P')^2}) + \\ &\quad e(u\sin(\psi-\psi_P) + v\cos(\psi-\psi_P))\end{aligned} \tag{3.97}$$

则无人艇期望偏航角 ψ_{d} 及路径参数的导数 $\dot{\mu}$ 可以设计为

$$\psi_{\mathrm{d}} = \psi_P = \arctan 2(-e, k_1) - \arctan 2(v, u) \tag{3.98}$$

$$\dot{\mu} = \frac{u\cos(\psi-\psi_P) - v\sin(\psi-\psi_P) + k_2 s}{\sqrt{(\eta_P')^2 - (\xi_P')^2}} \tag{3.99}$$

式中，k_1 和 k_2 均为大于 0 的常数。

假定无人艇不会发生倒车工况，将式（3.98）、式（3.99）代入式（3.97），可得

$$\dot{V}_1 = -k_2 s^2 - \frac{u\sqrt{u^2+v^2}}{|u|\sqrt{e^2+k_1^2}}e^2 = -k_2 s^2 - \frac{\sqrt{u^2+v^2}}{\sqrt{e^2+k_1^2}}e^2 \leqslant 0 \tag{3.100}$$

根据 Lyapunov 稳定性理论，当无人艇的偏航角按照 ψ_{d} 变化，路径参数的导数按照 $\dot{\mu}$ 变化时，无人艇的跟踪误差 $\boldsymbol{\rho}$ 趋于 $\mathbf{0}$，即无人艇的沿迹误差和横向航迹误差均趋于 0，闭环系统全局渐进稳定。

3.3.3　基于 Backstepping 滑模的动力学控制器设计

由上文可知，可以通过控制无人艇的前向速度及偏航角使其到达水平面上的任意位置，即通过 2 自由度的控制达到实现 3 自由度运动的目的。下面分别针对前向速度通道及偏航通道设计控制器。

3.3.3.1　前向速度通道

已知期望的前向速度为 u_{d}，则无人艇的速度跟踪误差为

$$u_{\mathrm{e}} = u - u_{\mathrm{d}} \tag{3.101}$$

为了使无人艇的速度跟踪误差收敛，考虑如下 Lyapunov 函数：

$$V_2 = \frac{1}{2}u_{\mathrm{e}}^2 \tag{3.102}$$

对式（3.102）求导，可得

$$\dot{V}_2 = u_e \dot{u}_e = u_e(\dot{u} - \dot{u}_d) \tag{3.103}$$

根据无人艇的动力学模型，可得

$$\dot{u} = \frac{m_{22}}{m_{11}} vr - \frac{d_{11}}{m_{11}} u + \frac{1}{m_{11}} \tau_u + \frac{\tau_{wu}}{m_{11}} \tag{3.104}$$

将式（3.104）代入式（1.103），可得

$$\dot{V}_2 = u_e \left(\frac{m_{22}}{m_{11}} vr - \frac{d_{11}}{m_{11}} u + \frac{1}{m_{11}} \tau_u + \frac{\tau_{wu}}{m_{11}} - \dot{u}_d \right) \tag{3.105}$$

为消除模型不确定性及外部扰动的影响，结合滑模控制方法设计前向速度通道的控制律为

$$\tau_u = m_{11} \left(\dot{u}_d - \frac{m_{22}}{m_{11}} vr + \frac{d_{11}}{m_{11}} u - k_u u_e - \frac{\overline{\tau_u}}{m_{11}} \mathrm{sgn}(u_e) \right) \tag{3.106}$$

式中，k_u 为正数；$\mathrm{sgn}(\cdot)$ 为符号函数。

3.3.3.2 偏航通道

对于偏航通道来说，其控制器的设计目的是能够使无人艇的偏航角按照期望偏航角 ψ_d 变化。

无人艇的偏航角跟踪误差为

$$\psi_e = \psi - \psi_d \tag{3.107}$$

为了使无人艇的偏航角跟踪误差收敛，考虑如下 Lyapunov 函数：

$$V_3 = \frac{1}{2} \psi_e^2 \tag{3.108}$$

对式（3.108）求导，可得

$$\dot{V}_3 = \psi_e \dot{\psi}_e = \psi_e(\dot{\psi} - \dot{\psi}_d) = \psi_e(r - \dot{\psi}_d) \tag{3.109}$$

则期望偏航角速度可以选取

$$r_d = -k_\psi \psi_e + \dot{\psi}_d \tag{3.110}$$

式中，$k_\psi > 0$。

定义无人艇的偏航角速度跟踪误差为 $r_e = r - r_d$，则 $\dot{V}_3$ 为

$$\dot{V}_3 = \psi_e(r_e + r_d - \dot{\psi}_d) = -k_\psi \psi_e^2 + \psi_e r_e \tag{3.111}$$

偏航角跟踪误差的导数为

$$\dot{\psi}_e = \dot{\psi} - \dot{\psi}_d = r - \dot{\psi}_d = r_e + r_d - \dot{\psi}_d = r_e - k_\psi \psi_e \tag{3.112}$$

和前向速度通道不同的是，偏航通道的控制系统实际是一个二阶系统。考虑到模型不确定性及外部扰动的影响，设计如下滑模面：

$$\sigma = c\psi_e + r_e \tag{3.113}$$

为了稳定偏航角速度跟踪误差，考虑如下的 Lyapunov 函数：

$$V_4 = V_3 + \frac{1}{2} \sigma^2 \tag{3.114}$$

对式（3.114）求导，可得

$$\begin{aligned}\dot{V}_4 &= \dot{V}_3 + \sigma(c\dot{\psi}_e + \dot{r} - \dot{r}_d) \\ &= -k_\psi \psi_e^2 + \psi_e r_e + \sigma(c(r_e - k_\psi \psi_e) + \dot{r} - \dot{r}_d)\end{aligned} \tag{3.115}$$

根据无人艇的动力学模型，可得

$$\dot{r} = \frac{m_{11} - m_{22}}{m_{33}} uv - \frac{d_{33}}{m_{33}} r + \frac{1}{m_{33}} \tau_r + \frac{\tau_{wr}}{m_{33}} \tag{3.116}$$

将式（3.116）代入式（3.115），可得

$$\dot{V}_4 = -k_\psi \psi_e^2 + \psi_e r_e + \sigma\left(c(r_e - k_\psi \psi_e) + \frac{m_{11} - m_{22}}{m_{33}} uv - \frac{d_{33}}{m_{33}} r + \frac{1}{m_{33}} \tau_r + \frac{\tau_{wr}}{m_{33}} - \dot{r}_d \right) \tag{3.117}$$

因此，偏航通道的控制器可以设计为

$$\tau_r = m_{33}\left(\dot{r}_d - c(r_e - k_\psi \psi_e) - \frac{m_{11} - m_{22}}{m_{33}} uv + \frac{d_{33}}{m_{33}} r - \frac{\overline{\tau}_r}{m_{33}} \mathrm{sgn}(\sigma) - k_r \sigma \right) \tag{3.118}$$

至此，无人艇的控制器设计全部完成。

3.3.4　闭环稳定性分析

为了证明控制器的闭环稳定性，考虑如下 Lyapunov 函数：

$$V = \frac{1}{2} \boldsymbol{\rho}^{\mathrm{T}} \boldsymbol{\rho} + \frac{1}{2} u_e^2 + \frac{1}{2} \psi_e^2 + \frac{1}{2} \sigma^2 \tag{3.119}$$

对式（3.119）求导，可得

$$\begin{aligned}\dot{V} &= -k_2 s^2 - \frac{\sqrt{u^2 + v^2}}{\sqrt{e^2 + k_1^2}} e^2 - k_u u_e^2 + u_e \left(\frac{\tau_{wu}}{m_{11}} - \frac{\overline{\tau}_u}{m_{11}} \mathrm{sgn}(u_e) \right) - \\ &\quad k_\psi \psi_e^2 + \psi_e r_e + \sigma\left(\frac{\tau_{wr}}{m_{33}} - \frac{\overline{\tau}_r}{m_{33}} \mathrm{sgn}(\sigma) - k_r \sigma \right) \\ &\leqslant -k_2 s^2 - \frac{\sqrt{u^2 + v^2}}{\sqrt{e^2 + k_1^2}} e^2 - k_u u_e^2 - k_\psi \psi_e^2 + \psi_e r_e - k_r \sigma^2\end{aligned} \tag{3.120}$$

又有

$$\begin{aligned}& k_\psi \psi_e^2 - \psi_e r_e + k_r \sigma^2 \\ &= k_\psi \psi_e^2 - \psi_e r_e + k_r c^2 \psi_e^2 + 2k_r c \psi_e r_e + k_r r_e^2 \\ &= (k_\psi + k_r c^2) \psi_e^2 + (2k_r c - 1) \psi_e r_e + k_r r_e^2 \\ &= [\psi_e \quad r_e] \begin{bmatrix} k_\psi + k_r c^2 & k_r c - \frac{1}{2} \\ k_r c - \frac{1}{2} & k_r \end{bmatrix} \begin{bmatrix} \psi_e \\ r_e \end{bmatrix}\end{aligned} \tag{3.121}$$

令

$$N = \begin{bmatrix} k_\psi + k_r c^2 & k_r c - \dfrac{1}{2} \\ k_r c - \dfrac{1}{2} & k_r r_e^2 \end{bmatrix} \tag{3.122}$$

可以通过选取合适的参数k_ψ、k_r和c使$|N| \geqslant 0$，则有

$$\dot{V} \leqslant -k_2 s^2 - \frac{\sqrt{u^2+v^2}}{\sqrt{e^2+k_1^2}} e^2 - k_u u_e^2 - [\psi_e \quad r_e] N \begin{bmatrix} \psi_e \\ r_e \end{bmatrix} \leqslant 0 \tag{3.123}$$

因此，根据 Lyapunov 稳定性理论，在所设计的控制器的τ_u和τ_r的作用下，受模型不确定性及外部扰动影响的欠驱动无人艇系统全局渐进稳定。速度跟踪误差u_e、偏航角跟踪误差ψ_e、沿迹误差s和横向航迹误差e都趋于 0，控制器满足前述 4 方面的要求。

3.3.5 仿真实验

3.3.5.1 控制器参数对控制器效果的影响分析

为了验证上述方法的有效性，本节基于 MATLAB 仿真平台进行仿真实验。

无人艇的模型参数如下：$m_{11}=19\text{kg}$，$m_{22}=35.2\text{kg}$，$m_{33}=4.2\text{kg}$，$d_{11}=100\text{kg/s}$，$d_{22}=100\text{kg/s}$，$d_{33}=10\text{kg/s}$；模型不确定性和外部扰动的影响设定为$\tau_w=[5\sin(0.2\pi t), 3\sin(0.2\pi t), 3\sin(0.2\pi t)]$；期望路径设定为$x_d(\mu)=\mu$，$y_d(\mu)=\mu$；期望的前向速度设定为$u_d=2\text{m/s}$，无人艇的初始位置为$[20\text{m},0]^\text{T}$，初始的偏航角为$\dfrac{\pi}{2}$。

图 3-9、图 3-10 所示为不同k_u值下的无人艇的航迹跟踪效果和状态跟踪效果。由图 3-9 可知，当k_u分别取 0.05、0.5 和 1.5 时，无人艇都可以较好地跟踪期望的路径。由图 3-10 可知，k_u值对前向速度的影响较大，随着k_u值的增大，无人艇的前向速度收敛变快。然而，前向速度的收敛并不是越快越好，因为越快的收敛速度就要求越大的前向推力，这对无人艇的推进系统提出了较高要求。因此，k_u值的选取需要折中考虑。最后选定$k_u=0.5$。

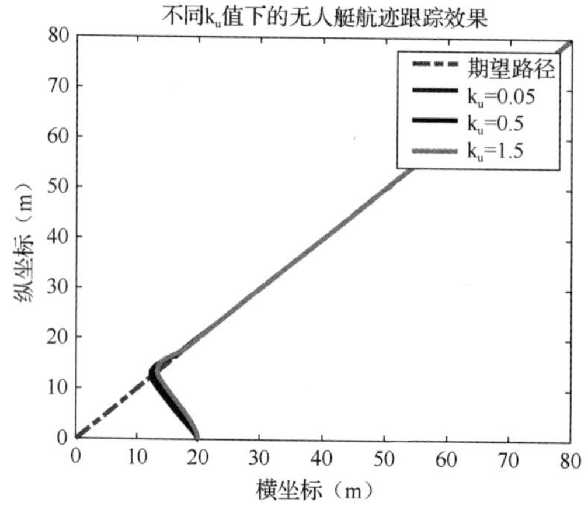

图 3-9 不同k_u值下的无人艇航迹跟踪效果

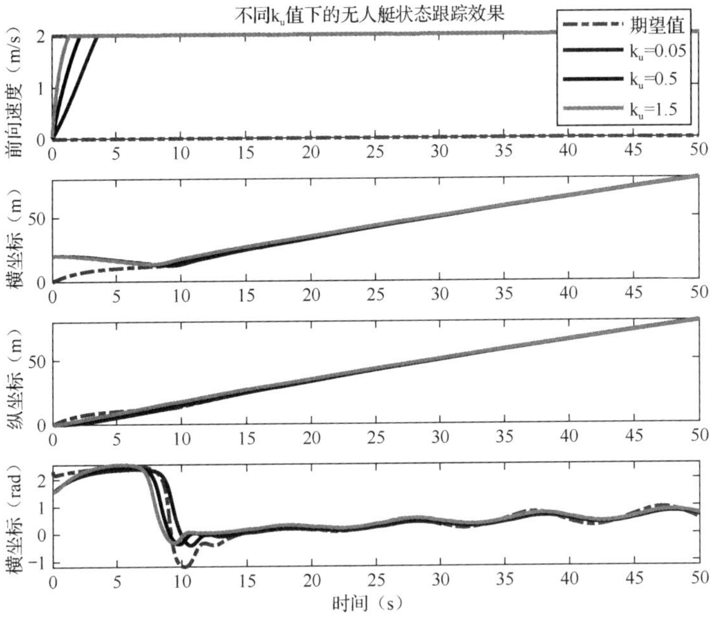

图 3-10　不同 k_u 值下的无人艇状态跟踪效果

图 3-11、图 3-12 所示为不同 c 值下的无人艇的航迹跟踪效果和状态跟踪效果。由图 3-11 可知，当 c 分别取 0.01、0.5 和 5 时，无人艇最终都可以跟踪期望的路径。但是随着 c 值的增大，在无人艇路径跟踪的初始阶段会产生振荡。无人艇的航迹会在期望路径两侧波动，随着时间的推移慢慢收敛到期望路径上。由图 3-12 可知，c 值对偏航角的影响较大，随着 c 值的增大，无人艇的偏航角会出现振荡，这也是当 c 取较大值 5 时无人艇的航迹会出现振荡的原因。因此，c 值不能过大。当然，c 值也不是越小越好，我们可以发现当 c 分别取 0.5 和 0.01 时，跟踪效果差别不大。最后选定 $c = 0.5$。

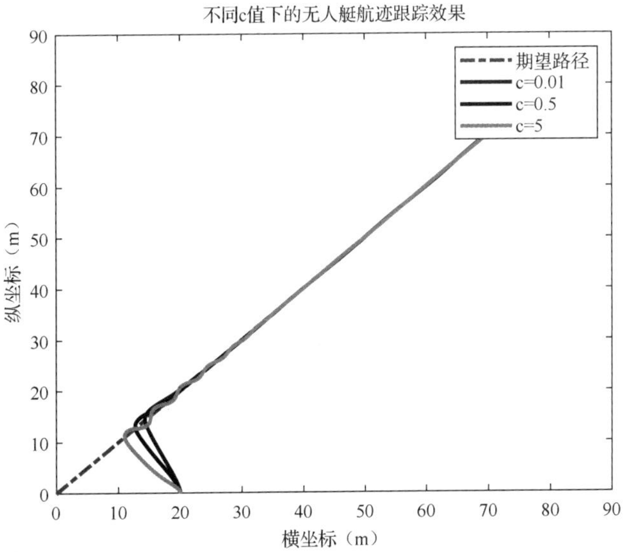

图 3-11　不同 c 值下的无人艇航迹跟踪效果

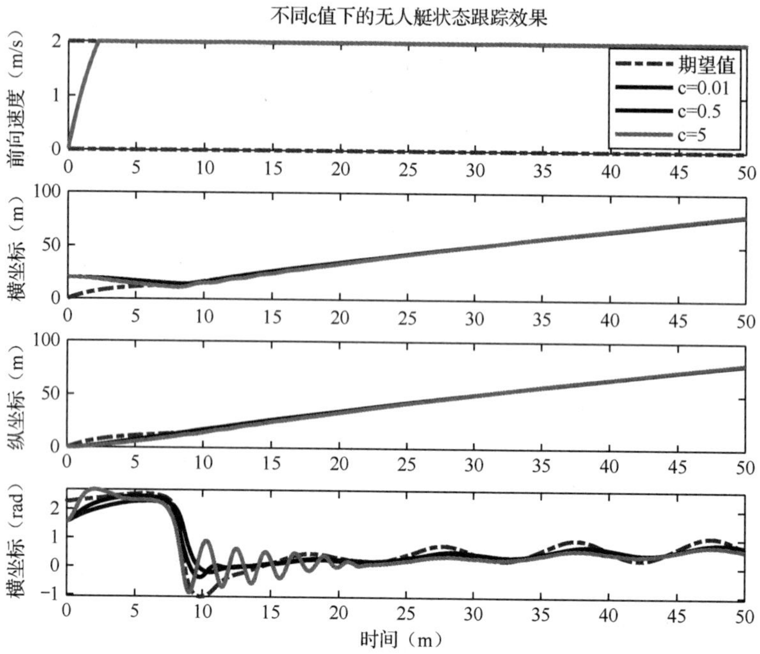

图 3-12　不同 c 值下的无人艇状态跟踪效果

剩余的控制器参数也可以参照选取 k_u 值和 c 值的方法选取。最终选定的控制器参数如表 3-2 所示。

表 3-2　最终选定的控制器参数

k_1	k_2	k_u	$\bar{\tau}_u$	k_ψ	c	k_r	τ_r
0.5	0.5	0.5	6	0.5	0.5	0.5	3

3.3.5.2　不同控制器控制效果对比

本节将对比上述控制器和传统 Backstepping 控制器在模型不确定性和外部扰动影响下的无人艇路径跟踪的效果差异。仿真的初始条件相同，期望路径设定为 $x_{\rm d}(\mu)=10\sin(0.1\mu)+\mu$，$y_{\rm d}(\mu)=\mu$。将表 3-2 中的 $\bar{\tau}_u$、c 和 k_r 都设定为 0 即可得到传统 Backstepping 控制器。不同方法下的无人艇航迹跟踪效果和状态跟踪效果对比如图 3-13、图 3-14 所示，不同方法下的控制信号输出如图 3-15 所示。

从图 3-13 中可以看出，在模型不确定性及外部扰动的影响下，传统 Backstepping 方法的控制效果并不理想，而本节方法具有非常高的跟踪精度，以及非常高的鲁棒性。从图 3-14 中可以看出，对于传统 Backstepping 方法，无人艇的前向速度、位置及偏航角都有着较大的跟踪误差，而本节方法的控制精度显然更高。图 3-15 表明，虽然本节方法拥有更高的鲁棒性，但是其控制信号会发生“抖振”现象，这是因为其结合了滑模控制算法。“抖振”是滑模控制算法避不开的问题，但是可以通过用饱和函数代替控制器中的符号函数 $\mathrm{sgn}(\cdot)$ 来降低“抖振”问题所带来的影响。

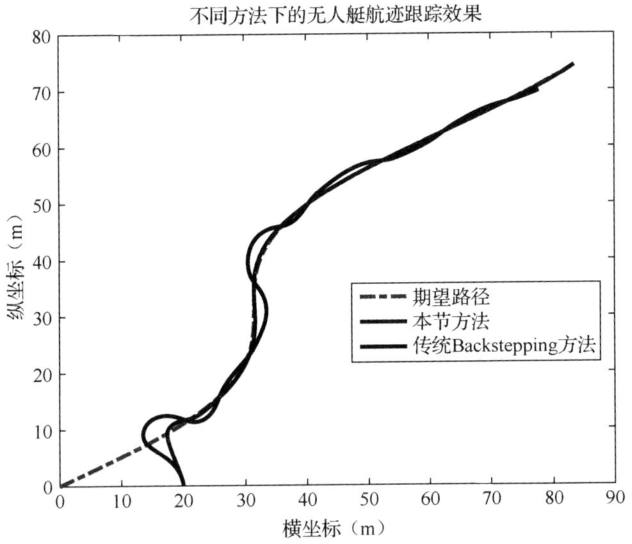

图 3-13　不同方法下的无人艇航迹跟踪效果对比

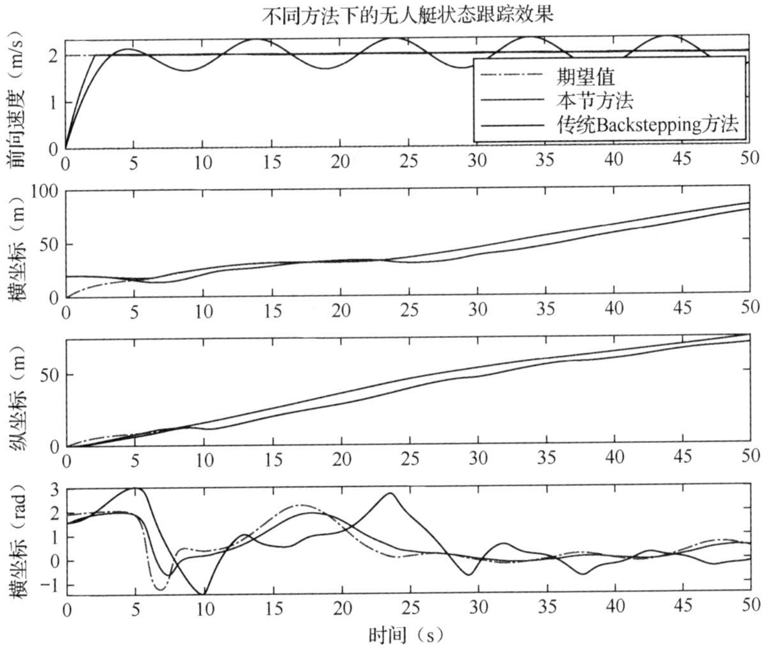

图 3-14　不同方法下的无人艇状态跟踪效果对比

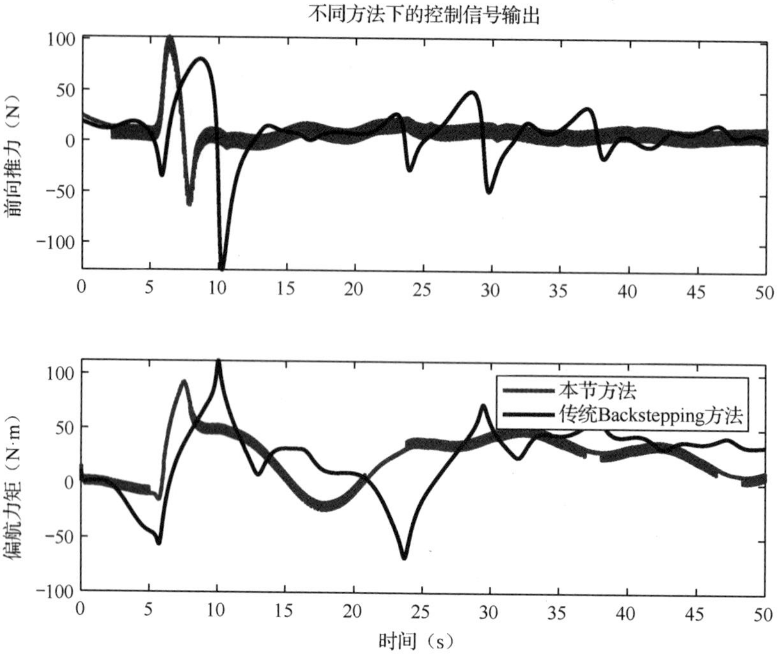

图 3-15　不同方法下的控制信号输出

3.4　无人艇轨迹跟踪控制

3.4.1　引言

本节研究无人艇轨迹跟踪控制问题。现有的研究成果表明，无人艇是一个典型的欠驱动系统，其主要原因是，缺少一个独立的执行机构控制无人艇的侧向动态。这导致无人艇运动模型具有二阶非完整约束特性，无法满足 Brochett 定理的必要条件。因此，如何通过控制无人艇两个独立的执行机构实现 3 自由度轨迹跟踪是一项具有挑战性的工作。为此，现有研究工作综合利用迭代反步法和虚拟向导法设计了轨迹跟踪控制器。理论分析和仿真结果表明，该控制器能够解决欠驱动无人艇轨迹跟踪控制问题，但仍存在一定的缺陷，主要体现在利用虚拟向导法设计的虚拟控制律在某些工作点上具有奇异性。针对这一缺陷，现有研究工作提出了位置跟踪误差平方和修正技术以实现非奇异控制，但是该技术缺少理论依据。根据现有的研究成果可知，利用障碍 Lyapunov 函数、非线性映射函数等约束工具可以把状态或误差限制在一定的幅值范围内，从而避免控制奇异。此外，上述工作只关注跟踪误差系统的渐近稳定性，即位置和姿态跟踪误差渐近收敛至原点的一个小残差集内。

值得注意的是，受建模技术的制约和外部扰动的影响，在无人艇动力学模型中不可避免地存在各种不确定的因素。常见的处理系统不确定性的方法包括自适应技术、非线性扰动观测器及人工智能等。现有研究工作利用自适应技术估计总不确定项范数的上确界，并依此设计了补偿项。尽管这种方法确保了系统的鲁棒性，但是它不能对系统未建模动态和外部扰动进行精确的在线辨识，因而会导致补偿过度的问题。对于系统未建模动态，径向基神经网络的近似能力要强于非线性扰动观测器。但是对于由风场等引起的时变扰动，径向基神经网络的信息提取能力却远不如非线性扰动观测器。因此，如何利用径向基神经网络和非线性扰动观测器，使其优缺点互补，以实现无人艇系统未建模动态和外部扰动的精确重构及动态补偿值得详尽地研究。

基于上述分析，本节将研究具有系统未建模动态、外部扰动及位置和姿态跟踪误差约束的欠驱动无人艇轨迹跟踪控制问题。本节讨论如下 6 项内容。

（1）采用非线性映射解决位置和姿态跟踪误差约束问题，在保证无人艇安全作业的同时避免控制奇异。

（2）采用有限时间滑模微分器克服传统迭代反步法中的“复杂度爆炸问题”，并且实现虚拟控制律估计误差的快速收敛。

（3）采用径向基神经网络对无人艇动力学模型中的系统未建模动态进行在线近似。本节综合利用跟踪误差和预测误差设计径向基神经网络权值自适应律，以提高径向基神经网络的在线学习能力。

（4）采用非线性扰动观测器对径向基神经网络近似误差和外部扰动进行在线观测。不同于传统的非线性扰动观测器，本节所设计的有限时间非线性扰动观测器（Finite-Time Nonlinear Disturbance OBserver，FTNDOB）的优势有 2 个：①观测误差可以在有限时间内收敛至原点的一个小残差集内；②观测器参数与扰动界值信息无关，不需要通过试凑法来获得观测器参数，简化了参数整定过程。

（5）采用有限时间 Lyapunov 稳定性判据设计控制律，使位置和姿态跟踪误差在有限时间收敛至原点的一个小残差集内。

（6）通过稳定性分析和仿真实验验证本节所设计的控制算法的有效性。

3.4.2　问题描述与预备知识

3.4.2.1　欠驱动无人艇运动控制模型

通过牛顿-欧拉（Newton-Euler）法所建立的欠驱动无人艇运动控制模型具有如下形式：

$$\begin{bmatrix}\dot{x}\\\dot{y}\\\dot{\psi}\end{bmatrix}=\begin{bmatrix}\cos(\psi) & -\sin(\psi) & 0\\\sin(\psi) & \cos(\psi) & 0\\0 & 0 & 1\end{bmatrix}\begin{bmatrix}u\\v\\r\end{bmatrix}=\boldsymbol{J}(\psi)\boldsymbol{v}$$

$$\begin{bmatrix}m_u\dot{u}\\m_v\dot{v}\\m_r\dot{r}\end{bmatrix}=\begin{bmatrix}m_v vr\\-m_u ur\\m_{uv}uv\end{bmatrix}-\begin{bmatrix}d_u u\\d_v v\\d_r r\end{bmatrix}+\begin{bmatrix}\tau_u\\0\\\tau_r\end{bmatrix}+\begin{bmatrix}U_u\\U_v\\U_r\end{bmatrix}+\begin{bmatrix}D_u\\D_v\\D_r\end{bmatrix}\tag{3.124}$$

式中，$\boldsymbol{\eta}=[x,y,\psi]^{\mathrm{T}}$ 表示位姿，其中 x 和 y 是无人艇在惯性坐标系中的位置，ψ 是无人艇的偏航角；$\boldsymbol{v}=[u,v,r]^{\mathrm{T}}$ 表示速度，其中 u 和 v 是无人艇在机体坐标系中的前向速度和侧向速度，r 是无人艇的偏航角速度；m_i（$i=u,v,r$）表示质量，$m_{uv}=m_u-m_v$；d_i（$i=u,v,r$）表示水动力阻尼系数；$\boldsymbol{\tau}=[\tau_u,0,\tau_r]^{\mathrm{T}}$ 表示控制信号，其中 τ_u 是无人艇的前向控制力，τ_r 是无人艇的偏航控制力矩。

$\boldsymbol{U}_{\mathrm{H}}=[U_u,U_v,U_r]^{\mathrm{T}}$ 表示系统未建模动态，它的表达式为

$$\boldsymbol{U}_{\mathrm{H}}=\begin{bmatrix}U_u\\U_v\\U_r\end{bmatrix}=\begin{bmatrix}\Delta\delta_u+\Delta m_v vr-\Delta d_u u-\Delta m_u\dot{u}\\\Delta\delta_v+\Delta m_u ur-\Delta d_v v-\Delta m_v\dot{v}\\\Delta\delta_r+\Delta m_{uv}uv-\Delta d_r r-\Delta m_r\dot{r}\end{bmatrix}\tag{3.125}$$

式中，$\Delta\delta_i(i=u,v,r)$ 表示俯仰动态与滚转动态之间未建模的耦合项；Δm_i、$\Delta d_i(i=u,v,r)$ 表示参数摄动量，$\Delta m_{uv}=\Delta m_u-\Delta m_v$。

$\boldsymbol{U}_{\mathrm{H}}=[U_u,U_v,U_r]^{\mathrm{T}}$ 表示外部环境导致的时变扰动。

式（3.125）所代表的系统具有 3 个自由度却只有 2 个输入。因此，式（3.125）所代表的系统在物理上是欠驱动的。

3.4.2.2 FTNDOB

考虑受外部扰动影响的 n 维非线性系统：

$$\dot{\boldsymbol{x}}_1=\boldsymbol{g}_1(\boldsymbol{x}_1)+\boldsymbol{\tau}_1+\boldsymbol{f}_1(t)\tag{3.126}$$

式中，$\boldsymbol{x}_1\in\boldsymbol{u}_1$ 为系统状态，$\boldsymbol{u}_1\subseteq\mathbf{R}^n$ 为一个紧集并且包含原点；$\boldsymbol{g}_1:\boldsymbol{u}_1\to\mathbf{R}^n$ 为已知的非线性函数，它在定义域 $\boldsymbol{u}_1$ 上满足 Lipschitz 条件，$g_1(0)=0$；$\boldsymbol{\tau}_1\subseteq\mathbf{R}^n$ 为控制信号；$\boldsymbol{f}_1:[0,\infty]\to\mathbf{R}^n$ 为范数有界的外部扰动。也就是说，存在一个常数 $B_{f1}\subseteq\mathbf{R}_{>0}$，使得 $\|\boldsymbol{f}_i\|\leqslant B_{f1}$。为了通过构建 FTNDOB 来获得 $\boldsymbol{f}_1$ 的估计值，重写式（3.126）为

$$\dot{\boldsymbol{x}}_1=\boldsymbol{k}_{\mathrm{o},1,1}\boldsymbol{x}_1+\boldsymbol{g}_1+\boldsymbol{\tau}_1+\boldsymbol{\delta}_1\tag{3.127}$$

式中，$\boldsymbol{k}_{\mathrm{o},1,1}\in\mathbf{R}^{n\times n}$ 为赫尔维茨矩阵；$\boldsymbol{\delta}_1=\boldsymbol{f}_1-\boldsymbol{k}_{\mathrm{o},1,1}\boldsymbol{x}_1$。引入一个辅助信号 $\boldsymbol{k}_1\subseteq\mathbf{R}^n$，它的动态为

$$\dot{\boldsymbol{k}}_1=\boldsymbol{k}_{\mathrm{o},1,1}\boldsymbol{k}_1+\boldsymbol{g}_1+\boldsymbol{\tau}_1\tag{3.128}$$

记 $\boldsymbol{z}_1=\boldsymbol{x}_1-\boldsymbol{k}_1$。利用式（3.127）减去式（3.128），可得

$$\dot{\boldsymbol{z}}_1=\dot{\boldsymbol{x}}_1-\dot{\boldsymbol{k}}_1=\boldsymbol{k}_{\mathrm{o},1,1}\boldsymbol{z}_1+\boldsymbol{\delta}_1\tag{3.129}$$

根据式（3.126）～式（3.129），本节设计具有如下形式的 FTNDOB：

$$\begin{cases}\dot{\hat{\boldsymbol{z}}}_1=\hat{\boldsymbol{z}}_1+\boldsymbol{k}_{\mathrm{o},1,2}\mathrm{sig}^{\ell_{\mathrm{o},1,1}}(z_1-\hat{z}_1)+\boldsymbol{k}_{\mathrm{o},1,3}\mathrm{sig}^{\ell_{\mathrm{o},1,2}}(z_1-\hat{z}_1)\\\hat{\boldsymbol{f}}_1=\dot{\boldsymbol{z}}_1+\boldsymbol{k}_{\mathrm{o},1,1}(\boldsymbol{x}_1-\hat{\boldsymbol{z}}_1)\end{cases}\tag{3.130}$$

式中，$\{\boldsymbol{k}_{\mathrm{o},1,2},\boldsymbol{k}_{\mathrm{o},1,3}\}\in\mathbf{R}_{>0}^{n\times n}$、$0<\ell_{\mathrm{o},1,1}<1$ 及 $\ell_{\mathrm{o},1,2}>1$ 为待设计参数；$\hat{\boldsymbol{f}}_1$ 为 $\boldsymbol{f}_1$ 的观测值。下面证明引理 1，这一引理说明了观测误差 $\boldsymbol{e}_{\mathrm{o},1}=\boldsymbol{f}_1-\hat{\boldsymbol{f}}_1$ 的有限时间收敛性。

引理 1：针对不确定的非线性系统，如式（3.126）所示，设计形如式（3.130）的 FTNDOB，只要观测器参数满足式（3.127）和式（3.130）中的要求，观测误差 $\boldsymbol{e}_{\mathrm{o},1}$ 就会

在有限时间 $T_{o,1}$ 内收敛至原点。

证明： 定义

$$\boldsymbol{e}_{z,1}=\boldsymbol{z}_1-\hat{\boldsymbol{z}}_1=[e_{z,1,1},e_{z,1,2},\cdots,e_{z,1,n}]^{\mathrm{T}} \tag{3.131}$$

利用式（3.131）可以推导出 $\boldsymbol{e}_{z,1}$ 的导数为

$$\begin{aligned}\dot{\boldsymbol{e}}_{z,1}&=\dot{\boldsymbol{z}}_1-\dot{\hat{\boldsymbol{z}}}\\&=-\boldsymbol{k}_{o,1,2}\mathrm{sig}^{\ell_{o,1,1}}(\boldsymbol{z}_1-\hat{\boldsymbol{z}}_1)-\boldsymbol{k}_{o,1,3}\mathrm{sig}^{\ell_{o,1,2}}(\boldsymbol{z}_1-\hat{\boldsymbol{z}}_1)\\&=-\boldsymbol{k}_{o,1,2}\mathrm{sig}^{\ell_{o,1,1}}(\boldsymbol{e}_{z,1})-\boldsymbol{k}_{o,1,3}\mathrm{sig}^{\ell_{o,1,2}}(\boldsymbol{e}_{z,1})\end{aligned} \tag{3.132}$$

考虑一个简单二次候选 Lyapunov 函数 $V_o=\dfrac{1}{2}\boldsymbol{e}_{z,1}^{\mathrm{T}}\boldsymbol{e}_{z,1}$。应用 $0<\dfrac{1+\ell_{o,1,1}}{2}<1$ 及 $\dfrac{1+\ell_{o,1,2}}{2}>1$，则 V_o 沿误差系统，即式（3.132）的轨迹的导数为

$$\begin{aligned}\dot{V}_o&=\boldsymbol{e}_{z,1}^{\mathrm{T}}\dot{\boldsymbol{e}}_{z,1}[\boldsymbol{k}_{o,1,2}\mathrm{sig}^{\ell_{o,1,1}}(\boldsymbol{e}_{z,1})+\boldsymbol{k}_{o,1,3}\mathrm{sig}^{\ell_{o,1,2}}(\boldsymbol{e}_{z,1})]\\&=-\lambda_{\min}(\boldsymbol{k}_{o,1,2})\sum_{i=1}^{n}\boldsymbol{e}_{z,1,i}^{1+\ell_{o,1,1}}-\lambda_{\min}(\boldsymbol{k}_{o,1,3})\sum_{i=1}^{n}\boldsymbol{e}_{z,1,i}^{1+\ell_{o,1,2}}\\&\leqslant-\lambda_{\min}(\boldsymbol{k}_{o,1,2})\left(\sum_{i=1}^{n}\boldsymbol{e}_{z,1,i}^{2}\right)^{\frac{1+\ell_{o,1,1}}{2}}-n^{\frac{1-\ell_{o,1,2}}{2}}\lambda_{\min}(\boldsymbol{k}_{o,1,3})\left(\sum_{i=1}^{n}\boldsymbol{e}_{z,1,i}^{2}\right)^{\frac{1+\ell_{o,1,2}}{2}}\\&\leqslant-2^{\frac{1+\ell_{o,1,1}}{2}}\lambda_{\min}(\boldsymbol{k}_{o,1,2})V_o^{\frac{1+\ell_{o,1,1}}{2}}-2^{\frac{1+\ell_{o,1,2}}{2}}n^{\frac{1-\ell_{o,1,2}}{2}}\lambda_{\min}(\boldsymbol{k}_{o,1,3})V_o^{\frac{1+\ell_{o,1,2}}{2}}\end{aligned} \tag{3.133}$$

由式（3.133）可知，存在一个有限的时间，即

$$T_{o,1}\leqslant\frac{2^{\frac{1-\ell_{o,1,1}}{2}}}{\lambda_{\min}(\boldsymbol{k}_{o,1,2})(1-\ell_{o,1,1})}+\frac{2^{\frac{1-\ell_{o,1,2}}{2}}}{n^{\frac{1-\ell_{o,1,2}}{2}}\lambda_{\min}(\boldsymbol{k}_{o,1,3})(\ell_{o,1,1}-1)} \tag{3.134}$$

使得对于任意 $t\geqslant T_{o,1}$，有 $\boldsymbol{e}_{z,1}=\boldsymbol{0}$。根据式（3.127）、式（3.129）及式（3.130），可得

$$\begin{aligned}\boldsymbol{e}_{o,1}&=\boldsymbol{f}_1-\hat{\boldsymbol{f}}_1\\&=\boldsymbol{k}_{o,1,1}\boldsymbol{x}_1+\boldsymbol{\delta}_1-\dot{\boldsymbol{z}}_1-\boldsymbol{k}_{o,1,1}(\boldsymbol{x}_1-\hat{\boldsymbol{z}}_1)\\&=\boldsymbol{k}_{o,1,1}\boldsymbol{x}_1+\dot{\boldsymbol{z}}_1-\boldsymbol{k}_{o,1,1}\boldsymbol{z}_1-\dot{\boldsymbol{z}}_1-\boldsymbol{k}_{o,1,1}(\boldsymbol{x}_1-\hat{\boldsymbol{z}}_1)=-\boldsymbol{k}_{o,1,1}\boldsymbol{e}_{z,1}\end{aligned} \tag{3.135}$$

式（3.135）表明，对于任意 $t\geqslant T_{o,1}$，有 $\boldsymbol{e}_{z,1}=\boldsymbol{0}$。这意味着 FTNDOB，即式（3.130）可以在有限时间 $T_{o,1}$ 内提供外部扰动 $\boldsymbol{f}_1$ 的准确估计值。证毕。

下面证明引理 2，这一引理对于 3.4.3.3 节中的稳定性分析起着至关重要的作用。

引理 2： 针对不确定的非线性系统，即式（3.126），设计基于式（3.130）的控制律，即

$$\boldsymbol{\tau}_1=-\boldsymbol{k}_1\boldsymbol{x}_1-\boldsymbol{g}_1-\hat{\boldsymbol{f}}_1 \tag{3.136}$$

式中，$\boldsymbol{k}_1\in\mathbf{R}_{>0}^{n\times n}$ 为控制器参数，$\lambda_{\min}(\boldsymbol{k}_1)\geqslant0.5$。由式（3.126）、式（3.127）、式（3.130）及式（3.136）所确定的闭环系统中的所有信号都是有界的。

证明： 考虑候选 Lyapunov 函数，即

$$V_1=\frac{1}{2}\boldsymbol{x}_1^{\mathrm{T}}\boldsymbol{x}_1 \tag{3.137}$$

它的导数沿式（3.126）的轨迹为

$$\dot{V}_1 = \boldsymbol{x}_1^{\mathrm{T}}(-\boldsymbol{k}_1\boldsymbol{x}_1 + \boldsymbol{e}_{\mathrm{o},1}) \tag{3.138}$$

根据引理 1 可知，存在一个常数 $B_{\boldsymbol{e}_{\mathrm{o},1}} \in \mathbf{R}_{>0}$，使得 $\|\boldsymbol{e}_{\mathrm{o},1}\| \leqslant B_{\boldsymbol{e}_{\mathrm{o},1}}$。于是有

$$\boldsymbol{x}_1^{\mathrm{T}}\boldsymbol{e}_{\mathrm{o},1} \leqslant \frac{1}{2}\|\boldsymbol{x}_1\|^2 + \frac{1}{2}B_{\boldsymbol{e}_{\mathrm{o},1}}^2 \tag{3.139}$$

利用式（3.139）对式（3.138）进行缩放，可得

$$\dot{V}_1 \leqslant -\left(\lambda_{\min}(\boldsymbol{k}_l) - \frac{1}{2}\right)V_1 + \frac{1}{2}B_{\boldsymbol{e}_{\mathrm{o},1}}^2 \tag{3.140}$$

对式（3.140）进行积分，可得

$$V_1 \leqslant \left(V_1(0) - \frac{B_{\boldsymbol{e}_{\mathrm{o},1}}^2}{2\lambda_{\min}(\boldsymbol{k}_1) - 1}\right)e^{-\left(\lambda_{\min}(k_1) - \frac{1}{2}\right)t} + \frac{B_{\boldsymbol{e}_{\mathrm{o},1}}^2}{2\lambda_{\min}(\boldsymbol{k}_1) - 1} \tag{3.141}$$

显然，式（3.141）说明了 $\boldsymbol{x}_1$ 是有界的。又因为 $\boldsymbol{f}_1$ 是有界的，所以 $\boldsymbol{\delta}_1$ 是有界的。进一步，$\boldsymbol{k}_{\mathrm{o},1,1}$ 为赫尔维茨矩阵，表明式（3.129）是输入、输出稳定的。因此，$\boldsymbol{z}_1$ 是有界的。根据 $\boldsymbol{z}_1$ 的定义可知，$\boldsymbol{k}_1$ 是有界的。证毕。

现有研究工作需要采用尝试错误法来求观测器参数，因为这些参数取决于外部扰动的上界或外部扰动变化速率的上界。一般而言，这两者都是无法预知的。相比之下，本节所设计的 FTNDOB 的参数与外部扰动的界限无关，不需要任何扰动先验知识，从而避免了耗费大量算力。

3.4.2.3 控制目标

控制目标：针对具有系统未建模动态、外部扰动及位置和姿态跟踪误差约束的欠驱动无人艇运动控制模型，即式（3.124），设计基于非线性映射的自适应径向基神经网络有限时间轨迹跟踪约束控制算法，以达到以下目标。

（1）目标 1：位置跟踪误差 E 和姿态跟踪误差 ψ_{e} 可以在有限的时间内收敛至原点的一个小残差集内，其中 E 和 ψ_{e} 定义为

$$\begin{gathered} E = \sqrt{x_{\mathrm{e}}^2 + y_{\mathrm{e}}^2},\quad \psi_{\mathrm{e}} = \psi_r - \psi \\ x_{\mathrm{e}} = x_{\mathrm{d}} - x,\quad y_{\mathrm{e}} = y_{\mathrm{d}} - y \end{gathered} \tag{3.142}$$

式中，$\eta_{\mathrm{d}} = [x_{\mathrm{d}}, y_{\mathrm{d}}, \psi_{\mathrm{e}}]^{\mathrm{T}}$ 表示参考轨迹；ψ_r 为无人艇期望偏航角，它由式（3.14.3）计算：

$$\psi_{\mathrm{e}} = \operatorname{arctan2}(y_{\mathrm{e}}, x_{\mathrm{e}}) = \begin{cases} \arctan\left(\dfrac{y_{\mathrm{e}}}{x_{\mathrm{e}}}\right),\ x_{\mathrm{e}} > 0 \\ \arctan\left(\dfrac{y_{\mathrm{e}}}{x_{\mathrm{e}}}\right) + \pi,\ x_{\mathrm{e}} > 0 \text{ 且 } y_{\mathrm{e}} \geqslant 0 \\ \arctan\left(\dfrac{y_{\mathrm{e}}}{x_{\mathrm{e}}}\right) - \pi,\ x_{\mathrm{e}} < 0 \text{ 且 } y_{\mathrm{e}} < 0 \\ \dfrac{\pi}{2},\ x_{\mathrm{e}} = 0 \text{ 且 } y_{\mathrm{e}} > 0 \\ -\dfrac{\pi}{2},\ x_{\mathrm{e}} = 0 \text{ 且 } y_{\mathrm{e}} < 0 \\ \text{undefined},\ x_{\mathrm{e}} = 0 \text{ 且 } y_{\mathrm{e}} = 0 \end{cases} \tag{3.143}$$

（2）目标 2：无人艇在航行过程中，位置和姿态跟踪误差不超过指定的约束边界，即对于所有 $t \geqslant 0$，有 $E \in \Omega_E := \{E \in \mathbf{R} \mid -b_{\mathrm{l},E} < E < b_{\mathrm{r},E}\}$ 和 $\psi_{\mathrm{e}} \in \Omega_{\psi_{\mathrm{e}}} := \{\psi_{\mathrm{e}} \in \mathbf{R} \mid -b_{\mathrm{l},\psi_{\mathrm{e}}} < \psi_{\mathrm{e}} < b_{\mathrm{r},\psi_{\mathrm{e}}}\}$，其中 $\{b_{\mathrm{l},E}, b_{\mathrm{r},E}, b_{\mathrm{l},\psi_{\mathrm{e}}}, b_{\mathrm{r},\psi_{\mathrm{e}}}\} \in \mathbf{R}_{>0}$。

（3）目标 3：所有闭环信号均有界。

（4）目标 4：闭环系统对系统未建模动态和外部扰动具有较高的鲁棒性。

为了实现上述目标，需要做出如下假设。

假设 1：η、v 及 $\dot{v}$ 均为可测状态。初始位置和姿态跟踪误差 $E(0)$ 和 $\psi(0)$ 分别满足 $E(0) \in \Omega_E$ 和 $\psi(0) \in \Omega_{\psi_{\mathrm{e}}}$。

假设 2：η_{d} 和 $\dot{\eta}_{\mathrm{d}}$ 均为可测向量函数，并且存在一个常数 $B_{\eta\mathrm{d}} \in \mathbf{R}_{>0}$，使得

$$\eta_{\mathrm{d}} \in \Omega_{\eta\mathrm{d}} := \{\eta_{\mathrm{d}} \in \mathbf{R}^3 \| \eta_{\mathrm{d}} \| + \| \dot{\eta}_{\mathrm{d}} \| \leqslant B_{\eta\mathrm{d}}\} \tag{3.144}$$

假设 3：系统总不确定项 $U + D$ 范数有界。

根据式（3.143）可知，ψ_{e} 在 $E = 0$ 处没有定义，因此当 $E = 0$ 时，令 $\psi_r = \psi_{\mathrm{d}}$。通常而言，期望的轨迹是事先设计好的，所以假设 3 是合理的。假设 1 和假设 2 是鲁棒状态反馈约束控制中广泛存在的两个标准假设。

3.4.3　控制算法设计和稳定性分析

3.4.3.1　位置控制

第 1 步：为了实现控制目标，进行误差转换，有

$$\zeta_E = \frac{b_{\mathrm{l},E} b_{\mathrm{r},E} E}{(b_{\mathrm{l},E} + E)(b_{\mathrm{r},E} - E)} \tag{3.145}$$

式中，$b_{\mathrm{l},E} \in \mathbf{R}_{>0}$ 和 $b_{\mathrm{r},E} \in \mathbf{R}_{>0}$ 为位置跟踪误差 E 的约束边界。根据式（3.145）可知，当假设 2 成立时，如果信号 ζ_E 保持有界，则有 $E \in \Omega_E := \{E \in \mathbf{R} \mid -b_{\mathrm{l},E} < E < b_{\mathrm{r},E}\}$，$\forall t \geqslant 0$。进一步考虑 $\zeta_E = 0 \Leftrightarrow E = 0$，只要能在有限时间内稳定信号 ζ_E，就可以实现位置跟踪误差 E 在有限时间内收敛至原点。利用式（3.124）和式（3.142）对信号 ζ_E 求导，可得

$$\dot{\zeta}_E = \mu_E(\dot{x}_{\mathrm{d}} \cos\psi_{\mathrm{d}} + \dot{y}_{\mathrm{d}} \sin\psi_{\mathrm{d}} - u\cos\psi_{\mathrm{e}} - v\sin\psi_{\mathrm{e}}) \tag{3.146}$$

式中，

$$\mu_E = \frac{b_{\mathrm{l},E} b_{\mathrm{r},E}(b_{\mathrm{l},E} b_{\mathrm{r},E} + E^2)}{(b_{\mathrm{l},E} + E)^2 (b_{\mathrm{r},E} - E)^2} \tag{3.147}$$

为解决“复杂度爆炸”问题，本节利用有限时间滑模微分器，即式（3.148）来获得虚拟控制律导数的估计值：

$$\begin{cases}\dot{\hat{u}} = \dot{u}_{\mathrm{d},c} - k_{\mathrm{d},u,1}\left[\mathrm{sig}^{\frac{1}{2}}(e_{\mathrm{d},u}) + k_{\mathrm{d},u,2}e_{\mathrm{d},u}\right] \\ \dot{u}_{\mathrm{d},c} = -k_{\mathrm{d},u,3}\left[\tanh\left(\dfrac{e_{\mathrm{d},u}}{\epsilon_{\mathrm{d},u}}\right) - k_{\mathrm{d},u,2}\mathrm{sig}^{\frac{1}{2}}(e_{\mathrm{d},u}) + k_{\mathrm{d},u,2}^2 e_{\mathrm{d},u}\right]\end{cases} \tag{3.148}$$

式中，$e_{\mathrm{d},u} = \hat{u}_v - u_v$ 为估计误差；$\hat{u}_v$、$\dot{\hat{u}}_v$ 分别为 u_v 和 $\dot{u}_v$ 的估计值；$\{k_{\mathrm{d},u,1}, k_{\mathrm{d},u,2}, k_{\mathrm{d},u,3}, \epsilon_{\mathrm{d},u}\} \in \mathbf{R}_{>0}$ 为待设计参数。根据现有研究工作，我们可以证明有限时间滑模微分器，即式（3.148）的估计误差 $e_{\mathrm{d},u}$ 能够在有限时间内收敛至原点的一个任意小区域内，并且存在一个常数 $B_{e_{\mathrm{d},u}} \in \mathbf{R}_{>0}$，使得 $|e_{\mathrm{d},u}| \leqslant B_{e_{\mathrm{d},u}}$。定义前向速度跟踪误差 u_{e} 为

$$u_{\mathrm{e}} = u - \hat{u}_v \tag{3.149}$$

将式（3.149）代入式（3.146），可得

$$\dot{\zeta}_E = \mu_E(\dot{x}_{\mathrm{d}}\cos\psi_{\mathrm{d}} + \dot{y}_{\mathrm{d}}\sin\psi_{\mathrm{d}} - u_{\mathrm{e}}\cos\psi_{\mathrm{e}} - e_{\mathrm{d},u}\cos\psi_{\mathrm{e}} - u_v\cos\psi_{\mathrm{e}} - v\sin\psi_{\mathrm{e}}) \tag{3.150}$$

$$u_v = (\cos\psi_{\mathrm{d}})^{-1}\left[\left(\dot{x}_{\mathrm{d}}\cos\psi_{\mathrm{d}} + \dot{y}_{\mathrm{d}}\sin\psi_{\mathrm{d}} - v\sin\psi_{\mathrm{e}} + k_{E,1}\mu_E^{-1}\mathrm{sig}^{\ell_a}(\zeta_E) + \frac{\zeta_E\mu_E\hat{B}_{e_{\mathrm{d},u}}}{\sqrt{\zeta_E^2\mu_E^2 + k_{e_{\mathrm{d},u},1}}}\right)\right] \tag{3.151}$$

式中，$\{k_{E,1}, k_{e_{\mathrm{d},u},1}\} \in \mathbf{R}_{>0}$ 和 $0 < \ell_a < 1$ 为待设计参数；参数 $\hat{B}_{e_{\mathrm{d},u}}$ 为 $B_{e_{\mathrm{d},u}}$ 的估计值，它的自适应律设计为

$$\dot{\hat{B}}_{e_{\mathrm{d},u}} = -k_{e_{\mathrm{d},u},2}\hat{B}_{e_{\mathrm{d},u}} + \frac{\zeta_E^2\mu_E^2}{\sqrt{\zeta_E^2\mu_E^2 + k_{e_{\mathrm{d},u},1}}} \tag{3.152}$$

式中，$k_{e_{\mathrm{d},u,2}} \in \mathbf{R}_{>0}$ 为待设计参数。

第 2 步：对 u_{e} 求微分并考虑动态方程，即式（3.124），可得

$$\dot{u}_{\mathrm{e}} = vr - \frac{d_u}{m_u}u + \frac{1}{m_u}\tau_u + \frac{U_u}{m_u} + \frac{D_u}{m_u} - \dot{\hat{u}}_v \tag{3.153}$$

显然，U_u 为关于系统状态的未知非线性函数。因此，本节采用径向基神经网络对 $\dfrac{U_u}{m_u}$ 进行在线估计，即

$$\frac{U_u}{m_u} = \boldsymbol{W}_u^{*\mathrm{T}}\boldsymbol{S}_u(\boldsymbol{I}) + e_{r,u}^* \tag{3.154}$$

式中，$\boldsymbol{W}_u^* \in \mathbf{R}^{N_r}$ 为最优权值；$\boldsymbol{S}_u(\boldsymbol{I}) \in \mathbf{R}^{N_r}$ 为基函数向量，其中 $\boldsymbol{I} = [\boldsymbol{\eta}^{\mathrm{T}}, \boldsymbol{v}^{\mathrm{T}}, \dot{\boldsymbol{v}}^{\mathrm{T}}]^{\mathrm{T}} \in \mathbf{R}^9$ 为输入向量，$N_r \in Z_{>0}$ 为神经元个数；$e_{r,u}^* \in \mathbf{R}$ 为最优逼近误差。将式（3.154）代入式（3.153），可得

$$\dot{u}_{\mathrm{e}} = vr - \frac{d_u}{m_u}u + \frac{1}{m_u}\tau_u + \boldsymbol{W}_u^{*\mathrm{T}}\boldsymbol{S}_u + e_{r,u}^* + \frac{D_u}{m_u} - \dot{\hat{u}}_v \tag{3.155}$$

为了设计径向基神经网络权值自适应律，定义前向跟踪误差 u_{e} 的预测值 $\hat{u}_{\mathrm{e}}$，它由

$$\dot{\hat{u}}_{\mathrm{e}} = vr - \frac{d_u}{m_u}u + \frac{1}{m_u}\tau_u + \hat{\boldsymbol{W}}_u^{*\mathrm{T}}\boldsymbol{S}_u - \dot{\hat{u}}_v + k_{p,u}\tilde{u}_{\mathrm{e}},\ \hat{u}_{\mathrm{e}}(0) = u_{\mathrm{e}}(0) \tag{3.156}$$

更新。式中，$\hat{\boldsymbol{W}}_u^*$ 为 $\boldsymbol{W}_u^*$ 的估计值；$\tilde{u}_{\rm e}=u_{\rm e}-\hat{u}_{\rm e}$ 为预测误差；$k_{p,u}\in\mathbf{R}_{>0}$ 为待设计参数。由式（3.155）和式（3.156）可得，预测误差 $\tilde{u}_{\rm e}$ 的导数为

$$\dot{\tilde{u}}_{\rm e}=\tilde{\boldsymbol{W}}_u^{\rm T}\boldsymbol{S}_u+e_{r,u}-k_{p,u}\tilde{u}_{\rm e} \tag{3.157}$$

式中，$\tilde{\boldsymbol{W}}_u=\boldsymbol{W}_u^*-\hat{\boldsymbol{W}}_u$ 为权值估计误差；$e_{r,u}$ 为逼近误差，它满足 $|e_{r,u}|\geqslant|e_{r,u}^*|$。根据径向基神经网络逼近定理可知，存在一个常数 $B_{e_{r,u}}\in\mathbf{R}_{>0}$，使得 $|e_{r,u}|\leqslant B_{e_{r,u}}$。由此设计径向基神经网络权值自适应律为

$$\dot{\hat{\boldsymbol{W}}}_u=k_{r,u,1}((u_{\rm e}+\tilde{u}_{\rm e})\boldsymbol{S}_u-k_{r,u,2}\hat{\boldsymbol{W}}_u) \tag{3.158}$$

式中，$\{k_{r,u,1},k_{r,u,2}\}\in\mathbf{R}_{>0}$ 为待设计参数。对于逼近误差 $e_{r,u}$ 和时变外部扰动 $\dfrac{d_u}{m_u}$，本节采用形如式（3.130）的 FTNDOB 进行在线观测。按照类似于 3.4.2.2 节中的设计步骤，重写 $u_{\rm e}$ 动态方程为

$$\dot{u}_{\rm e}=k_{{\rm o},u,1}u_{\rm e}+vr-\frac{d_u}{m_u}u+\frac{1}{m_u}\tau_u+\hat{\boldsymbol{W}}_u^{\rm T}\boldsymbol{S}_u+\delta_{u_{\rm e}}-\dot{\hat{u}}_v \tag{3.159}$$

式中，$\delta_{u_{\rm e}}=\varDelta_u+k_{{\rm o},u,1}u_{\rm e}$，$\varDelta_u=e_{r,u}+\dfrac{D_u}{m_u}$；$k_{{\rm o},u,1}\in\mathbf{R}_{<0}$ 为待设计参数。相应地，引入两个辅助信号，即

$$\dot{k}_u=k_{{\rm o},u,1}k_u+vr-\frac{d_u}{m_u}u+\frac{1}{m_u}\tau_u+\hat{\boldsymbol{W}}_u^{\rm T}\boldsymbol{S}_u-\dot{\hat{u}}_v \tag{3.160}$$

和

$$z_u=u_{\rm e}-k_u \tag{3.161}$$

则位置控制环路 FTNDOB 的表达式为

$$\begin{cases}\dot{\hat{z}}_u=\dot{z}_u+k_{{\rm o},u,2}{\rm sig}^{\ell_{{\rm o},u,1}}(z_u-\hat{z}_u)+k_{{\rm o},u,3}{\rm sig}^{\ell_{{\rm o},u,2}}(z_u-\hat{z}_u)\\ \hat{\varDelta}_u=\dot{z}_u+k_{{\rm o},u,1}(u_{\rm e}-\hat{z}_u)\end{cases} \tag{3.162}$$

式中，$\{k_{{\rm o},u,2},k_{{\rm o},u,3}\}\in\mathbf{R}_{>0}$、$0<\ell_{{\rm o},u,1}<1$ 及 $\ell_{{\rm o},u,2}>1$ 为待设计参数；$\hat{\varDelta}_u$ 为 $\varDelta_u$ 的观测值。令 $\tilde{\varDelta}_u=\varDelta_u-\hat{\varDelta}_u$。根据引理 1 可知，存在一个常数 $B_{\tilde{\varDelta}_u}\in\mathbf{R}_{>0}$，使得 $|\tilde{\varDelta}_u|\leqslant B_{\tilde{\varDelta}_u}\in\mathbf{R}_{>0}$。综合考虑式（3.153）、式（3.155）及式（3.162），设计前向控制力 τ_u 为

$$\tau_u=m_u\left(\dot{\hat{u}}_v+\zeta_E\mu_E\cos\psi_{\rm e}-k_{u_{\rm e}}{\rm sig}^{\ell_a}(u_{\rm e})-\frac{1}{2}u_{\rm e}-vr+\frac{d_u}{m_u}u-\hat{\boldsymbol{W}}_u^{\rm T}\boldsymbol{S}_u-\hat{\varDelta}_u\right) \tag{3.163}$$

式中，$k_{u_{\rm e}}\in\mathbf{R}_{>0}$ 为待设计参数。

3.4.3.2　姿态控制

第 1 步：为了实现控制目标，进行误差转换，有

$$\zeta_{\psi_{\rm e}}=\frac{b_{{\rm l},\psi_{\rm e}}b_{{\rm r},\psi_{\rm e}}\psi_{\rm e}}{(b_{{\rm l},\psi_{\rm e}}+\psi_{\rm e})(b_{{\rm r},\psi_{\rm e}}-\psi_{\rm e})} \tag{3.164}$$

式中，$b_{\mathrm{l},\psi_\mathrm{e}} \in \mathbf{R}_{>0}$ 和 $b_{\mathrm{r},\psi_\mathrm{e}} \in \mathbf{R}_{>0}$ 为姿态跟踪误差 ψ_e 的约束边界。容易验证，当假设 2 成立时，如果信号 ζ_{ψ_e} 保持有界，则有 $\psi_\mathrm{e} \in \Omega_{\psi_\mathrm{e}} \coloneqq \{\psi_\mathrm{e} \in \mathbf{R} \mid -b_{\mathrm{l},\psi_\mathrm{e}} < \psi_\mathrm{e} < b_{\mathrm{r},\psi_\mathrm{e}}\}$，$\forall t \geqslant 0$。此外，参考位置控制中的分析可知，式（3.164）使姿态有限时间跟踪问题转化成信号 ζ_{ψ_e} 的有限时间稳定问题。利用式（3.124）、式（3.142）及式（3.143）对 $\dot{\zeta}_{\psi_\mathrm{e}}$ 求微分，可得

$$\dot{\zeta}_{\psi_\mathrm{e}} = \mu_{\psi_\mathrm{e}}(\dot{\psi}_r - r) \tag{3.165}$$

式中，

$$\mu_{\psi_\mathrm{e}} = \frac{b_{\mathrm{l},\psi_\mathrm{e}} b_{\mathrm{r},\psi_\mathrm{e}} (b_{\mathrm{l},\psi_\mathrm{e}} b_{\mathrm{r},\psi_\mathrm{e}} + \psi_\mathrm{e}^2)}{(b_{\mathrm{l},\psi_\mathrm{e}} + \psi_\mathrm{e})^2 (b_{\mathrm{r},\psi_\mathrm{e}} - \psi_\mathrm{e})^2} \tag{3.166}$$

$$\dot{\psi}_r = \begin{cases} \dfrac{(\dot{x} - \dot{x}_\mathrm{d}) y_\mathrm{e}}{x_\mathrm{e}^2 + y_\mathrm{e}^2} + \dfrac{(\dot{y}_\mathrm{d} - \dot{y}) x_\mathrm{e}}{x_\mathrm{e}^2 + y_\mathrm{e}^2}, & x_\mathrm{e}^2 + y_\mathrm{e}^2 \neq 0 \\ \dot{\psi}_\mathrm{d}, & x_\mathrm{e}^2 + y_\mathrm{e}^2 = 0 \end{cases} \tag{3.167}$$

类似于位置控制环路，利用有限时间滑模微分器，即式（3.168）获得虚拟控制信号的导数：

$$\begin{cases} \dot{\hat{r}}_v = \dot{r}_{\mathrm{d},c} - k_{\mathrm{d},r,1}\left[\mathrm{sig}^{\frac{1}{2}}(e_{\mathrm{d},r}) + k_{\mathrm{d},r,2} e_{\mathrm{d},r}\right] \\ -k_{\mathrm{d},r,3}\left[\tanh(e_{\mathrm{d},r}/\epsilon_{\mathrm{d},r}) - k_{\mathrm{d},r,2}\mathrm{sig}^{\frac{1}{2}}(e_{\mathrm{d},r}) + k_{\mathrm{d},r,2}^2 e_{\mathrm{d},r}\right] \end{cases} \tag{3.168}$$

式中，$\hat{r}_v$、$\dot{\hat{r}}_v$ 分别为 r_v 和 $\dot{r}_v$ 的估计值；$e_{\mathrm{d},r} = \hat{r}_v - r_v$ 为估计误差；$\{k_{\mathrm{d},r,1}, k_{\mathrm{d},r,2}, k_{\mathrm{d},r,3}, \epsilon_{\mathrm{d},r}\} \in \mathbf{R}_{>0}$ 为待设计参数。容易证明，存在一个常数 $B_{e_{\mathrm{d},r}} \in \mathbf{R}_{>0}$，使得 $|e_{\mathrm{d},r}| \leqslant B_{e_{\mathrm{d},r}}$。定义偏航角速度跟踪误差 r_e 为

$$r_\mathrm{e} = r - \hat{r}_v \tag{3.169}$$

将式（3.169）代入式（3.165），可得

$$\dot{\zeta}_{\psi_\mathrm{e}} = \mu_{\psi_\mathrm{e}}(\dot{\psi}_r - r_\mathrm{e} - e_{\mathrm{d},r} - r_v) \tag{3.170}$$

在非平凡情形下，即 $x_\mathrm{e}^2 + y_\mathrm{e}^2 \neq 0$ 的情形下，将姿态控制环路中的虚拟控制律 r_v 设计为

$$r_v = -\dot{x}_\mathrm{d}\ell_y + \dot{y}_\mathrm{d}\ell_x + \dot{x}\ell_y - \dot{y}\ell_x + k_{\psi_\mathrm{e},1}\mu_{\psi_\mathrm{e}}^{-1}\mathrm{sig}^{\ell_a}(\zeta_{\psi_\mathrm{e}}) + \frac{\zeta_{\psi_\mathrm{e}}\mu_{\psi_\mathrm{e}}\hat{B}_{e_{\mathrm{d},r}}}{\sqrt{\zeta_{\psi_\mathrm{e}}^2\mu_{\psi_\mathrm{e}}^2 + k_{e_{\mathrm{d},r},1}}} \tag{3.171}$$

式中，$\ell_x = \dfrac{x_\mathrm{e}}{x_\mathrm{e}^2 + y_\mathrm{e}^2}$；$\ell_y = \dfrac{y_\mathrm{e}}{x_\mathrm{e}^2 + y_\mathrm{e}^2}$；$\{k_{\psi_\mathrm{e},1}, k_{e_{\mathrm{d},r},1}\} \in \mathbf{R}_{>0}$；参数 $\hat{B}_{e_{\mathrm{d},r}}$ 为 $B_{e_{\mathrm{d},r}}$ 的估计值，它由

$$\dot{\hat{B}}_{e_{\mathrm{d},r}} = -k_{e_{\mathrm{d},r},2}\hat{B}_{e_{\mathrm{d},r}} + \frac{\zeta_{\psi_\mathrm{e}}^2\mu_{\psi_\mathrm{e}}^2}{\sqrt{\zeta_{\psi_\mathrm{e}}^2\mu_{\psi_\mathrm{e}}^2 + k_{e_{\mathrm{d},r},1}}} \tag{3.172}$$

更新。式中，$k_{e_{\mathrm{d},r},2} \in \mathbf{R}_{>0}$ 为待设计参数。

第 2 步：考虑动态方程，即式（3.124），计算 r_e 的导数，可得

$$\dot{r}_{\rm e}=\frac{m_{uv}}{m_r}uv-\frac{d_r}{m_r}r+\frac{1}{m_r}\tau_1+\frac{U_r}{m_r}+\frac{D_r}{m_r}-\dot{\hat{r}}_v \tag{3.173}$$

和位置控制环路一样，引入一个径向基神经网络对不确定项$\dfrac{U_r}{m_r}$进行在线估计，即

$$\frac{U_r}{m_r}=\boldsymbol{W}_r^{*\mathrm{T}}\boldsymbol{S}_r(\boldsymbol{I})+e_{r,r}^* \tag{3.174}$$

式中，$\boldsymbol{W}_r^*$、$\boldsymbol{S}_r$、$\boldsymbol{I}$及$e_{r,r}^*$的定义参考式（3.154）。于是，角速度跟踪误差动态方程，即式（3.173）可重写为

$$\dot{r}_{\rm e}=\frac{m_{uv}}{m_r}uv-\frac{d_r}{m_r}r+\frac{1}{m_r}\tau_1+\boldsymbol{W}_r^{*\mathrm{T}}\boldsymbol{S}_r(\boldsymbol{I})+e_{r,r}^*+\frac{D_r}{m_r}-\dot{\hat{r}}_v \tag{3.175}$$

引入偏航角速度跟踪误差$r_{\rm e}$的预测值$\hat{r}_{\rm e}$来设计径向基神经网络权值自适应律，它的导数为

$$\dot{\hat{r}}_{\rm e}=\frac{m_{uv}}{m_r}uv-\frac{d_r}{m_r}r+\frac{1}{m_r}\tau_1+\boldsymbol{W}_r^{*\mathrm{T}}\boldsymbol{S}_r(\boldsymbol{I})-\dot{\hat{r}}_v+k_{p,r}\tilde{r}_{\rm e},\ \ \tilde{r}_{\rm e}(0)=r_{\rm e}(0) \tag{3.176}$$

式中，$\hat{\boldsymbol{W}}_r$为$\boldsymbol{W}_r^*$的估计值；$\tilde{r}_{\rm e}=r_{\rm e}-\hat{r}_{\rm e}$为预测误差；$k_{p,r}\in\mathbf{R}_{>0}$为待设计参数。易知，$\tilde{r}_{\rm e}$的导数为

$$\dot{\tilde{r}}_{\rm e}=\tilde{\boldsymbol{W}}_r^{\mathrm{T}}\boldsymbol{S}_r+e_{r,r}-k_{p,r}\tilde{r}_{\rm e} \tag{3.177}$$

式中，$\tilde{\boldsymbol{W}}_r$和$e_{r,r}$的定义参考式（3.157）。类似于位置控制中的分析，可知存在一个常数$B_{e_{r,r}}\in\mathbf{R}_{>0}$，使得$|e_{r,r}|\leqslant B_{e_{r,r}}$。由此设计包含偏航角速度跟踪误差$r_{\rm e}$和预测误差$\hat{r}_{\rm e}$来的径向基神经网络权值自适应律为

$$\dot{\hat{\boldsymbol{W}}}_r=k_{r,r,1}((r_{\rm e}+\tilde{r}_{\rm e})\boldsymbol{S}_r-k_{r,r,2}\hat{\boldsymbol{W}}_r) \tag{3.178}$$

式中，$\{k_{r,r,1},k_{r,r,2}\}\in\mathbf{R}_{>0}$为待设计参数。对于径向基神经网络逼近误差$e_{r,r}$和时变外部扰动$\dfrac{D_r}{m_r}$，仍然采用形如式（3.130）的 FTNDOB 进行在线观测。它的设计步骤类似于式（3.159）～式（3.162），此处不再赘述，只给出结果。姿态控制环路 FTNDOB 的表达式为

$$\begin{cases}\dot{\hat{z}}_r=\dot{z}_r+k_{\mathrm{o},r,2}\mathrm{sig}^{\ell_{\mathrm{o},r,1}}(z_r-\hat{z}_r)+k_{\mathrm{o},r,3}\mathrm{sig}^{\ell_{\mathrm{o},r,2}}(z_r-\hat{z}_r)\\ \hat{\varDelta}_r=\dot{z}_r+k_{\mathrm{o},r,1}(r_{\rm e}-\hat{z}_r)\end{cases} \tag{3.179}$$

式中，$k_{\mathrm{o},r,1}\in\mathbf{R}_{<0}$、$\{k_{\mathrm{o},r,2},k_{\mathrm{o},r,3}\}\in\mathbf{R}_{>0}$、$0<\ell_{\mathrm{o},r,1}<1$及$\ell_{\mathrm{o},r,2}>1$为待设计参数；$\hat{\varDelta}_r$为$\varDelta_r$的观测值，$\hat{\varDelta}_r=e_{r,r}+\dfrac{D_r}{m_r}$。

$$z_r=r_{\rm e}-k_r \tag{3.180}$$

$$\dot{k}_r=k_{\mathrm{o},r,1}k_r+\frac{m_{uv}}{m_r}uv-\frac{d_r}{m_r}r+\frac{1}{m_r}+\hat{\boldsymbol{W}}_r^{\mathrm{T}}\boldsymbol{S}_r-\dot{\hat{r}}_v \tag{3.181}$$

令$\tilde{\varDelta}_r=\varDelta_r-\hat{\varDelta}_r$，容易看出，存在一个常数$B_{\tilde{\varDelta}_r}\in\mathbf{R}_{>0}$，使得$\left|\tilde{\varDelta}_r\right|\leqslant B_{\tilde{\varDelta}_r}\in\mathbf{R}_{>0}$。根据式（3.173）、式（3.174）及式（3.179），设计偏航控制力矩τ_r：

$$\tau_r = m_r\left(\dot{\hat{r}}_v + \zeta_{\psi_e}\mu_{\psi_e} - k_{r_e}\text{sig}^{\ell_a}(r_e) - \frac{1}{2}r_e - \frac{m_{uv}}{m_r}uv + \frac{d_r}{m_r}r - \hat{\boldsymbol{W}}_r^{\mathrm{T}}\boldsymbol{S}_r - \hat{\varDelta}_r\right) \quad (3.182)$$

式中，$k_{r_e} \in \mathbf{R}_{>0}$ 为待设计参数。至此，前向控制力 τ_u 与偏航控制力矩 τ_r 的设计完成。

本节利用有限时间滑模微分器来获得虚拟控制律的导数。与现有研究工作采用符号函数 sign(·)来构建微分器的做法不同，本节基于符号函数 sign(·)的光滑逼近函数 tanh(·)设计有限时间滑模微分器，如式（3.148）和式（3.168）所示，从而在保证估计精确度的同时，避免高频率抖振问题。

由式（3.151）可知，$\psi_e = \pm\frac{\pi}{2}$ 为虚拟控制信号 u_v 的奇异点。本节利用非线性映射解决了这一难题。更准确地说，本节通过合理地选择控制参数 b_{1,ψ_e} 和 b_{r,ψ_e} 及设计控制律 τ_u 使偏航角跟踪误差 ψ_e 收敛到集合 $\varOmega_{\psi_e}$ 中，即

$$\psi_e \in \varOmega_{\psi_e} := \left\{\psi_e \in \mathbf{R} \mid -\frac{\pi}{2} < -b_{1,\psi_e} < \psi_e < b_{r,\psi_e} < \frac{\pi}{2}\right\},\ \forall t \geqslant 0 \quad (3.183)$$

式（3.183）表明本节所设计的控制算法不会存在控制奇异问题。

式（3.151）、式（3.163）、式（3.171）及式（3.182）中的 $\text{sig}^{\ell_a}(i)$（$i = \zeta_E, \zeta_{\psi_e}$）项用于保证位姿跟踪误差有限时间收敛。3.4.3.3 节将会详细证明这一点。

3.4.3.3 稳定性分析

理论 1：针对欠驱动无人艇运动控制模型，即式（3.124），若假设 1～3 成立，则采用非线性映射，即式（3.145）和式（3.164），有限时间滑模微分器，即式（3.148）和式（3.168），虚拟控制律，即式（3.151）和式（3.171），自适应律，即式（3.152）、式（3.158）、式（3.172）及式（3.178），FTNDOB，即式（3.162）和式（3.179），前向控制力，即式（3.163），以及偏航控制控制力矩，即式（3.182），就可以实现 3.4.2.3 节中的控制目标。

证明：证明过程包括三个步骤。

（1）选择候选 Lyapunov 函数，即

$$V_a = \sum_{i=E,\psi_e}\frac{1}{2}\zeta_i^2 + \sum_{i=u,r}\frac{1}{2}\tilde{B}_{e_{d,i}}^2 + \sum_{i=u,r}\frac{1}{2}\tilde{i}_e^2 + \sum_{i=u,r}\frac{1}{2}i_e^2 + \sum_{i=u,r}\frac{1}{2k_{r,i,1}}\tilde{\boldsymbol{W}}_i^{\mathrm{T}}\tilde{\boldsymbol{W}}_i \quad (3.184)$$

式中，$\tilde{B}_{e_{d,i}} = B_{e_{d,i}} - \hat{B}_{e_{d,i}}$，$i = u, r$。对 V_a 求微分，并且将式（3.150）、式（3.151）、式（3.152）、式（3.153）、式（3.157）、式（3.158）、式（3.163）、式（3.170）、式（3.171）、式（3.172）、式（3.174）、式（3.177）、式（3.178）及式（3.182）代入，可得

$$\begin{aligned}\dot{V}_a = &\zeta_E\mu_E\left(e_{\mathrm{d},u}\cos\psi_e + k_{E,1}\mu_E^{-1}\mathrm{sig}^{\ell_a}(\zeta_E) + \frac{\zeta_E\mu_E\hat{B}_{e_{\mathrm{d},u}}}{\sqrt{\zeta_E^2\mu_E^2 + k_{e_{\mathrm{d},u,1}}}}\right) - \\ &\zeta_{\psi_\mathrm{e}}\mu_{\psi_\mathrm{e}}\left(e_{\mathrm{d},r} + k_{\psi_\mathrm{e},1}\mu_{\psi_\mathrm{e}}^{-1}\mathrm{sig}^{\ell_a}(\zeta_{\psi_\mathrm{e}}) + \frac{\zeta_{\psi_\mathrm{e}}\mu_{\psi_\mathrm{e}}\hat{B}_{e_{\mathrm{d},r}}}{\sqrt{\zeta_{\psi_\mathrm{e}}^2\mu_{\psi_\mathrm{e}}^2 + k_{e_{\mathrm{d},r,1}}}}\right) - \\ &\tilde{B}_{e_{\mathrm{d},u}}\left(\frac{\zeta_E^2\mu_E^2}{\sqrt{\zeta_E^2\mu_E^2 + k_{e_{\mathrm{d},u,1}}}} - k_{e_{\mathrm{d},u,2}}\hat{B}_{e_{\mathrm{d},u}}\right) - \\ &\tilde{B}_{e_{\mathrm{d},r}}\left(\frac{\zeta_{\psi_\mathrm{e}}^2\mu_{\psi_\mathrm{e}}^2}{\sqrt{\zeta_{\psi_\mathrm{e}}^2\mu_{\psi_\mathrm{e}}^2 + k_{e_{\mathrm{d},r,1}}}} - k_{e_{\mathrm{d},r,2}}\hat{B}_{e_{\mathrm{d},r}}\right) - \\ &\sum_{i=u,r}\tilde{i}_\mathrm{e}(k_{p,i}\tilde{i}_\mathrm{e} - \tilde{\boldsymbol{W}}_i^\mathrm{T}\boldsymbol{S}_i - e_{r,i}) - \\ &\sum_{i=u,r}i_\mathrm{e}\left(k_{i_\mathrm{e}}\mathrm{sig}^{\ell_a}(i_\mathrm{e}) - \frac{1}{2}i_\mathrm{e} - \tilde{\boldsymbol{W}}_i^\mathrm{T}\boldsymbol{S}_i - \tilde{\varDelta}_i\right) - \\ &\sum_{i=u,r}\tilde{\boldsymbol{W}}_i^\mathrm{T}((i_\mathrm{e} + \tilde{i}_\mathrm{e})\boldsymbol{S}_i - k_{r,i,2}\hat{\boldsymbol{W}}_i)\end{aligned} \tag{3.185}$$

由 Young 不等式可得

$$\begin{aligned}&\tilde{i}_\mathrm{e}e_{r,i} \leqslant \frac{1}{2}\tilde{i}_\mathrm{e}^2 + \frac{1}{2}B_{e_{r,i}}^2 \\ &i_\mathrm{e}\tilde{\varDelta}_i \leqslant \frac{1}{2}i_\mathrm{e}^2 + \frac{1}{2}B_{\tilde{\varDelta}_i}^2 \\ &-\zeta_E\mu_E e_{\mathrm{d},u}\cos\psi_\mathrm{e} \leqslant |\zeta_E\mu_E|B_{e_{\mathrm{d},u}} \leqslant k_{e_{\mathrm{d},u}}B_{e_{\mathrm{d},u}} + \frac{\zeta_E\mu_E B_{e_{\mathrm{d},u}}}{\sqrt{\zeta_E^2\mu_E^2 + k_{e_{\mathrm{d},u},1}}} \\ &-\zeta_{\psi_\mathrm{e}}\mu_{\psi_\mathrm{e}}e_{\mathrm{d},r} \leqslant |\zeta_{\psi_\mathrm{e}}\mu_{\psi_\mathrm{e}}|B_{e_{\mathrm{d},r}} \leqslant k_{e_{\mathrm{d},r},1}B_{e_{\mathrm{d},r}} + \frac{\zeta_{\psi_\mathrm{e}}\mu_{\psi_\mathrm{e}}B_{e_{\mathrm{d},r}}}{\sqrt{\zeta_{\psi_\mathrm{e}}^2\mu_{\psi_\mathrm{e}}^2 + k_{e_{\mathrm{d},r},1}}} \\ &k_{e_{\mathrm{d},i},2}\tilde{B}_{e_{\mathrm{d},i}}\hat{B}_{e_{\mathrm{d},i}} = k_{e_{\mathrm{d},i},2}\hat{B}_{e_{\mathrm{d},i}}(B_{e_{\mathrm{d},i}} - \tilde{B}_{e_{\mathrm{d},i}}) \leqslant -\frac{k_{e_{\mathrm{d},i},2}}{2}\tilde{B}_{e_{\mathrm{d},i}}^2 + \frac{k_{e_{\mathrm{d},i},2}}{2}B_{e_{\mathrm{d},i}}^2 \\ &k_{r,i,2}\tilde{\boldsymbol{W}}_i^\mathrm{T}\hat{\boldsymbol{W}}_i = k_{r,i,2}\tilde{\boldsymbol{W}}_i^\mathrm{T}(\boldsymbol{W}_i^* - \tilde{\boldsymbol{W}}_i) \leqslant -\frac{k_{e_{\mathrm{d},i,2}}}{2}\|\tilde{\boldsymbol{W}}_i\|^2 + \frac{k_{e_{\mathrm{d},i,2}}}{2}\|\boldsymbol{W}_i^*\|^2\end{aligned} \tag{3.186}$$

式中，$i = u,r$。所以式（3.185）变为

$$\begin{aligned}\dot{V}_a \leqslant &-\sum_{i=E,\psi_\mathrm{e}}k_{i,1}(\zeta_i^2)^{\frac{1+\ell_a}{2}} - \sum_{i=u,r}\frac{k_{e_{\mathrm{d},i},2}}{2}\tilde{B}_{e_{\mathrm{d},i}}^2 - \sum_{i=u,r}\left(k_{p,i} - \frac{1}{2}\right)\tilde{i}_\mathrm{e}^2 - \\ &\sum_{i=u,r}k_{i_\mathrm{e}}(i_\mathrm{e}^2)^{\frac{1+\ell_a}{2}} - \sum_{i=u,r}\frac{k_{r,i,2}}{2}\|\tilde{\boldsymbol{W}}_i\|^2 + \sum_{i=u,r}\left(k_{e_{\mathrm{d},i},1}B_{e_{\mathrm{d},i}} + \frac{k_{e_{\mathrm{d},i},2}}{2}B_{e_{\mathrm{d},i}}^2 + \frac{1}{2}B_{\tilde{\varDelta}_i}^2 + \frac{k_{r,i,2}}{2}\|\boldsymbol{W}_i^*\|^2\right)\end{aligned} \tag{3.187}$$

此外，有

$$-\frac{\tilde{j}^2}{2} \leqslant -\frac{(\tilde{j}^2)^{\frac{1+\ell_a}{2}}}{2} + \frac{1-\ell_a}{4}\left(\frac{1+\ell_a}{2}\right)^{\frac{1+\ell_a}{1-\ell_a}} \tag{3.188}$$

式中，$j = B_{e_{\mathrm{d},i}}, i_\mathrm{e}, \|\boldsymbol{W}_i\|$；$i = u,v$。利用式（3.188）对式（3.187）进一步进行缩放，

可得

$$\dot{V}_a \leqslant -\sum_{i=E,\psi_e} k_{i,1}(\zeta_i^2)^{\frac{1+\ell_a}{2}} - \sum_{i=u,r} \frac{k_{e_{d,i},2}}{2}(\tilde{B}_{e_{d,i}}^2)^{\frac{1+\ell_a}{2}} - \sum_{i=u,r}\left(k_{p,i}-\frac{1}{2}\right)(\tilde{i}_e^2)^{\frac{1+\ell_a}{2}} - \sum_{i=u,r} k_{i_e}(i_e^2)^{\frac{1+\ell_a}{2}} - \sum_{i=u,r}\frac{k_{r,i,2}}{2}(\|\tilde{\boldsymbol{W}}_i\|^2)^{\frac{1+\ell_a}{2}} + B_a \tag{3.189}$$

式中，

$$B_a = \sum_{i=u,r}\left(k_{e_{d,i},1}B_{e_{d,i}} + \frac{k_{e_{d,i},2}}{2}B_{e_{d,i}}^2 + \frac{1}{2}B_{\tilde{A}}^2 + \frac{k_{e_{d,i},2}}{2}\|\boldsymbol{W}_i^*\|^2 + \frac{(k_{r,i,2}+k_{e_{d,i},2}+2k_{p,i-1})(1-\ell_a)}{4}\left(\frac{3(1+\ell_a)}{2}\right)^{\frac{1+\ell_a}{1-\ell_a}}\right) \tag{3.190}$$

记

$$A_a = 2^{\frac{1+\ell_a}{2}} \times \lim_{j=E,\psi_e,\ i=u,r}\left\{k_{j,1}, \frac{k_{e_{d,i},2}}{2}, k_{p,i}-\frac{1}{2}, k_{i_e}, \frac{k_{r,i,2}(k_{r,i,2})^{\frac{1+\ell_a}{2}}}{2}\right\} \tag{3.191}$$

将式（3.191）代入式（3.189），整理可得

$$\dot{V}_a \leqslant -A_a V_a^{\frac{1+\ell_a}{2}} + B_a \tag{3.192}$$

通过式（3.192）可知，存在一个常数 $t_a \in (0,1)$ 和一个有限时间

$$T_{\text{reach},a} = \frac{2}{(1-\ell_a)\ell_a A_a} \times \left[V_a^{\frac{1+\ell_a}{2}}(0) - \left(\frac{B_a}{(1-\ell_a)A_a}\right)^{\frac{1-\ell_a}{1+\ell_a}}\right] \tag{3.193}$$

使得对于所有 $t \geqslant T_{\text{reach},a}$，都有 $V_a \leqslant \left(\frac{B_a}{(1-\ell_a)^{\ell_a A_a}}\right)^{\frac{2}{1+\ell_a}}$。由于不等式 $\sum_{i=E,\psi_e}\frac{1}{2}\zeta_i^2 \leqslant V_a$ 成立，因此我们可知位置跟踪误差 E 和姿态跟踪误差 ψ_e 会在有限时间 $T_{\text{reach},a}$ 内收敛到原点的一个小邻域内。

（2）利用式（3.192）可以推导出 $\dot{V}_a \leqslant B_a$。通过简单的积分可得，当 $t \in [0, T_{\text{reach},a}]$ 时，不等式 $V_a \leqslant V_a(0) + B_a T_{\text{reach},a}$ 成立。

因此，对于所有 $t \geqslant 0$，有 $0 \leqslant V_a \leqslant \max\left\{B_a T_{\text{reach},a}, \left(\frac{B_a}{(1-\ell_a)^{\ell_a A_a}}\right)^{\frac{2}{1+\ell_a}}\right\}$。

这表明 ζ_E 和 ζ_{ψ_e} 是有界的。根据非线性映射，即式（3.145）和式（3.164），以及假设 2 可知，位置跟踪误差 E 和姿态跟踪误差 ψ_e 不会超出约束边界。

（3）根据（2）中的讨论可得，$\tilde{B}_{e_{d,i}}$、$\tilde{l}_e i$、i_e^2、$\tilde{\boldsymbol{W}}_i(i=u,r)$ 都是有界的。由 $\tilde{B}_{e_{d,u}}$ 和 $\tilde{B}_{e_{d,r}}$

的定义可得，$\hat{B}_{e_{d,u}}$ 和 $\hat{B}_{e_{d,r}}$ 是有界的。结合假设 3 可得，虚拟控制律 u_v 和 r_v 是有界的。根据有限时间滑模微分器的性质，直接可得 $\dot{\hat{u}}_v$ 和 $\dot{\hat{r}}_v$ 是有界的。由于 $\boldsymbol{W}_u^*$ 和 $\boldsymbol{W}_r^*$ 是有界的，因此 $\hat{\boldsymbol{W}}_u$ 和 $\hat{\boldsymbol{W}}_r$ 是有界的。根据引理 1 可得，扰动观测值 $\hat{\Delta}_u$ 和 $\hat{\Delta}_r$ 是有界的。因此，控制信号 τ_u 和 τ_r 是有界的。进一步，由 u_e、r_e、$\tilde{u}_e$ 及 $\tilde{r}_e$ 的定义可得，前向速度 u、偏航角速度 r、位置 $[x,y]^{\mathrm{T}}$、姿态 ψ 及预测值 $\hat{u}_e$ 和 $\hat{r}_e$ 都是有界的。再次考虑引理 1 和假设 3 可得，z_u、z_r、k_u 及 k_r 是有界的。至此可知，闭环系统中所有信号都是有界的。证毕。

3.4.4　仿真实验

为了验证上述方法的有效性，本节基于 MATLAB 仿真平台进行仿真实验。

无人艇的模型参数如下：$m_u = 19\text{kg}$，$m_v = 35.2\text{kg}$，$m_r = 4.2\text{kg}$，$d_u = 100\text{kg/s}$，$d_v = 100\text{kg/s}$，$d_r = 10\text{kg/s}$。模型不确定性和外部扰动的影响设定为 $U_{\mathrm{H}} = [3\sin(0.1\pi t), 4\sin(0.3\pi t), 5\sin(0.15\pi t)]$。期望的前向速度设定为 $u_{\mathrm{d}} = 1\text{m/s}$，期望的侧向速度设定为 $v_{\mathrm{d}} = 0\text{m/s}$。期望的偏航角设定为当 $0 \leqslant t < 50$ 时，$r_{\mathrm{d}} = 21 \times t \times 10^{-4}$；当 $50 \leqslant t < 70$，$r_{\mathrm{d}} = 0$；当 $t \geqslant 70$ 时，$r_{\mathrm{d}} = 21 \times (t-120) \times 10^{-4}$。

无人艇的初始位置为 $[-1.5\text{m}, -1\text{m}]^{\mathrm{T}}$，初始的偏航角为 0.588rad。控制参数的选择符合设计过程中指定的要求即可。

仿真结果如图 3-16～图 3-18 所示。根据图 3-16～图 3-18 可知，欠驱动无人艇在本节所设计的控制律的激励下，可以快速地收敛至理想的参考轨迹，这表明系统鲁棒性高、控制效果好。

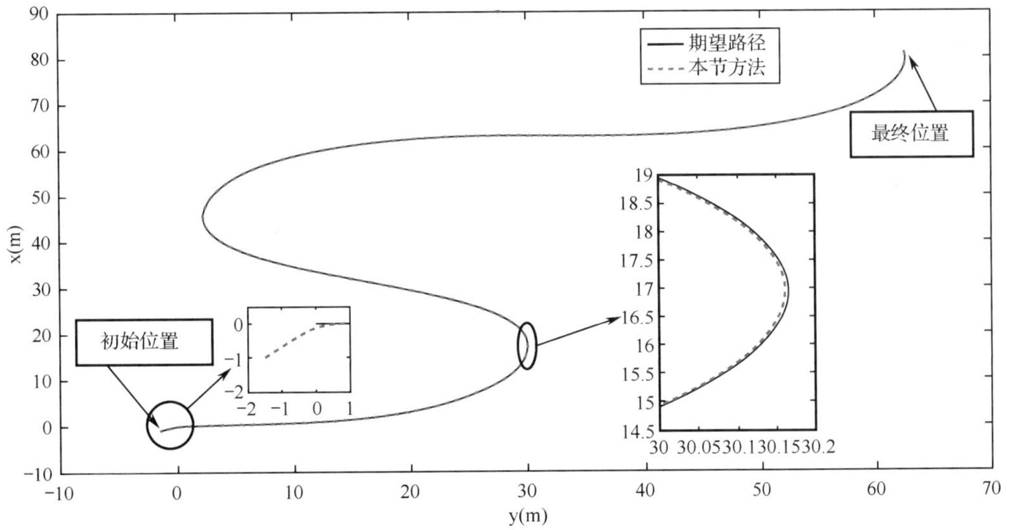

图 3-16　实际轨迹与参考轨迹

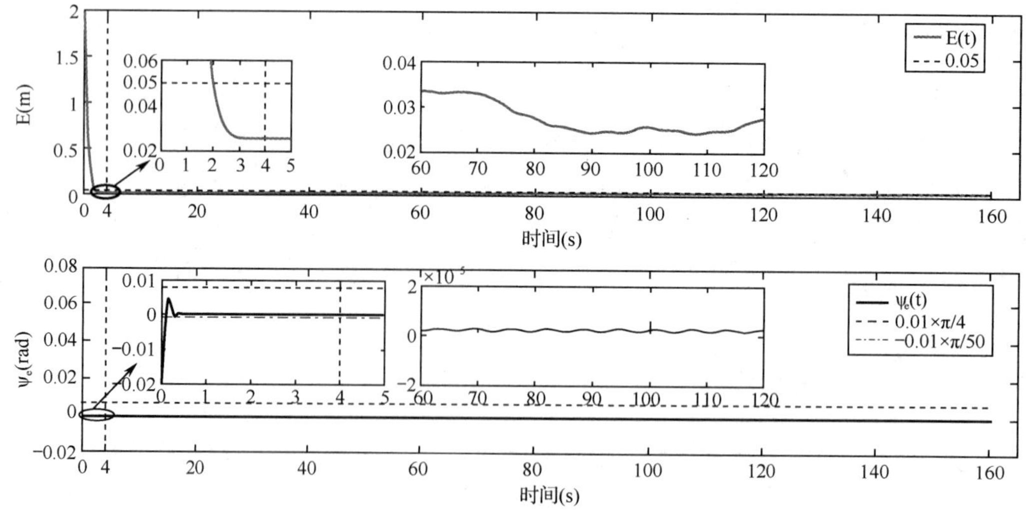

图 3-17 跟踪误差

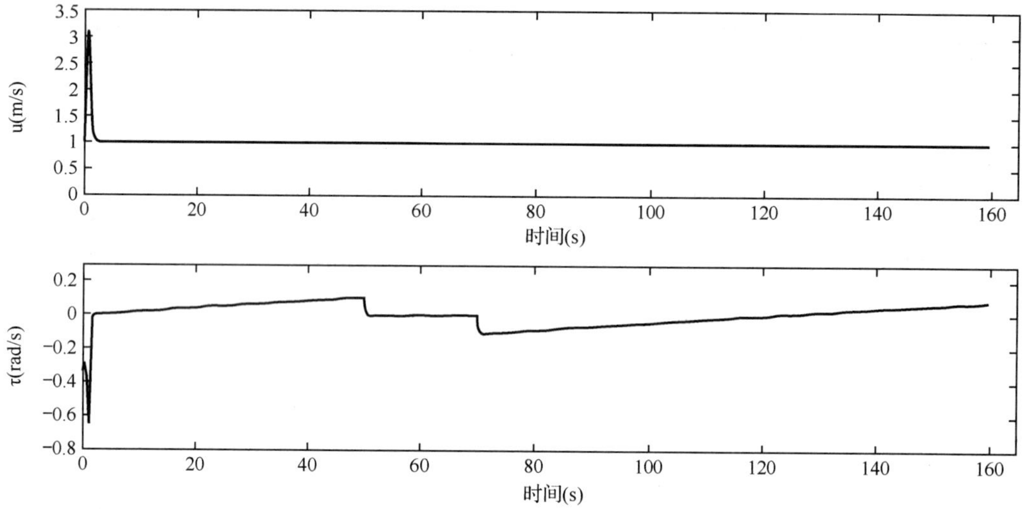

图 3-18 前向速度与偏航角速度

3.4.5 总结

本节主要研究具有系统未建模动态和外部扰动的欠驱动无人艇轨迹跟踪控制问题。首先，对位置和姿态跟踪误差进行函数变换，保证了位置和姿态跟踪误差在约束范围内，并消除了控制奇异问题。其次，设计了一种新型有限时间滑膜微分器，避免了常规迭代反步法中复杂的求导计算。针对系统未建模动态，采用人工智能进行在线学习。综合利用速度跟踪误差和预测误差设计了径向基神经网络权值自适应律，改善了径向基神经网络在线重构效果。针对径向基神经网络逼近误差和外部扰动，构建了一种新型

FTNDOB，它具有结构简单、观测精度高及工程实用性强等特点。最后，设计了基于有限时间 Lyapunov 稳定性判据的轨迹追踪控制算法，使无人艇可以在有限时间内跟踪参考轨迹。理论分析和仿真结果证明了本节所设计的控制算法的有效性。

3.5　无人艇编队控制

3.5.1　虚拟领航方法概述

虚拟领航方法是指对整个编队进行集中控制，在编队中设置一个虚拟中心，使其他无人艇按照中心的要求工作，由于中心是虚拟的，不存在中心出现故障的情况，因此可以规避风险。该方法在无人艇的操纵上具有很高的准确率，而且误差易于传递。导引系统是一种基于计算机程序的虚拟船，它可以为无人艇编队的联合操作提供领航服务，同时向其他跟随的无人艇传达所设定的期望速度及位置，从而进行实体船只设计的编队控制。在一般情况下，为了保证所要求的信号达到要求，必须改进真实船体和虚拟船的运动学模型和动力学模型，并且根据各式各样任务需求来设计控制器，以实现期望信号的达标。控制系统根据所传递的期望信号及无源同步法则来设置编队的控制律，从而达到所要求的目的。由船体、导引系统和控制系统构成的环形结构，可以根据所需的信号实现协调定位、路径跟踪等操作。

假设有 n 支用来完成协调任务的无人艇编队，设置每支无人艇编队需要参考的期望队形的几何中心，每个被控制的跟随无人艇的相应位置与其参考的期望队形的几何中心的相对位置向量为

$$\boldsymbol{l}_i=[l_{xi}\quad l_{yi}\quad l_{\psi i}]^{\mathrm{T}},\ i=1,2,\cdots,n \tag{3.194}$$

以此类推，虚拟船与期望队形的几何中心重合，也就是说，$\boldsymbol{l}_0=\boldsymbol{0}$。根据由式（3.194）得到的相对位置向量，可以得到所有队形的几何中心位置，即

$$\boldsymbol{x}_i=\boldsymbol{\eta}_i(t)+\boldsymbol{R}(\boldsymbol{\psi}_i(t))\boldsymbol{l}_i,\ i=1,2,\cdots,n \tag{3.195}$$

所有队形的几何中心位置能够直接体现无人艇编队的队形。若要保持所要完成的任务所需的所有队形，则必须使其协同控制规律能使所有队形的几何中心保持一致，即

$$\boldsymbol{x}_0=\boldsymbol{x}_1=\boldsymbol{x}_2=\cdots=\boldsymbol{x}_n \tag{3.196}$$

在实际运行中，无人艇必须完成轨迹跟踪和定位，所以在多个无人艇协同作业的过程中，导引系统根据特定任务发布相应的期望信号，以确保无人艇能够完成协调任务。如果 $\boldsymbol{\eta}_0(t)$ 代表实际的虚拟位置，则在定位时，无人艇控制规律使其在目标对应的位置 $\boldsymbol{\eta}_{\mathrm{d}}$ 上进行收敛，并且收敛至一个定点，即表示为

$$\lim_{t\to\infty}(\boldsymbol{\eta}_0(t)-\boldsymbol{\eta}_{\mathrm{d}})=\boldsymbol{0} \tag{3.197}$$

如果假定 $\boldsymbol{\eta}_{\mathrm{d}}(t)$ 表示期望输出的成果信号，则在路径跟踪中，需要通过无人艇控制规律使它在路径期望的信号 $\boldsymbol{\eta}_{\mathrm{d}}(t)$ 处收敛，并且保持信号状态为有界，即表示为

$$\lim_{t\to\infty}(\boldsymbol{\eta}_0(t)-\boldsymbol{\eta}_{\mathrm{d}}(t))=\mathbf{0} \tag{3.198}$$

如果路径是一个连续的参数化状态，则表示为

$$\boldsymbol{P}=\{\boldsymbol{\eta}_0\in\mathbf{R}^m:\exists\theta\in\mathbf{R}\ \text{s.t.}\ \boldsymbol{\eta}_0=\boldsymbol{\eta}_{\mathrm{d}}(\theta)\} \tag{3.199}$$

因此，路径跟踪要求无人艇控制规律能够收敛并在期望路径中保持期望速度，即表示为

$$\lim_{t\to\infty}(\boldsymbol{\eta}_0(t)-\boldsymbol{P})=\mathbf{0} \tag{3.200}$$

3.5.2 PID 控制算法介绍

PID（Proportion Integration Differentiation）控制算法的原理：首先求出给定量与输出响应之间的误差，其次将此误差 e 传递给 PID 控制器的 3 个环节进行调整，最后将状态量 μ 施加在被控载体上，重复上述循环直到达到满意的效果为止。

图 3-19 所示为 PID 控制算法的原理框图。其中，r_{in} 表示输入，y_{out} 表示输出，二者的差值为误差 e，则有

$$e(t)=r_{\mathrm{in}}(t)-y_{\mathrm{out}}(t) \tag{3.201}$$

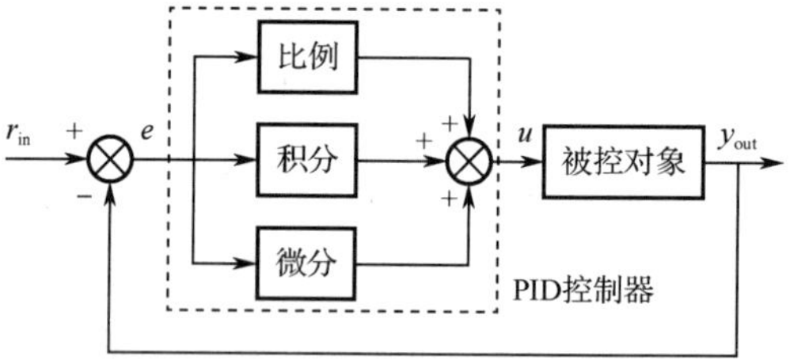

图 3-19　PID 控制算法的原理框图

PID 控制器的控制规律为

$$u(t)=K_{\mathrm{P}}\left[e(t)+\frac{1}{T_{\mathrm{I}}}\int_0^t e(t)\mathrm{d}t+T_{\mathrm{D}}\frac{\mathrm{d}e(t)}{\mathrm{d}t}\right] \tag{3.202}$$

对式（3.202）等号两边进行拉普拉斯变换，并且整理为传递函数，即

$$G(s)=\frac{U(s)}{E(s)}=K_{\mathrm{P}}\left(1+\frac{1}{T_{\mathrm{I}}s}+T_{\mathrm{D}}\right)=K_{\mathrm{P}}+\frac{K_{\mathrm{P}}}{T_{\mathrm{I}}}\cdot\frac{1}{s}+K_{\mathrm{P}}T_{\mathrm{D}}\cdot s \tag{3.203}$$

式中，K_{P} 为比例系数；T_{I} 为积分时间常数；T_{D} 为微分时间常数。$K_{\mathrm{I}}=\dfrac{K_{\mathrm{P}}}{T_{\mathrm{I}}}$，称为积分系数；$K_{\mathrm{D}}=K_{\mathrm{P}}T_{\mathrm{D}}$，称为微分系数。

3.5.2.1 PID 控制器各校正环节对控制效果的影响

（1）比例环节：

$$P_{\mathrm{out}}=K_{\mathrm{P}}e(t) \tag{3.204}$$

在相同误差下，如果比例系数 K_P 增大，则输出将会变大，使控制信号相对较强，并且缩短调节时间；如果比例系数 K_P 太大，则会使系统的输出在稳定值范围内上下浮动，无法达到期望的目标；如果比例系数 K_P 太小，则系统响应速度会变慢，当遇到干扰信号时，由于控制信号不够强，调节的时间会变长，无法消除干扰的影响。因此，在工程操作中，K_P 的大小十分重要，要达到平衡点，太大或太小都会引起问题。K_P 要按照实际情况在线整定，以达到实际控制参数的要求。对于需要在规定时间内及时做出反应，并且要求满足稳定性要求的情况，应当选择较小的 K_P；对于那些弱放大率并且反应迟钝的被控对象，可以选择较大的 K_P。

（2）积分环节：

$$I_{out} = K_I \int_0^t e(t)\mathrm{d}t \tag{3.205}$$

当 $e(t)=0$ 时，$P_{out}=K_P e(t)=0$，这时需要引入考虑过去误差总和的积分系数，这就是积分环节。积分环节会减小总体的系统误差，与比例环节不同的是，由于积分控制消除了多余的纠正，响应函数会在输入整定值区域内振荡，最后使得 PID 控制算法在所期望的整定值处趋于稳定。积分环节中持续的时间代表了控制的强度。通常在积分环节中能够消除系统静差，但由于惯性力的影响，会出现延迟状况。积分环节所产生的误差是历史误差之和，其本身就带有滞后性，因此存在外部扰动时很难实现所要求的稳定性。我们常利用每个控制元件的优点来补偿另一个控制元件。

（3）微分环节：

$$D_{out} = K_D \frac{\mathrm{d}}{\mathrm{d}t} e(t) \tag{3.206}$$

微分环节输出值为误差变化率与微分系数 K_D 之积，这个环节考虑的是将来误差，即误差变化率对控制部分的调整的响应。如果微分系数变大，则此系统输出结果会变快，超调量减小且波动较小，但当有外部扰动时会产生较大的波动。微分环节能够提高系统的稳定性并且延长稳定时间。但微分环节只针对变化的误差有意义，如果误差为常量则失去调节意义。微分环节无法消除静差，因此微分环节在实际任务中使用的频率很小。

PID 控制器参数的调整是指调节比例环节、积分环节、微分环节的参数，以达到目标控制要求。其中，确保不会产生发散性的振荡，即确保稳定性是完成上述任务的先决条件。PID 控制器的控制原理虽然比较简单，但是实际任务中调整参数没有表面上看起来那么简单，如果选择的参数不恰当，那么最后输出的结果会很差。因此，传统 PID 控制器要想获得较好的响应结果一般需要由专业人员依据经验调整参数。

3.5.2.2　数字 PID 控制算法

随着计算机技术的飞速发展，人们将模拟 PID 控制规律应用于微机控制系统。数字 PID 控制算法的原理：先将选取的状态参量经过 A/D 转换装置转换，并用控制器处理，然后将输出结果经过 D/A 转换装置转换，并送到执行机构进行下一步处理。

对于位置式 PID 控制器，有

$$
\begin{cases}
t \approx kT, \quad k = 0,1,2,\cdots \\
\int_0^t e(t)\mathrm{d}t \approx T\sum_{j=0}^{k} e(jT) = T\sum_{j=0}^{k} e(j) \\
\dfrac{\mathrm{d}e(t)}{\mathrm{d}t} \approx \dfrac{e(kT) - e((k-1)T)}{T} = \dfrac{e(k) - e(k-1)}{T}
\end{cases}
\tag{3.207}
$$

由此可得，离散 PID 表达式为

$$
\begin{aligned}
u(k) &= K_{\mathrm{P}}\left\{e(k) + \frac{T}{T_{\mathrm{I}}}\sum_{j=0}^{k} e(j) + \frac{T_{\mathrm{D}}}{T}[e(k) - e(k-1)]\right\} \\
&= K_{\mathrm{P}}e(k) + K_{\mathrm{I}}\sum_{j=0}^{k} e(j)T + K_{\mathrm{D}}\frac{e(k) - e(k-1)}{T}
\end{aligned}
\tag{3.208}
$$

式中，T 为采样周期；k 为采样序号，$k = 0,1,2,\cdots$。

位置式 PID 控制器的功能有滤波、饱和作用抑制。

3.5.3 虚拟领航无人艇的路径跟踪误差模型的建立

本节采用基于虚拟领航的无人艇编队方法，首先需要确定虚拟领航无人艇的运动规律。图 3-20 所示为虚拟领航无人艇的路径跟踪示意图。

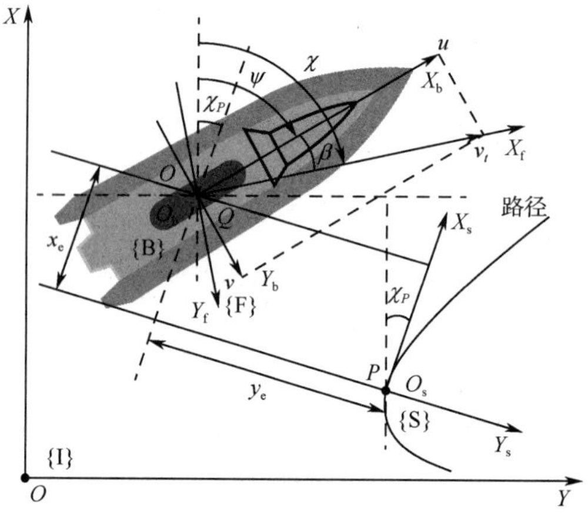

图 3-20　虚拟领航无人艇的路径跟踪示意图

除了惯性坐标系和船体坐标系，我们还需要建立{F}和{S}两个坐标系。对于{F}坐标系，其原点固连在无人艇上，其 X_{f} 轴指向无人艇的合速度方向，Y_{f} 轴指向无人艇的右舷方向。由图 3-20 可知，从{F}坐标系到船体坐标系只需旋转 β 角。对于{S}坐标系，其原点固连在期望路径上，其 X_{s} 轴指向该点的切线方向，Y_{s} 轴指向该点的法线方向。

定义 $\boldsymbol{Q} = [\xi, \eta]^{\mathrm{T}}$ 为虚拟领航无人艇在惯性坐标系中的位置，则其速度矢量为 $\dot{\boldsymbol{Q}} = [\dot{\xi}, \dot{\eta}]^{\mathrm{T}}$。因此，其航迹角 χ 的计算公式为

$$\chi=\arctan\left(\frac{\dot{\eta}}{\dot{\xi}}\right) \tag{3.209}$$

航迹角和偏航角之间的关系为

$$\psi=\chi-\beta \tag{3.210}$$

式中，β 为漂角，可以通过 $\beta=\arctan\left(\frac{v}{|u|}\right)$ 来计算。

因此，虚拟领航无人艇的运动学方程在{F}坐标系中可以重新表示为

$$\begin{cases}\dot{\xi}=v_t\cos\chi\\ \dot{\eta}=v_t\sin\chi\\ \dot{\chi}=r+\dot{\beta}\end{cases} \tag{3.211}$$

式中，$v_t=\sqrt{u^2+v^2}$ 为虚拟领航无人艇的合速度。

假定路径上又有一个虚拟无人艇，其位置为 $\boldsymbol{P}=[\xi_P(\mu),\eta_P(\mu)]^{\mathrm{T}}$，以速度 v_P 向前运动。虚拟领航无人艇与该虚拟无人艇的航迹角误差可以表示为

$$\psi_{\mathrm{e}}=\chi-\chi_P \tag{3.212}$$

式中，χ_P 为虚拟无人艇的航迹角。

定义虚拟领航无人艇和虚拟无人艇之间的位移矢量为 $\boldsymbol{\varepsilon}=[x_{\mathrm{e}},y_{\mathrm{e}},0]^{\mathrm{T}}$，那么它们之间的相对速度矢量为 $\frac{\mathrm{d}\boldsymbol{\varepsilon}}{\mathrm{d}\boldsymbol{t}}=[\dot{x}_{\mathrm{e}},\dot{y}_{\mathrm{e}},0]^{\mathrm{T}}$。虚拟无人艇在{S}坐标系中的角速度可以表示为

$$\boldsymbol{\omega}_P=[0,0,c(s)\dot{s}]^{\mathrm{T}}$$

式中，$c(s)$ 为路径的曲率；s 为待设计的路径参数。

虚拟领航无人艇在{S}坐标系中的运动可以描述为

$$\boldsymbol{J}(\chi_{\mathrm{e}})\boldsymbol{U}_Q=\boldsymbol{U}_P+\frac{\mathrm{d}\boldsymbol{\varepsilon}}{\mathrm{d}\boldsymbol{t}}+\boldsymbol{\omega}_P\times\boldsymbol{\varepsilon} \tag{3.213}$$

式中，$\boldsymbol{J}(\chi_{\mathrm{e}})=\begin{bmatrix}\cos\psi_{\mathrm{e}} & -\sin\psi_{\mathrm{e}} & 0\\ \sin\psi_{\mathrm{e}} & \cos\psi_{\mathrm{e}} & 0\\ 0 & 0 & 1\end{bmatrix}$ 为从{F}坐标系到{S}坐标系的转换矩阵；$\boldsymbol{U}_Q=[v_t,0,0]^{\mathrm{T}}$ 为虚拟领航无人艇在{F}坐标系中的合速度向量；$\boldsymbol{U}_P=[v_Q,0,0]^{\mathrm{T}}$ 为虚拟无人艇在{S}坐标系中的合速度向量。

因为有

$$\boldsymbol{\omega}_P\times\boldsymbol{\varepsilon}=\begin{vmatrix}\boldsymbol{i} & \boldsymbol{j} & \boldsymbol{k}\\ 0 & 0 & c(s)\dot{s}\\ x_{\mathrm{e}} & y_{\mathrm{e}} & 0\end{vmatrix}=\begin{bmatrix}-c(s)\dot{s}y_{\mathrm{e}}\\ c(s)\dot{s}x_{\mathrm{e}}\\ 0\end{bmatrix} \tag{3.214}$$

所以有

$$\begin{cases}\dot{x}_{\mathrm{e}}=v_t\cos\psi_{\mathrm{e}}+y_{\mathrm{e}}c(s)\dot{s}-v_P\\ \dot{y}_{\mathrm{e}}=v_t\sin\psi_{\mathrm{e}}-x_{\mathrm{e}}c(s)\dot{s}\end{cases} \tag{3.215}$$

又因为有

$$\dot{\psi}_e = \dot{\chi} - \dot{\chi}_P = r + \dot{\beta} - c(s)\dot{s} \tag{3.216}$$

所以虚拟领航无人艇的路径跟踪误差模型可以表示为

$$\begin{cases} \dot{x}_e = v_t \cos\psi_e + y_e c(s)\dot{s} - v_P \\ \dot{y}_e = v_t \sin\psi_e - x_e c(s)\dot{s} \\ \dot{\psi}_e = r + \dot{\beta} - c(s)\dot{s} \end{cases} \tag{3.217}$$

3.5.4 编队误差模型的建立

图 3-21 所示为领随编队控制示意图。虚拟领航无人艇的位置和偏航角可以表示为向量$[\xi_L, \eta_L, \psi_L]^T$，虚拟领航无人艇和跟随无人艇之间的距离为$\rho$，它们之间的方位角为$\lambda$，$\rho_x$和$\rho_y$是$\rho$在船体坐标系中的分量。

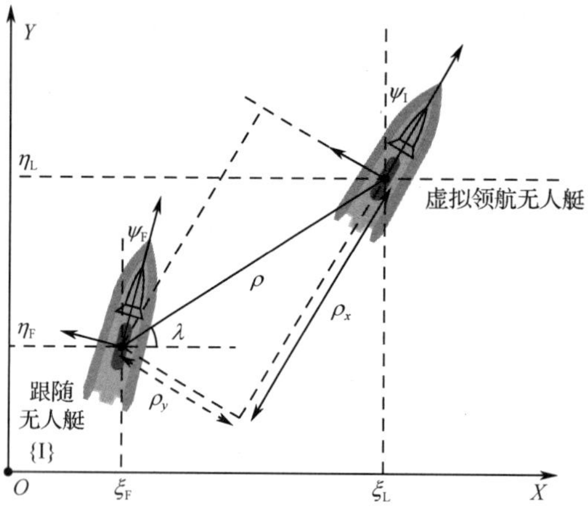

图 3-21　领随编队控制示意图

虚拟领航无人艇和跟随无人艇之间的实时队形可以表示为

$$\boldsymbol{F} = [\rho, \lambda]^T,\ \rho \in \mathbf{R} > 0,\ \lambda \in [0, \pi] \tag{3.218}$$

期望队形可以表示为

$$\boldsymbol{F}_d = [\rho_d, \lambda_d]^T,\ \rho_d \in \mathbf{R} > 0,\ \lambda_d \in [0, \pi] \tag{3.219}$$

根据几何学原理，可得

$$\begin{cases} \rho_x = (\xi_L - \xi_F)\cos\psi_L + (\eta_L - \eta_F)\sin\psi_L \\ \rho_y = -(\xi_L - \xi_F)\sin\psi_L + (\eta_L - \eta_F)\cos\psi_L \\ \rho_x^d = \rho_d \sin(\lambda_d + \psi_L) \\ \rho_y^d = \rho_d \cos(\lambda_d + \psi_L) \end{cases} \tag{3.220}$$

式中，ρ_x^d和ρ_y^d为ρ_d在船体坐标系中的分量。

根据式（3.220），可得

$$\begin{cases}\dot{\rho}_x = u_{\mathrm{L}} - u_{\mathrm{F}}\cos\psi_{\mathrm{e}} - v_{\mathrm{F}}\sin\psi_{\mathrm{e}} + \rho_y\dot{\psi}_{\mathrm{L}} \\ \dot{\rho}_y = v_{\mathrm{L}} + u_{\mathrm{F}}\sin\psi_{\mathrm{e}} - v_{\mathrm{F}}\cos\psi_{\mathrm{e}} - \rho_x\dot{\psi}_{\mathrm{L}} \\ \dot{\psi}_{\mathrm{e}} = \dot{\psi}_{\mathrm{L}} - \dot{\psi}_{\mathrm{F}} = r_{\mathrm{L}} - r_{\mathrm{F}}\end{cases} \tag{3.221}$$

式中，$[u_*, v_*, r_*]^{\mathrm{T}}$（$*=\mathrm{L,F}$）为无人艇的速度状态矢量；$\psi_{\mathrm{e}} = \psi_{\mathrm{L}} - \psi_{\mathrm{F}}$，$\psi_{\mathrm{e}} \in \left(-\dfrac{\pi}{2}, \dfrac{\pi}{2}\right)$为虚拟领航无人艇和跟随无人艇的偏航角之间的差值。一旦ψ_{e}变为 0，它们之间的偏航角就相同。

定义距离误差为

$$\begin{cases}\sigma_x = \rho_x - \rho_x^{\mathrm{d}} \\ \sigma_y = \rho_y - \rho_y^{\mathrm{d}}\end{cases} \tag{3.222}$$

对式（3.222）求导，并结合$\dot{\psi}_{\mathrm{e}}$，可以得到编队误差模型，即

$$\begin{cases}\dot{\sigma}_x = u_{\mathrm{L}} - u_{\mathrm{F}}\cos\psi_{\mathrm{e}} - v_{\mathrm{F}}\sin\psi_{\mathrm{e}} + \rho_y\dot{\psi}_{\mathrm{L}} - \dot{\rho}_x^{\mathrm{d}} \\ \dot{\sigma}_y = v_{\mathrm{L}} + u_{\mathrm{F}}\sin\psi_{\mathrm{e}} - v_{\mathrm{F}}\cos\psi_{\mathrm{e}} - \rho_x\dot{\psi}_{\mathrm{L}} - \dot{\rho}_y^{\mathrm{d}} \\ \dot{\psi}_{\mathrm{e}} = r_{\mathrm{L}} - r_{\mathrm{F}}\end{cases} \tag{3.223}$$

因此，控制目标可以表述为如下两点。

（1）对于虚拟领航无人艇，其运动轨迹需要收敛到期望路径P_{d}，并且前向运动速度为期望值u_{d}。

（2）虚拟领航无人艇和跟随无人艇需要保持期望队形，它们之间的距离、方位角需要收敛到期望值ρ_{d}和λ_{d}。也就是说，需要保证式（3.224）成立：

$$\begin{aligned}\lim_{t\to\infty}\sigma_x = \left\|\rho_x - \rho_x^{\mathrm{d}}\right\| = 0 \\ \lim_{t\to\infty}\sigma_y = \left\|\rho_y - \rho_y^{\mathrm{d}}\right\| = 0\end{aligned} \tag{3.224}$$

3.5.5　虚拟领航无人艇控制器的设计

为了实现第一个控制目标，使虚拟领航无人艇沿着期望路径运动，定义如下 Lyapunov 函数：

$$V_1 = \frac{1}{2}x_{\mathrm{e}}^2 + \frac{1}{2}y_{\mathrm{e}}^2 \tag{3.225}$$

对式（3.225）求导，可得

$$\begin{aligned}\dot{V}_1 &= x_{\mathrm{e}}\dot{x}_{\mathrm{e}} + y_{\mathrm{e}}\dot{y}_{\mathrm{e}} \\ &= x_{\mathrm{e}}(v_t\cos\psi_{\mathrm{e}} + y_{\mathrm{e}}c(s)\dot{s} - v_P) + y_{\mathrm{e}}(v_t\sin\psi_{\mathrm{e}} - x_{\mathrm{e}}c(s)\dot{s}) \\ &= x_{\mathrm{e}}(v_t\cos\psi_{\mathrm{e}} - v_P) + y_{\mathrm{e}}v_t\sin\psi_{\mathrm{e}}\end{aligned} \tag{3.226}$$

可以将v_P设计为

$$v_P = \dot{s} = k_1 x_{\mathrm{e}} + v_t\cos\psi_{\mathrm{e}} \tag{3.227}$$

式中，k_1为正数。

将式（3.227）代入式（3.226），可得

$$\dot{V}_1 = -k_1 x_e^2 + y_e v_t \sin\psi_e \tag{3.228}$$

为了稳定偏航角跟踪误差，定义新的 Lyapunov 函数：

$$V_2 = V_1 + \frac{1}{2}\psi_e^2 \tag{3.229}$$

对式（3.229）求导，可得

$$\begin{aligned}\dot{V}_2 &= \dot{V}_1 + \psi_e \dot{\psi}_e \\ &= -k_1 x_e^2 + y_e v_t \sin\psi_e + \psi_e (r + \dot{\beta} - c(s)\dot{s}) \\ &= -k_1 x_e^2 + \psi_e \left(r + \dot{\beta} - c(s)\dot{s} + y_e v_t \frac{\sin\psi_e}{\psi_e} \right)\end{aligned} \tag{3.230}$$

可以将期望偏航角速度设计为

$$r_d = -(\dot{\beta} - c(s)\dot{s} + y_e v_t + k_2 \psi_e) \tag{3.231}$$

将式（3.331）代入式（3.230），可得

$$\dot{V}_2 = -k_1 x_e^2 - k_2 \psi_e^2 + \psi_e y_e v_t \left(\frac{\sin\psi_e}{\psi_e} - 1 \right) \tag{3.232}$$

对 $\psi_e = [-\pi, \pi]$，有 $0 < \dfrac{\sin\psi_e}{\psi_e} \leqslant 1$，根据右手螺旋定则，$\psi_e$ 和 y_e 同号，则 $\dot{V}_2 \leqslant 0$，即虚拟领航无人艇的偏航角速度按照 r_d 变化，其运动轨迹便可收敛到期望路径。

我们希望编队以期望前向速度 u_d 沿着期望路径运动，只需要保证虚拟领航无人艇以速度 u_d 沿期望路径运动即可。假设虚拟领航无人艇和跟随无人艇有着相同的动力学模型，那么 PID 控制器可以设计为

$$\begin{aligned}\tau_u &= k_P^u u_e + k_I^u \int_0^t u_e(t) dt + k_D^u \frac{du_e(t)}{dt} \\ \tau_r &= k_P^r r_e + k_I^r \int_0^t r_e(t) dt + k_D^r \frac{dr_e(t)}{dt}\end{aligned} \tag{3.233}$$

式中，k_P^*, k_I^*, k_D^*（$* = u, r$）为控制器参数，都为正数；$u_e = u - u_d$ 为虚拟领航无人艇的速度跟踪误差；$r_e = r - r_d$ 为虚拟领航无人艇的偏航角速度跟踪误差。

3.5.6 跟随无人艇控制器的设计

3.5.5 节介绍了虚拟领航无人艇控制器的设计，当虚拟领航无人艇的实时位置已知后，就可以根据队形要求及建立好的编队误差模型设计跟随无人艇的控制器。

定义如下转换矩阵：

$$\boldsymbol{J} = \begin{bmatrix} \cos\psi_e & -\sin\psi_e \\ \sin\psi_e & \cos\psi_e \end{bmatrix} \tag{3.234}$$

则虚拟领航无人艇和跟随无人艇之间的距离跟踪误差可以表示为

$$\boldsymbol{\varepsilon} = \begin{bmatrix} \varepsilon_x \\ \varepsilon_y \end{bmatrix} = \boldsymbol{J} \begin{bmatrix} \sigma_x \\ \sigma_y \end{bmatrix} \tag{3.235}$$

对式（3.235）求导，可得

$$\begin{cases}\dot{\varepsilon}_x = u_{\mathrm{F}} - \zeta_1\cos\psi_{\mathrm{e}} + \zeta_2\sin\psi_{\mathrm{e}} + \varepsilon_y r_{\mathrm{F}} \\ \dot{\varepsilon}_y = v_{\mathrm{F}} - \zeta_1\sin\psi_{\mathrm{e}} - \zeta_2\sin\psi_{\mathrm{e}} - \varepsilon_x r_{\mathrm{F}}\end{cases} \tag{3.236}$$

式中，$\zeta_1 = u_{\mathrm{L}} + p_y^{\mathrm{d}}\dot{\psi}_{\mathrm{L}} - \dot{p}_x^{\mathrm{d}}$；$\zeta_2 = v_{\mathrm{L}} + p_x^{\mathrm{d}}\dot{\psi}_{\mathrm{L}} - \dot{p}_y^{\mathrm{d}}$。

考虑如下 Lyapunov 函数：

$$V_3 = \frac{1}{2}\boldsymbol{\varepsilon}^{\mathrm{T}}\boldsymbol{\varepsilon} \tag{3.237}$$

对式（3.237）求导，可得

$$\begin{aligned}\dot{V}_3 &= \boldsymbol{\varepsilon}^{\mathrm{T}}\dot{\boldsymbol{\varepsilon}} \\ &= \varepsilon_x\dot{\varepsilon}_x + \varepsilon_y\dot{\varepsilon}_y \\ &= \varepsilon_x(u_{\mathrm{F}} - \zeta_1\cos\psi_{\mathrm{e}} + \zeta_2\sin\psi_{\mathrm{e}} + \varepsilon_y r_{\mathrm{F}}) + \varepsilon_y(v_{\mathrm{F}} - \zeta_1\sin\psi_{\mathrm{e}} - \zeta_2\sin\psi_{\mathrm{e}} - \varepsilon_x r_{\mathrm{F}})\end{aligned} \tag{3.238}$$

可以将跟随无人艇的期望速度设计为

$$\begin{aligned}u_{\mathrm{F}}^{\mathrm{d}} &= -k_x\varepsilon_x + \zeta_1\cos\psi_{\mathrm{e}} - \zeta_2\sin\psi_{\mathrm{e}} \\ v_{\mathrm{F}}^{\mathrm{d}} &= -k_y\varepsilon_y + \zeta_1\sin\psi_{\mathrm{e}} + \zeta_2\cos\psi_{\mathrm{e}}\end{aligned} \tag{3.239}$$

式中，k_x 和 k_y 都为正数。

由式（3.239）可知，如果跟随无人艇想要和虚拟领航无人艇保持一定的队形，则其前向速度和侧向速度需要满足式（3.239）。然而由于欠驱动性，无人艇的侧向速度无法直接控制。为了解决这个问题，考虑如下 Lyapunov 函数：

$$V_4 = \frac{1}{2}v_{\mathrm{Fe}}^2 + k_3(1-\cos\psi_{\mathrm{e}}) \tag{3.240}$$

式中，$v_{\mathrm{Fe}} = v_{\mathrm{F}} - v_{\mathrm{F}}^{\mathrm{d}}$。

对式（3.240）求导，可得

$$\begin{aligned}\dot{V}_4 &= v_{\mathrm{Fe}}\dot{v}_{\mathrm{Fe}} \\ &= v_{\mathrm{Fe}}\left(-\frac{m_{11}}{m_{22}}v_{\mathrm{F}}r_{\mathrm{F}} - \frac{d_{22}}{m_{22}}v_{\mathrm{F}} - \dot{v}_{\mathrm{F}}^{\mathrm{d}}\right) + k_3\sin\psi_{\mathrm{e}}\dot{\psi}_{\mathrm{e}} \\ &= v_{\mathrm{Fe}}\left[\left(\frac{m_{11}}{m_{22}}-1\right)(\zeta_2\sin\psi_{\mathrm{e}} - \zeta_1\cos\psi_{\mathrm{e}})r_{\mathrm{F}} + (\zeta_2\sin\psi_{\mathrm{e}} - \zeta_1\cos\psi_{\mathrm{e}})r_{\mathrm{L}} - \right. \\ &\quad \left. \dot{\zeta}_1\sin\psi_{\mathrm{e}} - \dot{\zeta}_2\cos\psi_{\mathrm{e}} - \frac{d_{22}}{m_{22}}(\zeta_1\sin\psi_{\mathrm{e}} + \zeta_2\cos\psi_{\mathrm{e}})\right] + k_3\sin\psi_{\mathrm{e}}\dot{\psi}_{\mathrm{e}} \\ &= v_{\mathrm{Fe}}\left[\left(\frac{m_{11}}{m_{22}}-1\right)\lambda_1 r_{\mathrm{F}} + \lambda_1 r_{\mathrm{L}} - \dot{\zeta}_1\sin\psi_{\mathrm{e}} - \dot{\zeta}_2\cos\psi_{\mathrm{e}} - \frac{d_{22}}{m_{22}}\lambda_2\right] + k_3\sin\psi_{\mathrm{e}}(r_{\mathrm{L}} - r_{\mathrm{F}})\end{aligned} \tag{3.241}$$

式中，$\lambda_1 = \zeta_2\sin\psi_{\mathrm{e}} - \zeta_1\cos\psi_{\mathrm{e}}$；$\lambda_2 = \sin\psi_{\mathrm{e}} + \zeta_2\cos\psi_{\mathrm{e}}$；$k_3 > 0$。

选取如下期望偏航角速度：

$$r_{\mathrm{F}}^{\mathrm{d}} = r_{\mathrm{L}} + k_4\sin\psi_{\mathrm{e}} - k_5\left(\frac{m_{11}}{m_{22}}-1\right)v_{\mathrm{Fe}}\lambda_1 + \Theta \tag{3.242}$$

式中，$\Theta=-\mathrm{sgn}(v_{\mathrm{Fe}})\dfrac{K\left(|k_4-k_3k_5|\left|\dfrac{m_{11}}{m_{22}}-1\right|\right)+\dfrac{d_{22}}{m_{22}}}{\left|\dfrac{m_{11}}{m_{22}}-1\right|K+k_3}$，$k_4>0$，$k_5>0$，$K=\sqrt{\zeta_1^2+\zeta_2^2}$。

将式（3.242）代入式（3.241），可得

$$\dot{V}_4\leqslant -k_5\left(\frac{m_{11}}{m_{22}}-1\right)^2\lambda_1^2 v_{\mathrm{Fe}}^2-k_3k_4\sin\psi_{\mathrm{e}}^2+\delta \tag{3.243}$$

式中，δ 为确定的正数。

因此，在期望偏航角速度 $r_{\mathrm{F}}^{\mathrm{d}}$ 作用下，系统全局一致最终有界稳定。也就是说，尽管无人艇的侧向运动无法直接控制，我们仍然能够通过无人艇的偏航角速度来驱使无人艇的侧向速度 v_{F} 收敛到期望速度 $v_{\mathrm{F}}^{\mathrm{d}}$。

结合跟随无人艇的期望前向航速 $u_{\mathrm{F}}^{\mathrm{d}}$，PID 控制器可以设计为

$$\begin{aligned}\tau_u&=k_{\mathrm{FP}}^{u}u_{\mathrm{Fe}}+k_{\mathrm{FI}}^{u}\int_0^t u_{\mathrm{Fe}}(t)\mathrm{d}t+k_{\mathrm{FD}}^{u}\frac{\mathrm{d}u_{\mathrm{Fe}}(t)}{\mathrm{d}t}\\ \tau_r&=k_{\mathrm{FP}}^{r}r_{\mathrm{Fe}}+k_{\mathrm{FI}}^{r}\int_0^t r_{\mathrm{Fe}}(t)\mathrm{d}t+k_{\mathrm{FD}}^{r}\frac{\mathrm{d}r_{\mathrm{Fe}}(t)}{\mathrm{d}t}\end{aligned} \tag{3.244}$$

式中，$k_{\mathrm{FP}}^{*},k_{\mathrm{FI}}^{*},k_{\mathrm{FD}}^{*}$（$*=u,r$）为控制器参数，都为正数；$u_{\mathrm{Fe}}=u_{\mathrm{F}}-u_{\mathrm{F}}^{\mathrm{d}}$ 为虚拟领航无人艇的速度跟踪误差；$r_{\mathrm{Fe}}=r_{\mathrm{F}}-r_{\mathrm{F}}^{\mathrm{d}}$ 为虚拟领航无人艇的偏航角速度跟踪误差。

至此，无人艇编队控制器设计全部完成。

3.5.7 仿真实验

3.5.7.1 单个无人艇的控制效果

单个无人艇的有效控制是实现无人艇编队作业的基础。为了验证制导律模块的有效性及 PID 控制器对无人艇的控制效果，本节只对单个无人艇的路径跟踪控制效果进行评价。

由于本书中提出的无人艇编队控制框架是在单个无人艇的运动控制基础上发展而来的，因此其除了可以应用于无人艇编队控制，还可以应用于单个无人艇的路径跟踪控制。从本质上来说，虚拟领航无人艇的控制器即可应用于单个无人艇的路径跟踪控制。

本节的无人艇模型参数如下：$m=239\mathrm{kg}$，$I_z=12\,800\mathrm{kgm}^2$，$X_{\dot{u}}=-4.235\mathrm{kg}$，$X_u=-100\mathrm{kgm}^{-1}$，$Y_{\dot{v}}=-21.668\mathrm{kg}$，$Y_v=-200\mathrm{kgm}^{-1}$，$N_{\dot{r}}=-3.423\mathrm{kgm}^2$，$N_r=-150\mathrm{kgm}^{-1}$。控制器参数如下：$k_1=0.1$，$k_2=v_t+0.01$，$k_{\mathrm{P}}^{u}=50$，$k_{\mathrm{I}}^{u}=10$，$k_{\mathrm{D}}^{u}=10$，$k_{\mathrm{P}}^{r}=5000$，$k_{\mathrm{I}}^{r}=100$，$k_{\mathrm{D}}^{r}=100$。

期望路径为原点在 $(0,0)$ 处、半径为 30m 的圆，其表达式为 $x_{\mathrm{d}}(\mu)=30\sin(\mu)$，$y_{\mathrm{d}}(\mu)=30\cos(\mu)$。期望的前向速度为 $u_{\mathrm{d}}=2\mathrm{m/s}$。图 3-22～图 3-24 给出了单个无人艇的

控制效果及相关信息。

图 3-22 展示的是无人艇在 $[0, 50\text{m}, \pi\text{rad}]$、$\left[-50\text{m}, 0, \frac{\pi}{2}\text{rad}\right]$、$\left[0, -50\text{m}, \frac{\pi}{2}\text{rad}\right]$ 和 $\left[50\text{m}, 0, \frac{3\pi}{4}\text{rad}\right]$ 这 4 种初始状态下的路径跟踪控制效果。从图 3-22～图 3-24 中可以看出，无人艇可以较好地跟踪期望的圆形路径。

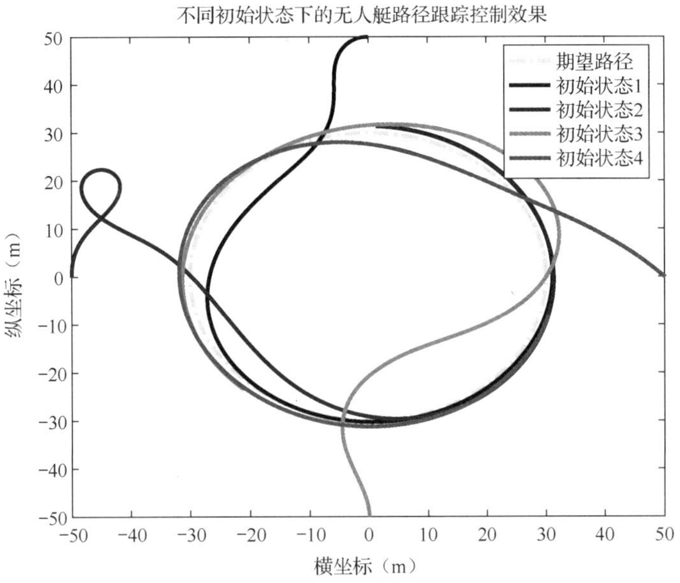

图 3-22　不同初始状态下的无人艇路径跟踪控制效果

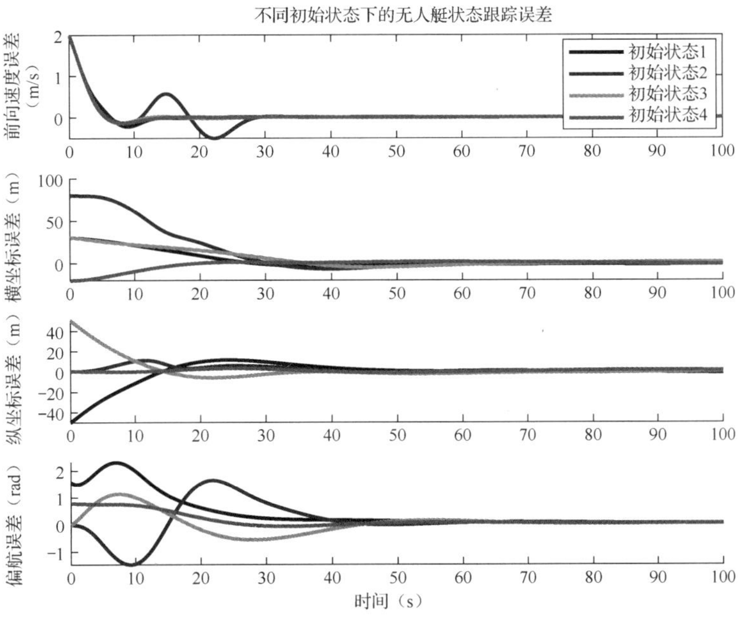

图 3-23　不同初始状态下的无人艇状态跟踪误差

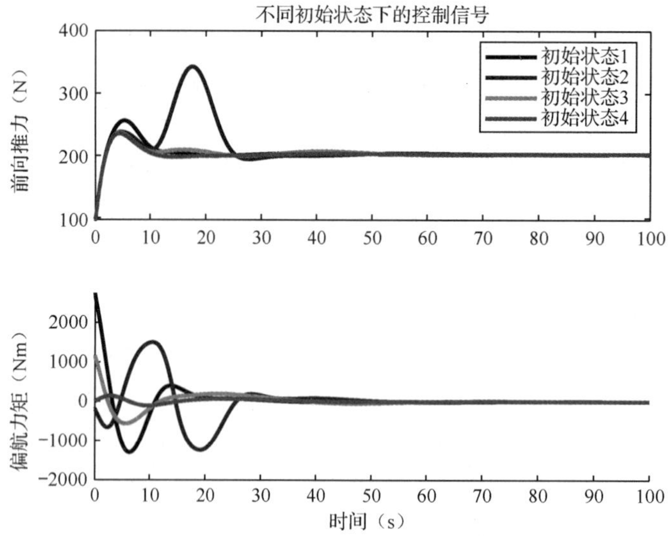

图 3-24　不同初始状态下的控制信号

由图 3-23 可知，在所设计的控制器的作用下，无人艇的前向速度误差，横、纵坐标误差，以及偏航误差均趋于 0。图 3-24 展示的是 PID 控制器在不同初始状态下的控制信号，可以看到前向推力及偏航力矩变化平滑。

3.5.7.2　无人艇编队的控制效果

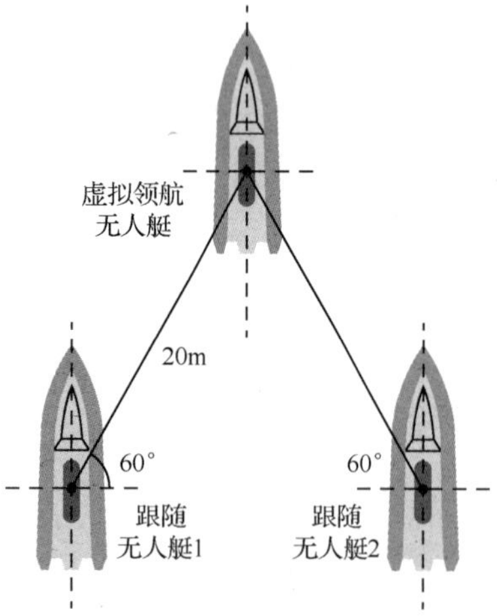

图 3-25　无人艇编队队形结构图

本节分析基于虚拟领航的无人艇编队的控制效果。设定有两个跟随无人艇，它们与虚拟领航无人艇构成一个三角形，如图 3-25 所示。整个编队以 2m/s 的速度沿着一条直线行进。假设跟随无人艇的动力学模型相同，那么跟随无人艇的 PID 控制器的参数也应当和上述参数相同。

期望直线路径的表达式为 $x_{\mathrm{d}}(\mu)=\mu$，$y_{\mathrm{d}}(\mu)=\mu$。控制器参数如下：$k_x=0.1$，$k_y=10$，$k_3=1$，$k_4=5$，$k_5=1$。虚拟领航无人艇的初始状态为 $\left[30\mathrm{m},0,\frac{\pi}{2}\mathrm{rad}\right]$，两个跟随无人艇的初始状态为 $\left[42\mathrm{m},0,\frac{\pi}{2}\mathrm{rad}\right]$ 和 $\left[-10\mathrm{m},10\mathrm{m},\frac{\pi}{4}\mathrm{rad}\right]$。

图 3-26～图 3-29 给出了无人艇编队的控制效果及相关信息。图 3-26 中标出了每隔 20s 各无人艇的位置，由图 3-26 可知，在本节方法的作用下，无人艇在经过一定时间的运动之后会逐步形成期望队形，并且整个编队会沿着期望的直线路径向前运动。由

图 3-27 可知，虚拟领航无人艇的前向运动速度最终稳定在 2m/s，这就保证了整个编队会以此期望速度向前运动。同时，两个跟随无人艇会根据情况不断地调整自身的运动状态，以维持整体队形。由图 3-28 可知，跟随无人艇和虚拟领航无人艇之间的距离会稳定在期望值 20m 左右，而方位角也稳定在 60° 左右。因此，所保持的队形符合图 3-25 的要求。图 3-29 所示为无人艇编队的控制信号，可以看到控制信号变化平滑。

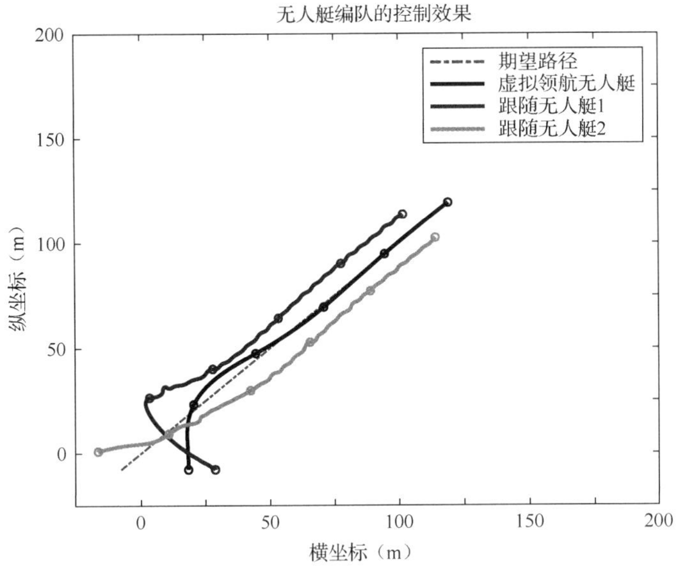

图 3-26 无人艇编队的控制效果

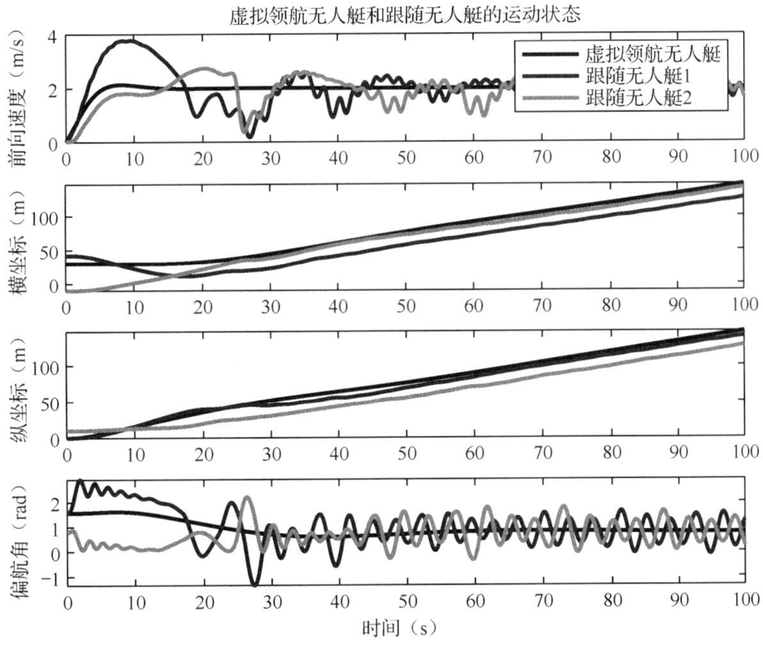

图 3-27 虚拟领航无人艇和跟随无人艇的运动状态

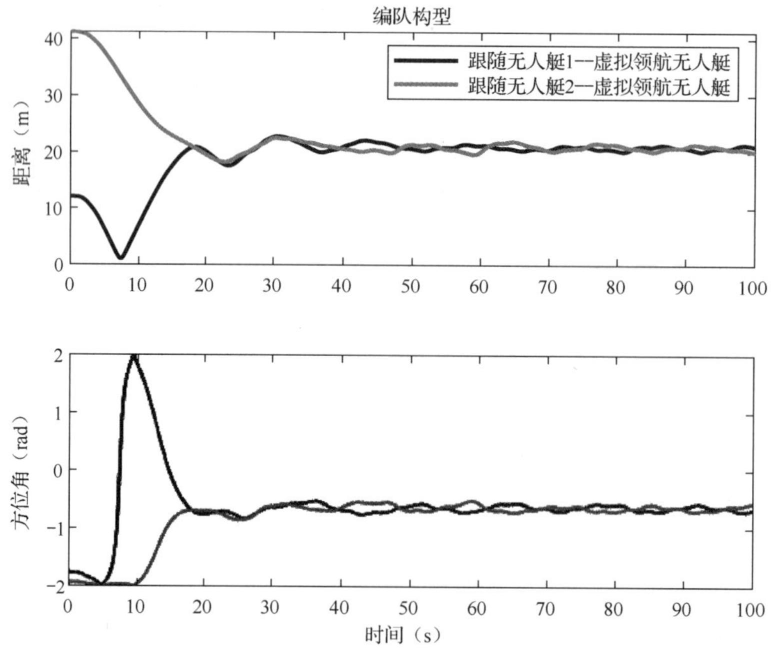

图 3-28　编队构型

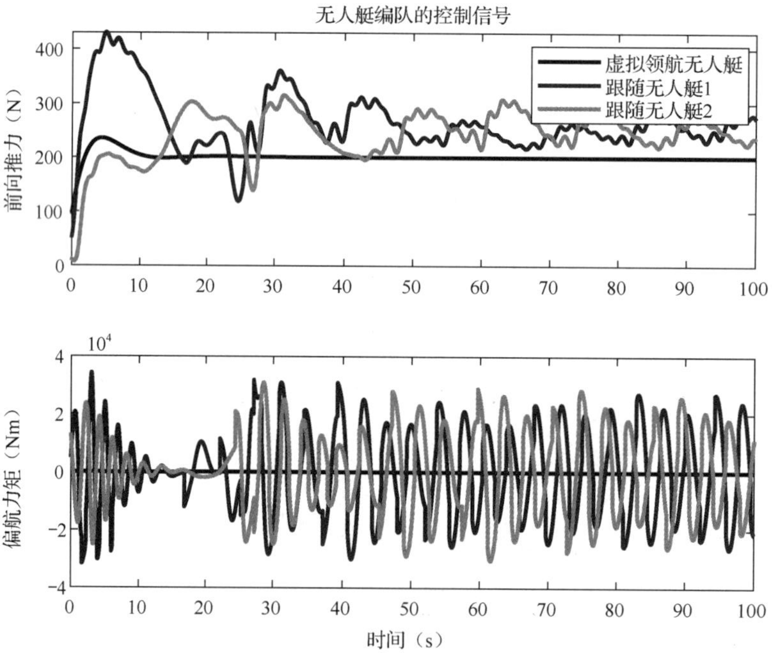

图 3-29　无人艇编队的控制信号

第 4 章　自主感知技术与环境建模

4.1　雷达感知

雷达感知是一种利用无线电波进行目标检测、位置跟踪和环境感知的技术。雷达发射器发出电磁波，电磁波在空间中传播，并被遇到的物体反射回来，这些反射信号称为回波。雷达系统通过接收回波信号，并对其进行处理、分析，就可以实现识别、追踪和定位目标的功能。

从工作原理上看，雷达感知可以分为以下几个步骤。

（1）发射：雷达发射器通过天线向外发射高频电磁波，这些电磁波穿过空气或其他介质，沿一条直线以光速传播。

（2）反射：当电磁波遇到一个物体时，一部分电磁波将被物体吸收，而另一部分电磁波则会被散射或反射，形成回波。

（3）接收：当回波经过雷达天线时，一些接收电路将它们转换为电信号。

（4）处理：雷达系统将对接收到的回波信号进行滤波、放大、解调和数字化等操作，使其满足后续的信号处理和分析要求。

（5）分析：通过分析回波携带的信息（如回波到达时间、频率和振幅等），雷达系统可以确定目标物体的距离、速度、方向等信息，从而实现识别、追踪和定位目标的功能。

雷达感知在航空航天、交通运输、军事安全、气象预报等领域具有广泛的应用。

（1）在航空航天领域，雷达被用来检测飞行器与其他空中物体的距离及其速度，以保证空中交通的安全。

（2）在交通运输领域，雷达可以用在汽车或火车上，帮助驾驶员在恶劣天气下看到前方的路况。

（3）在军事安全领域，雷达可以协助作战单位识别并锁定敌方目标，在海上也可以用雷达探测搜寻失踪的船只或搜寻打捞水下物品。

（4）在气象预报领域，雷达可以用来探测降雨情况，以及监测风速和风向等气象参数。

镭神激光雷达是我国自主研发的三维激光雷达，广泛应用于自动驾驶和智能运输等领域。该雷达采用固态激光器和固定式扫描结构，能够快速地获取环境三维点云信息，并实现高精度识别和定位。本节以镭神激光雷达为例介绍其实现过程。

镭神激光雷达的工作原理如下。

（1）激光发射：镭神激光雷达通过激光器发送可见光或红外线激光束，对目标物体表面进行扫描。

（2）光电转换：被激光束扫描到的物体表面会反射出光，镭神激光雷达通过接收器将反射回来的光信号转换成电信号。

（3）转换成点云：接收器采样并记录每个角度、距离、反射强度的信息，由此创建一个三维空间内点的集合，也就是人们所说的点云数据。

（4）处理、分析：利用计算机对点云数据进行处理、分析，从而确定引导车辆或机器人行驶的路径及障碍物的位置。

镭神激光雷达具有以下特点。

（1）高分辨率：镭神激光雷达可实现高密度点云数据采集，能够捕获更详细、更准确的环境数据，有效提升了感知能力。

（2）长距离：镭神激光雷达采用固态激光器，可实现长距离扫描和定位。

（3）稳定性强：镭神激光雷达具有高抗振性和防水、防尘等功能，可适应恶劣的外部环境。

总之，镭神激光雷达是我国自主研发的一种具有高分辨率、长距离、稳定性强等特点的激光雷达，广泛应用于自动驾驶和智能运输等领域，推动着智能化交通的发展。

4.1.1 Gazebo 仿真环境的搭建

利用 GitHub 上提供的源代码搭建 Gazebo 仿真环境，在 Gazebo 仿真环境下对工业单目相机与镭神激光雷达进行联合标定，具体操作步骤如下。

在终端输入以下命令，下载搭建 Gazebo 仿真环境的源代码 velo2cam_Gazebo-master：

```
git clone https://github.com/beltransen/velo2cam_Gazebo.git
```

下载完成之后，先完成前期 Gazebo 模型及其余依赖项的部署。如果你使用的是 ubuntu18.04，则需要更新/velo2cam_Gazebo-master/Gazebo_plugins 中的全部内容：先在 https://bitbucket.org/DataspeedInc/velodyne_simulator/src/master/中下载所有的文件，然后替换/velo2cam_Gazebo-master/Gazebo_plugins 中的所有原有文件。

由于源代码中/Gazebo_models根目录下的 Gazebo 模型缺失了很多，因此还需要在 https://github.com/osrf/Gazebo_models中下载全部模型，并把它们全部放到.Gazebo/models 中。注意，这里的.Gazebo/文件夹是在安装 ros 时就已生成的文件夹，如果未显示该文件夹，则在所在目录（一般为 home 目录）下按 Ctrl+T 组合键就能显示该文件夹。除此之外，还需要将源代码中/Gazebo_models原有的模型也移到.Gazebo/models 中。这里在 launch 文件中 gui 是 false，需要将其改为 true 才会自动打开 Gazebo。

此时前期 Gazebo 模型及其余依赖项的部署工作就完成了，接下来下载工业单目相机与镭神激光雷达联合标定的源代码 velo2cam_calibration-master，在终端输入以下命令：

```
git clone https://github.com/beltransen/velo2cam_calibration.git
```

将下载好的 velo2cam_Gazebo-master 和 velo2cam_calibration-master 都放到自创的 catkin_ws/src/根目录下，接着在 catkin_ws/src/根目录下打开终端，先输入 catkin_init_workspace 并按回车键，生成 CMakeLists 文件，再输入 catkin_create_pkg beginner_tutorials 并按回车键，生成 beginner_tutorials，这样就初始化好了编译环境。接下来返回上一级根目录 src/，在终端输入 catkin_make 并按回车键，开始编译源代码。

编译过程没有报错，在 catkin_ws/中会生成 build/和 devel/两个文件夹，说明编译成功，此时即可搭建 Gazebo 仿真环境。图 4-1 所示为用于标定的 Gazebo 仿真环境。

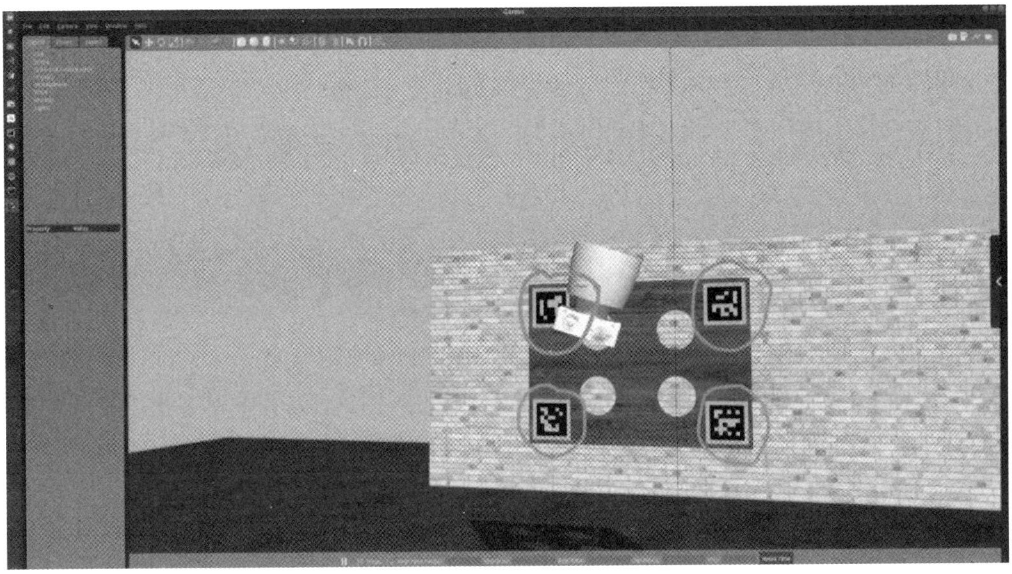

图 4-1　用于标定的 Gazebo 仿真环境

接下来仍在 catkin_ws/根目录下打开新的终端，输入 source devel/setup.bash 并按回车键，这一步的作用是确保之后所有的 ros 命令都可正常执行。在终端继续输入以下命令即可搭建 Gazebo 仿真环境：

```
roslaunch velo2cam_Gazebo mono_hdl64_p1_real.launch
```

在运行过程中，Gazebo 会自动出现，如图 4-1 所示。

注意，图 4-1 中圈住的 4 个类似于二维码的图标一定要存在，这是 4 个 Arpiltag，并且其样式是不能更换的，因为在程序里面相机需要检测 4 个样式，其位置也必须和图 4-1 中的位置对应，目的是识别图 4-1 中的 4 个圆孔中心。

完成上一步后，不要终止运行，另外打开一个终端，输入 rosbag record-a，开始录制.bag 文件。建议录制的时间在 4min 左右，这样就有充足的时间完成之后的工业单目相机与镭神激光雷达的联合标定。当需要停止录制时按 Ctrl+C 组合键即可。生成的 rosbag 文件将出现在 home 目录下，其一般有形如 2022-07-10-15-35-49.bag 的名称。至此，Gazebo 仿真环境搭建完毕。

4.1.2 镭神激光雷达驱动安装与启动

（1）创建 lslidar32 工作空间，执行以下命令：

```
mkdir -p ~/lslidar_ws/src
```

（2）镭神 lslidar32 驱动安装。将厂家提供的镭神激光雷达 lslidar32 驱动源代码放在 /lslidar_ws/src 目录下。

（3）编译 lslidar32 驱动：

```
cd ../
catkin_make    #执行 catkin_make 编译
```

编译过程没有报错，lslidar32 驱动安装完成。lslidar32 驱动的编译空间如图 4-2 所示。

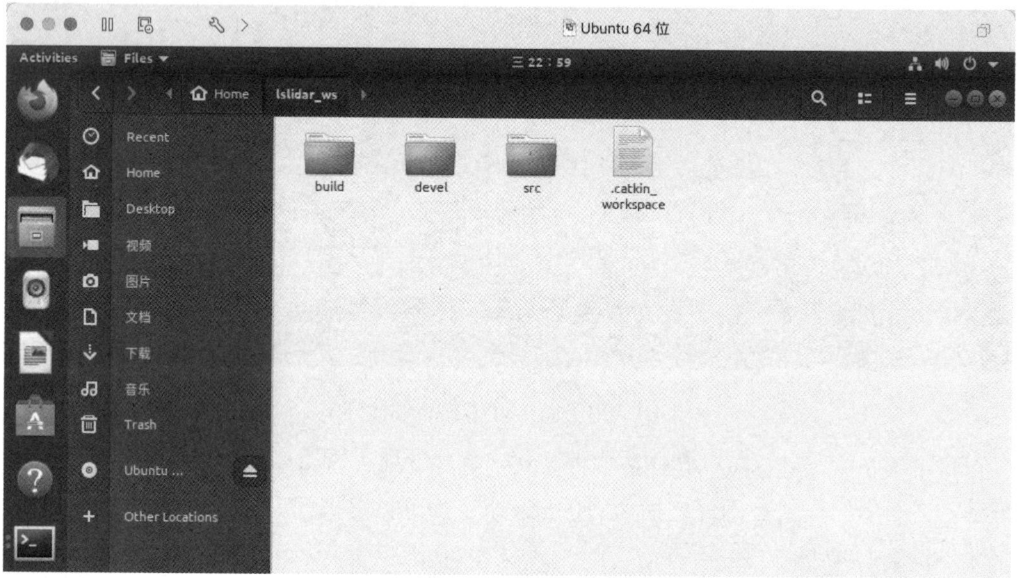

图 4-2 lslidar32 驱动的编译空间

（4）配置连接镭神激光雷达 lslidar32 主机的网络 IP。

如果使用虚拟机，则在插入镭神激光雷达的网线后，在 Network 中会显示两个网口，此时单击 USB Ethernet 网口的设置按钮，配置镭神激光雷达的网络，将 IPv4 Method 修改为 Manual（手动），下方的 IP 地址设为 192.168.1.102，子网掩码设为 255.255.255.0。

如果使用 ubuntu18.04 双系统，则在插入镭神激光雷达的网线后，在 Network 中会显示一个网口，此时单击 Wired 网口的设置按钮，即可配置镭神激光雷达的网络。

网口的设置按钮如图 4-3 所示，网络配置页面如图 4-4 所示。

图 4-3　网口的设置按钮

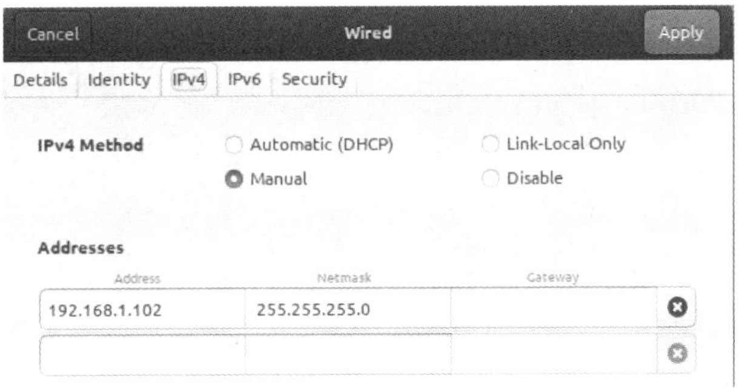

图 4-4　网络配置页面

镭神激光雷达的网络配置完成后，需要重启虚拟机（或双系统）方能生效。重启虚拟机（或双系统）后，进入 Network 的对应网口查看镭神激光雷达的网络配置是否成功，如图 4-5 所示。

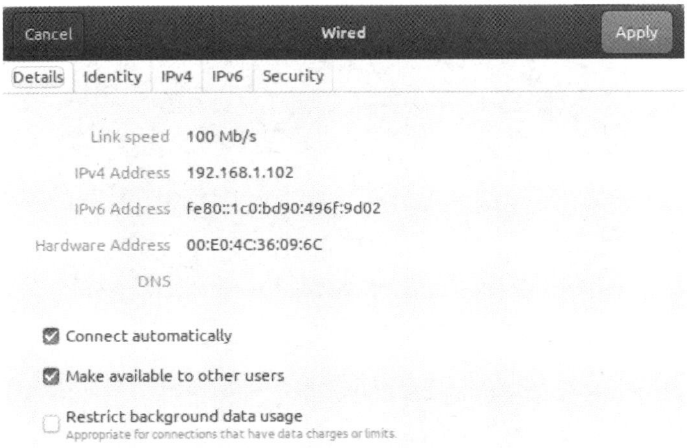

图 4-5　镭神激光雷达的网络配置成功

打开终端，输入 ifconfig 命令，可以看到第二个 enx00e04c36096c 的 IP 地址已经成功修改为 192.168.1.102，enx00e04c36096c 为有线网络设备（镭神激光雷达）名，如图 4-6 所示。

```
lmk@lmk-virtual-machine:~$ ifconfig
ens33: flags=4163<UP,BROADCAST,RUNNING,MULTICAST>  mtu 1500
        inet 172.16.168.141  netmask 255.255.255.0  broadcast 172.16.168.255
        inet6 fe80::d28b:b3d8:283c:339d  prefixlen 64  scopeid 0x20<link>
        ether 00:0c:29:be:d6:1c  txqueuelen 1000  (Ethernet)
        RX packets 1669  bytes 1025377 (1.0 MB)
        RX errors 0  dropped 0  overruns 0  frame 0
        TX packets 10078  bytes 656025 (656.0 KB)
        TX errors 0  dropped 0 overruns 0  carrier 0  collisions 0

enx00e04c36096c: flags=4163<UP,BROADCAST,RUNNING,MULTICAST>  mtu 1500
        inet 192.168.1.102  netmask 255.255.255.0  broadcast 192.168.1.255
        inet6 fe80::1c0:bd90:496f:9d02  prefixlen 64  scopeid 0x20<link>
        ether 00:e0:4c:36:09:6c  txqueuelen 1000  (Ethernet)
        RX packets 19858604  bytes 24505179944 (24.5 GB)
        RX errors 0  dropped 0  overruns 0  frame 0
        TX packets 19409  bytes 6265323 (6.2 MB)
        TX errors 0  dropped 0 overruns 0  carrier 0  collisions 0

lo: flags=73<UP,LOOPBACK,RUNNING>  mtu 65536
        inet 127.0.0.1  netmask 255.0.0.0
        inet6 ::1  prefixlen 128  scopeid 0x10<host>
        loop  txqueuelen 1000  (Local Loopback)
        RX packets 5384160  bytes 254449315299 (254.4 GB)
        RX errors 0  dropped 0  overruns 0  frame 0
        TX packets 5384160  bytes 254449315299 (254.4 GB)
        TX errors 0  dropped 0 overruns 0  carrier 0  collisions 0

lmk@lmk-virtual-machine:~$
```

图 4-6　查看镭神激光雷达的 IP 地址

lslidar_c32 的 IP 地址默认为 192.168.1.200。使用 ping 命令检查能否与镭神激光雷达成功通信，如图 4-7 所示。

```
lmk@lmk-virtual-machine:~$ ping 192.168.1.200
PING 192.168.1.200 (192.168.1.200) 56(84) bytes of data.
64 bytes from 192.168.1.200: icmp_seq=1 ttl=128 time=1.00 ms
64 bytes from 192.168.1.200: icmp_seq=2 ttl=128 time=0.944 ms
64 bytes from 192.168.1.200: icmp_seq=3 ttl=128 time=0.719 ms
64 bytes from 192.168.1.200: icmp_seq=4 ttl=128 time=0.592 ms
64 bytes from 192.168.1.200: icmp_seq=5 ttl=128 time=1.15 ms
64 bytes from 192.168.1.200: icmp_seq=6 ttl=128 time=0.903 ms

lmk@lmk-virtual-machine:~$ ping 192.168.1.102
PING 192.168.1.102 (192.168.1.102) 56(84) bytes of data.
64 bytes from 192.168.1.102: icmp_seq=1 ttl=64 time=0.042 ms
64 bytes from 192.168.1.102: icmp_seq=2 ttl=64 time=0.028 ms
64 bytes from 192.168.1.102: icmp_seq=3 ttl=64 time=0.099 ms
64 bytes from 192.168.1.102: icmp_seq=4 ttl=64 time=0.084 ms
64 bytes from 192.168.1.102: icmp_seq=5 ttl=64 time=0.036 ms
64 bytes from 192.168.1.102: icmp_seq=6 ttl=64 time=0.023 ms
```

图 4-7　检查能否与镭神激光雷达成功通信

输入 sudo tcpdump -n -i enx00e04c36096c 命令，如果最后为 1206B，则表示镭神激光雷达数据发送成功，终端输出如图 4-8 所示。

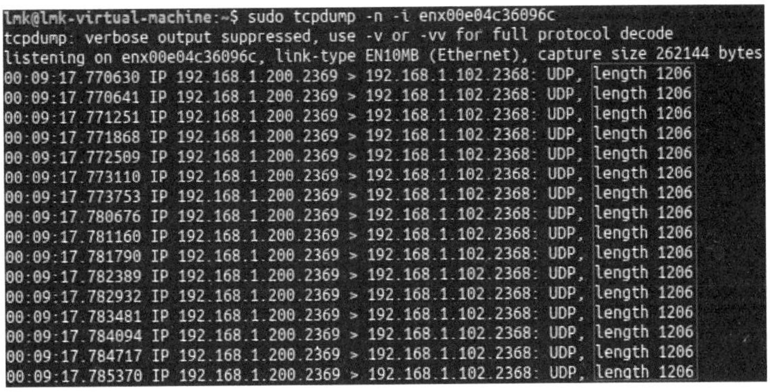

图 4-8 镭神激光雷达数据发送成功

（5）启动镭神激光雷达。

首先，执行以下命令，使上述 catkin_make 编译后生成的 devel 中的 setup.bash 文件生效：

```
source devel/setup.bash
```

其次，使用 roslaunch 命令启动镭神激光雷达：

```
roslaunch lslidar_driver lslidar_c32.launch
```

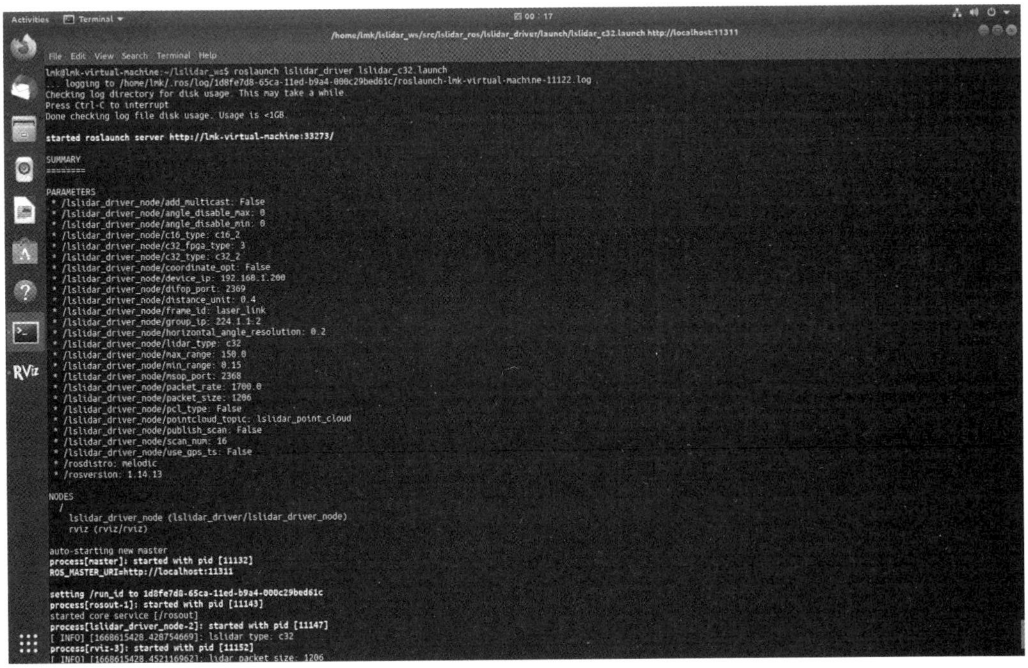

图 4-9 使用 roslaunch 命令启动镭神激光雷达

此时会直接弹出 rviz 软件，显示镭神激光雷达的点云图。注意，图 4-10 中两个框内的信息分别为镭神激光雷达的名称及点云 Topic，这是非常重要的信息，将在后续的工业单目相机与镭神激光雷达联合标定时使用。

图 4-10　rviz 软件显示镭神激光雷达的点云图

至此，镭神激光雷达安装及启动完成。

4.2　光学目标感知

光学目标感知是指利用光学传感器对目标进行识别、跟踪和定位等的技术。它通过采集可见光波段内的光线，对反射或辐射出光的物体进行探测、处理与分析，从而实现对目标的感知和判别。

光学目标感知的主要应用领域包括军事、监控、自动驾驶和消费电子等。下面从不同的应用领域来介绍一下光学目标感知。

（1）在军事领域，光学目标感知经常被用于远程监视、目标追踪、火力控制和情报收集等作战任务。例如，红外夜视设备可以用来侦察目标热像，激光测距仪可以用来精确计算敌人的位置，武装直升机和无人机可以使用高分辨率摄像头和热成像仪来进行视觉监视及目标打击。

（2）在监控领域，光学目标感知广泛应用在视频监控系统中，用于监控公共场所、交通枢纽、电力设施和工业生产线等。摄像头和图像传感器可以捕获任意角度的光学图像，并对该图像进行处理以检测和识别人员、车辆或其他物体。

（3）在自动驾驶领域，光学感知器件可用于跟踪交通路线、行人、车辆和障碍物等，其主要应用包括环视摄像头、激光雷达、毫米波雷达、超声波传感器等，这些设备能够更全面地感知环境，提高车辆的安全性和稳定性。

（4）在消费电子领域，光学目标感知常用在智能手机、平板电脑和笔记本电脑等产品中。例如，利用智能手机前置摄像头感知人脸进行面部识别，利用智能手机后置摄像头拍照和录制视频。此外，激光对焦技术还被用于提高摄像头成像质量，以及实现更快的自动对焦速度。

总之，光学目标感知是一种非常重要的感知技术，它为各个领域的应用提供了强大的技术支持。

在光学目标感知领域中，常用的工具包括以下几种。

（1）相机：相机是最基本的光学传感器之一。它通过光学镜头和图像传感器将可见光转换成电子图像信号，以实现目标物体的感知、识别和跟踪等功能。根据不同的应用，相机可以分为单目相机、球形全景相机、单反相机、网络摄像头、热成像相机等。

（2）雷达：雷达是一种常用的目标感知与定位工具。它利用高频电磁波进行扫描和探测，依据回波数据计算出目标物体的距离、速度、方向等信息，从而实现目标检测与跟踪。雷达通常被用于复杂环境的远距离探测和定位。

（3）光学仪器：在许多工业和科学领域，常使用大型光学仪器来实现对目标的观测、成像和分析。这些光学仪器包括望远镜、显微镜、光谱仪、干涉仪等，其多用于天文、医学、物理、化学或半导体制造等领域。

（4）激光雷达：激光雷达是一种用激光束来快速扫描周围环境的传感器。它可以实现高精度三维建模和测距，广泛应用于自动驾驶、机器人导航等领域。

（5）夜视仪：夜视仪是一种能够增强低亮度环境下物体视觉的设备。它通过分析环境中反射回来的热像或红外波段辐射，实现在黑暗中进行物体识别、跟踪和定位。

总之，以上列举的工具都有自己的特点和用途，在光学目标感知过程中各自发挥着重要的作用。

单目相机是一种使用一个摄像头的视觉传感器，可以用于近距离或中等距离物体的感知和测距。它普遍应用于无人驾驶、机器人控制、增强现实等领域。

单目相机的工作原理和理论基础如下。

（1）捕获图像数据：单目相机的光学镜头通过对光线的聚焦将环境中的可见光转换成数字图像信号，存储在图像传感器中，并将其传输到计算机中进行处理。这些图像数据包括每个点的亮度值和位置信息。

（2）特征提取和匹配：单目相机利用计算机视觉算法提取特征，并将它们与现有的模板或数据库进行匹配。常用的特征包括边缘、角点、二元组等。

（3）三维重建：通过单目相机捕获并分析多个二维影像，通常可以恢复出目标物体的三维空间结构，即可以实现三维重建。这需要同时考虑目标距离、图像尺度、摄像头参数、环境光照等因素，以求得尽可能精确的物体深度信息。

（4）单目测距：单目相机可以根据物体在不同图像中的表现和对应关系计算出物体之间的距离。通过求解深度映射或视差，可以获得目标物体到单目相机的距离信息。基于此，用户可以进行目标定位、障碍物检测、距离测量等操作，以实现自动驾驶、三维建模等功能。

总之，单目相机是一种通用、灵活、成本低廉的视觉传感器，适用于多种室内和室外应用场景。使用单目相机进行三维重建和单目测距需要对图像处理及计算机视觉技术有一定了解，同时需要注意杂音、畸变、光照变化等因素的影响。

工业单目相机是一种特殊用途的单目相机，主要应用于工业自动化、机器人、视觉检测等领域。与普通的单目相机不同，工业单目相机的光学镜头和图像传感器经过优化与标定，可以实现更高的图像质量和精度。

工业单目相机的工作原理和理论基础如下。

（1）锥形透镜：工业单目相机通常使用锥形透镜，锥形透镜具有厚薄不均匀且非球面的形态，可以有效减小畸变并增加景深，同时可以保证光学分辨率。

（2）标定技术：工业单目相机需要进行内部和外部标定，以确定相机的内在参数（如焦距、像元间距）和物体在图像空间中的位置关系。标定技术包括角点标定、棋盘格标定和平面标定等。

（3）视觉处理算法：工业单目相机利用视觉处理算法对捕获的图像数据进行处理和分析。这涉及很多计算机视觉领域的算法和方法，如边缘检测、颜色识别、形状匹配、模板匹配、机器学习等。

（4）检测、识别和跟踪：工业单目相机可以通过视觉处理算法实现物体的检测、识别和跟踪。这需要对图像数据进行特征提取和分类，以辨别目标对象。

（5）系统集成：工业单目相机常用于工业自动化和机器视觉领域，需要与其他硬件设备（如机械臂、PLC）进行集成，以实现全面的智能化生产和制造。

总之，工业单目相机是制造业和工业自动化领域中的一种重要的视觉传感器。工业单目相机的内在参数标定、视觉处理算法、系统集成等方面需要更高的精度和可靠性，以适应复杂的工业环境和生产任务。

4.2.1 Gazebo 仿真环境光学目标感知

将以上终端全部关闭，找到刚才生成的.bag 文件所在的目录，打开一个新的终端，输入 rosbag play XXX.bag，即可运行.bag 文件。再另打开一个终端，输入 rviz，利用 rviz 软件可视化 Gazebo 仿真环境，主要目的是获取工业单目相机和镭神激光雷达的名称及 Topic。

如图 4-11 所示，先单击 Add 按钮，添加 Image，在 Image 中选中 Image Topic，由于此时正在运行.bag 文件，因此 rviz 软件可接收到.bag 文件中的所有信息：Image Topic 中的/blackflys/image_raw 分别是工业单目相机的名称及 Topic。左下方的 Image 区域中也出现了刚才的 Gazebo 仿真环境，说明 rviz 软件检测到了 Gazebo 仿真环境中的工业单目相机信息。

再次单击 Add 按钮，添加 PointCloud2，在 PointCloud2 中选中 Topic，所显示的/hdl64_points 是点云 Topic。注意，还需要将 Fixed Frame 的名称改为 hdl64，与点云 Topic 匹配，这样才能可视化点云投射，如图 4-12 所示。

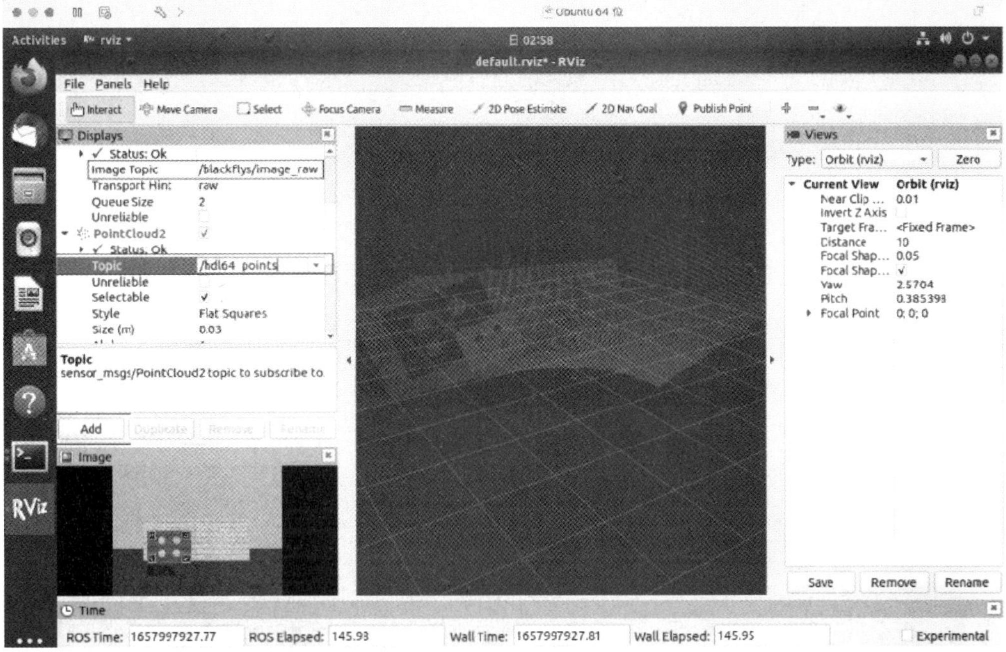

图 4-11　rviz 软件显示工业单目相机的名称及 Topic

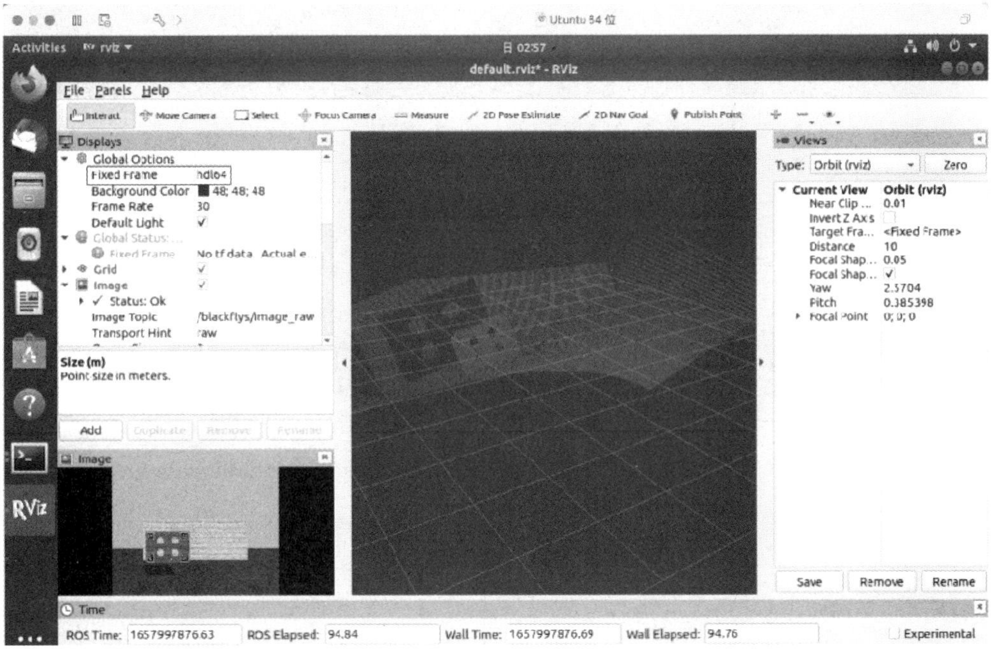

图 4-12　修改 Fixed Frame 的名称

此时，工业单目相机和镭神激光雷达的名称及 Topic 都已获取完毕，接下来就可以开始标定了。再次将以上所有终端全部关闭，打开一个新的终端重新运行.bag 文件。在 catkin_ws/根目录下打开 3 个终端，在这 3 个终端中分别运行以下 3 组命令：

```
#工业单目相机检测
source devel/setup.bash
roslaunch velo2cam_calibration mono_pattern.launch camera_name:=/blackflys image_topic:=image_raw frame_name:=blackflys
```

```
#镭神激光雷达检测
source devel/setup.bash
roslaunch velo2cam_calibration lidar_pattern.launch cloud_topic:=/hdl64_points
```

```
#工业单目相机与镭神激光雷达联合标定
source devel/setup.bash
roslaunch velo2cam_calibration registration.launch sensor1_type:=mono sensor2_type:=lidar
```

在 4 个终端（运行.bag 文件的终端和运行以上 3 组命令的终端）同时运行的情况下，会产生如图 4-13 所示的输出。

图 4-13　工业单目相机与镭神激光雷达联合标定的终端输出结果

确保工业单目相机和镭神激光雷达都完成了检测，终端不再一直报 warnning 之后（偶尔报没有关系），便可以开始标定，即根据两个传感器检测结果来迭代求取外参。在此过程中，图 4-13 中右下角的终端需要持续输入 Y 来继续运行。图 4-13 中框住的内容表示已开始工业单目相机与镭神激光雷达的联合标定，当 iterations 达到 30 后，即完成了标定。上面两个终端中出现了“0 clusters”，是因为使用的.bag 文件太短，如果.dag 文件时长足够的话，那么应该是“4 clusters”。

在完成标定后，在/catkin_ws/src/velo2cam_calibration/launch/中会生成一个 calibrated_tf.launch 文件，如图 4-14 所示。

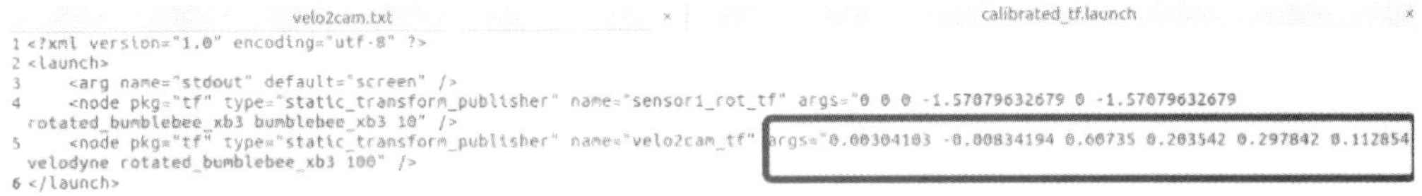
velo2cam.txt
calibrated_tf.launch
1 <?xml version="1.0" encoding="utf-8" ?>
2 <launch>
3 <arg name="stdout" default="screen" />
4 <node pkg="tf" type="static_transform_publisher" name="sensor1_rot_tf" args="0 0 0 -1.57079632679 0 -1.57079632679 rotated_bumblebee_xb3 bumblebee_xb3 10" />
5 <node pkg="tf" type="static_transform_publisher" name="velo2cam_tf" args="0.00304103 -0.00834194 0.60735 0.203542 0.297842 0.112854 velodyne rotated_bumblebee_xb3 100" />
6 </launch>

图 4-14　Gazebo 仿真环境下工业单目相机与镭神激光雷达联合标定的结果

在图 4-14 中，框住的内容就是标定结果，可根据这个结果求取外参。

4.2.2　工业单目相机驱动安装与启动

（1）配置运行环境。

所需环境为：

```
ros-melodic-desktop-full
spinnaker
ros-melodic-cv-bridge
ros-melodic-image-transport
```

首先要下载 spinnaker 安装包。鉴于大多数用户的计算机处理器架构都是 amd64（x86_64 或 x64），因此 spinnaker 安装包可通过以下链接进行下载：

```
https://shuusv.coding.net/p/lslidar_ros/d/spinnaker/git
```

如图 4-15 所示，安装 spinnaker 后，在终端执行 spinview 命令，验证是否可以使用 SpinView 启动工业单目相机。注意，本书中使用的工业单目相机是 Flir Blackfly S USB3，因此在启动工业单目相机之前，一定要将计算机的 USB 兼容性设置为 3.X 版本，否则无法启动工业单目相机。

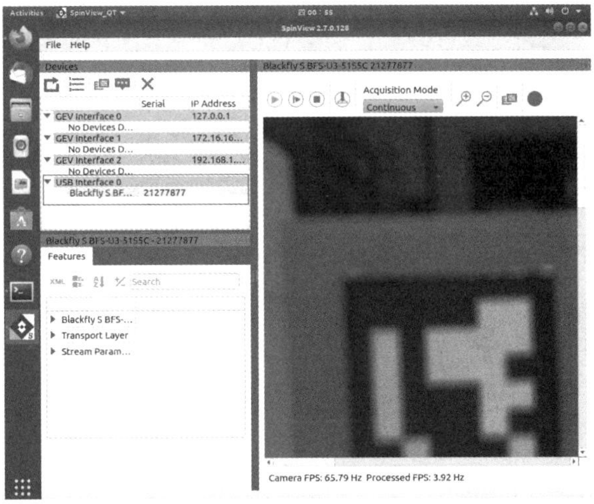
File Help
Devices
Serial
IP Address
GEV Interface 0
127.0.0.1
GEV Interface 1
GEV Interface 2
USB Interface 0
21277877
Acquisition Mode
Continuous
Features
Transport Layer
Camera FPS: 65.79 Hz Processed FPS: 3.92 Hz

图 4-15　检测工业单目相机功能

（2）安装。

安装 spinnaker_sdk_camera_driver：

```
mkdir -p ~/spinnaker_ws/src
cd spinnaker_ws/src
```

通过以下链接下载/spinnaker_camera_driver 文件夹，并将其放置在/spinnaker_ws/src/根目录下（/spinnaker_ws/src/spinnaker_camera_driver）：

```
https://shuusv.coding.net/p/sensorfusion/d/sensorfusion/git/tree/master/camera_driver/code/spinnaker_camera_driver
cd ~/spinnaker_ws/
catkin_make
source ~/spinnaker_ws/devel/setup.bash
```

（3）运行驱动程序。

```
#启动驱动程序的 nodelet 版本
roslaunch spinnaker_sdk_camera_driver acquisition.launch
#启动驱动程序的节点版本
roslaunch spinnaker_sdk_camera_driver node_acquisition.launch
#测试图像是否正在通过运行发布
rqt_image_view
```

在对工业单目相机与镭神激光雷达进行联合标定时，应启动驱动程序的 nodelet 版本。使用 roslaunch 命令启动工业单目相机如图 4-16 所示。

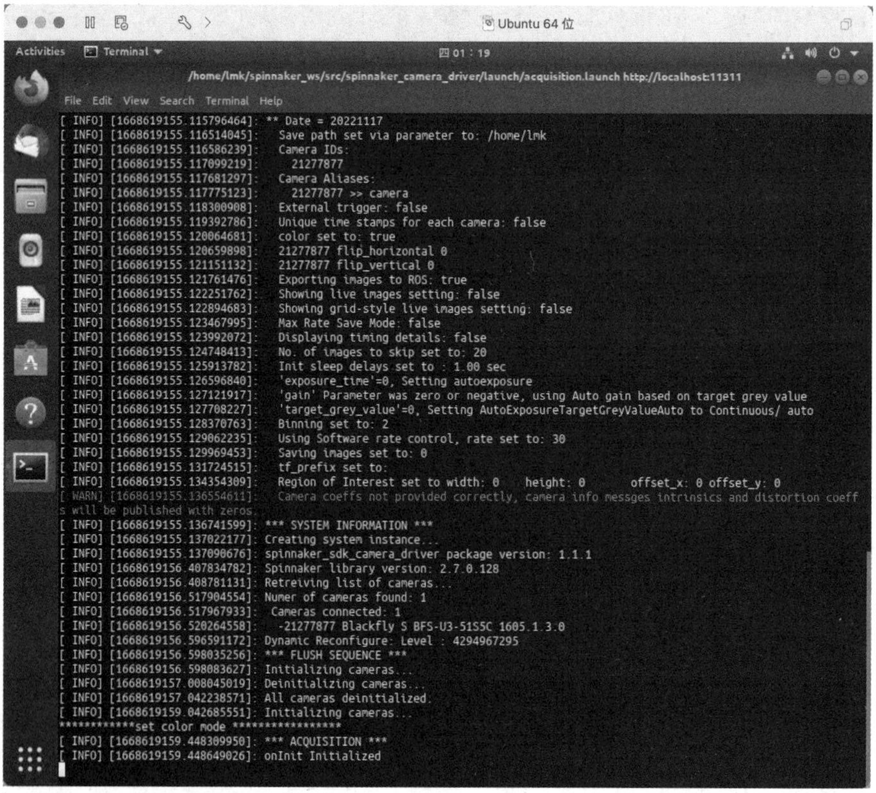

图 4-16 使用 roslaunch 命令启动工业单目相机

如图 4-17 所示，工业单目相机启动后，打开 rviz 软件，单击 Add 按钮，选择 Image，单击框住的 Image Topic，会自动识别工业单目相机的名称及 Topic：/camera_array/camera/image_raw。其中，/camera_array/camera 为工业单目相机的名称，image_raw 为工业单目相机的 Topic，这也是非常重要的信息，将在后续工业单目相机与镭神激光雷达联合标定时使用。

图 4-17　在 rviz 软件中查看工业单目相机信息

至此，工业单目相机安装及启动完成。

4.3　工业单目相机与镭神激光雷达联合标定

工业单目相机与镭神激光雷达联合标定是一种常用的多传感器融合技术，广泛应用于智能制造、自动驾驶等领域，其工作原理和理论基础如下。

（1）工业单目相机：工业单目相机先通过成像技术获取环境的二维图像信息，然后利用视觉相关算法提取有效特征，实现对物体的识别和检测。

（2）镭神激光雷达：镭神激光雷达采用固态激光器，可以快速、有效地获取环境的三维点云信息，实现高精度定位和导航。

（3）联合标定：在实际应用中，为了更准确地获取环境信息，需要对工业单目相机与镭神激光雷达进行联合标定，即通过对二者的空间转换关系进行标定，将二维图像信息和三维点云信息进行空间上的匹配并保证其精度。

（4）联合标定技术：联合标定技术主要包括内部标定和外部标定两方面。内部标定主要针对工业单目相机自身的参数，如焦距、畸变等进行标定；外部标定通过建立传感器间的映射模型及进行误差补偿和空间转换，来确定其在实际应用中的准确位置交互关系。

（5）空间转换：空间转换是联合标定的重要环节，其主要目的是将工业单目相机采集得到的二维图像信息与镭神激光雷达采集得到的三维点云信息进行匹配。具体而言，需要根据相机内参矩阵和相机外参（如相机位姿）及雷达线束特征等，推导出两个传感器之间的坐标变换关系。

总之，工业单目相机与镭神激光雷达联合标定的工作原理和理论基础涉及摄像成像、激光测距、坐标变换与空间转换等众多方面的知识，其核心思想在于结合不同传感器的优势，并融合计算机视觉和激光雷达技术，实现更精准、更全面的环境感知和定位。其实现过程如下。

（1）准备工作。

定制一块标定板，在标定板 4 个角处贴上对应的 Arpiltag，Arpiltag 的样式是不能更换的，因为在程序里面相机需要检测 4 个样式，其位置也必须和图 4-1 中的位置对应。Arpiltag 可以直接打印出来，Arpiltag 的大小没有限制，只要把图案放在正方形的中心即可（因为它的作用是识别 4 个圆孔中心）。图 4-18 所示为用于识别标定板上 4 个圆孔中心的图像。

图 4-18　用于识别标定板上 4 个圆孔中心的图像

如图 4-19 和图 4-20 所示，将标定板稳定摆放后，需要在后面放置一个平面，这样才能保证镭神激光雷达光束穿过圆孔到达一个表面，在前景点和背景点之间产生必要的梯度。

（2）部署标定程序。

准备工作完成后，接下来要下载工业单目相机与镭神激光雷达联合标定的源代码 velo2cam_calibration-master。在终端输入以下命令：

```
git clone https://github.com/beltransen/velo2cam_calibration.git
```

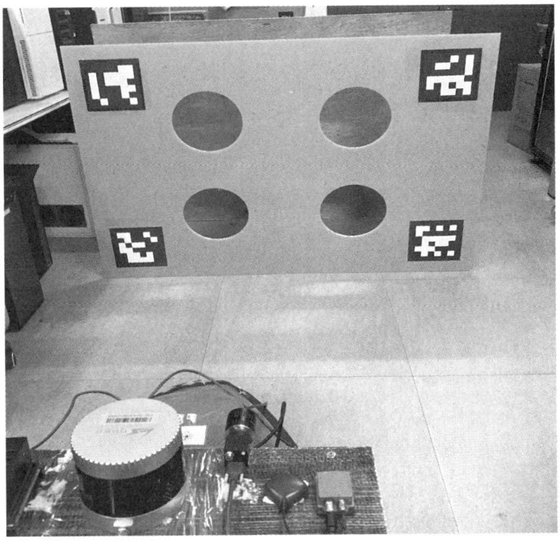

图 4-19　工业单目相机与镭神激光雷达联合标定的实际场景

图 4-20　rviz 软件显示工业单目相机与镭神激光雷达联合标定的场景

将下载好的 velo2cam_calibration-master 放到自创的 catkin_ws/src/根目录下，接着在 catkin_ws/src/根目录下打开终端，先输入 catkin_init_workspace 并按回车键，生成 CMakeLists 文件，再输入 catkin_create_pkg beginner_tutorials，生成 beginner_tutorials，这样就初始化好了编译环境，接下来返回上一级根目录 src/，在终端输入 catkin_make 并按回车键，开始编译源代码。

编译过程没有报错，在 catkin_ws/中会生成 build/和 devel/两个文件夹，说明编译成功。接下来仍在 catkin_ws/根目录下打开新的终端，输入 source devel/setup.bash 并按回车键，这一步的作用是确保之后所有的 ros 命令都可正常执行。

（3）打开调试按钮。

为了更方便完成之后的工作，可以打开 DEBUG，这样便可以发布工业单目相机与镭神激光雷达的检测结果。这对于调试代码非常有用。

具体做法是修改~/catkin_ws/src/velo2cam_calibration-master/include/velo2cam.utils.h 中第 30 行代码，将#define DEBUG 0 修改为#define DEBUG 1，注意修改之后需要重新编译。

（4）调试工业单目相机。

先在 ros 环境下启动工业单目相机，再在 catkin_ws/根目录下打开一个新的终端，执行以下命令：

```
source devel/setup.bash
roslaunch velo2cam_calibration mono_pattern.launch camera_name:=/camera_array/camera image_topic:=image_raw frame_name:=camera
```

这一部分进行的是工业单目相机的检测，工业单目相机会通过检测 4 个 Arpiltag，估计 4 个圆孔中心的位置，如图 4-21 所示。因为打开了 DEBUG，所以软件会自动弹出一个 OpenCV 的视频显示检测结果。

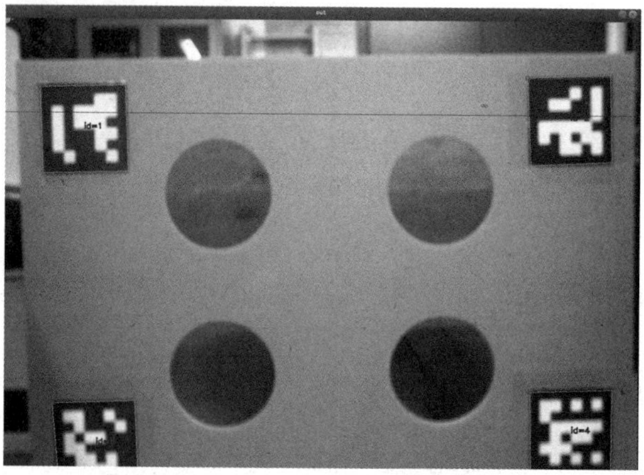

图 4-21　工业单目相机检测 4 个 Arpiltag

可以看到，系统很好地检测到 4 个 Arpiltag，并且终端不断输出检测结果，如图 4-22 所示。

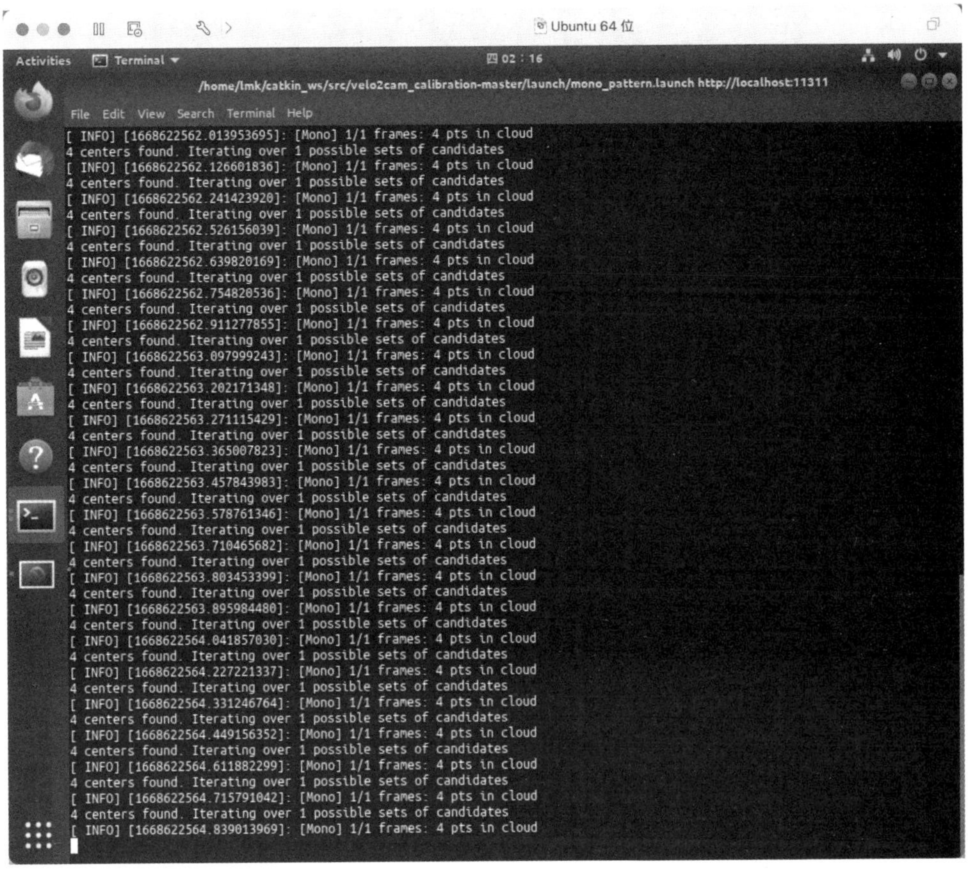

图 4-22　终端不断输出检测结果

这个输出结果说明工业单目相机检测到了 4 个圆孔的中心。

需要强调的是，命令中的 camera_name 和 image_topic 对应之前启动工业单目相机时 rviz 软件中的工业单目相机的名称及 Topic，其赋值一定要正确，否则会导致工业单目相机检测失败。

（5）调试镭神激光雷达。

同样地，先在 ros 环境下启动镭神激光雷达，再在 catkin_ws/根目录下打开一个新的终端，执行以下命令：

```
source devel/setup.bash
roslaunch velo2cam_calibration lidar_pattern.launch cloud_topic:=/lslidar_point_cloud
```

终端输出检测结果，找到 4 个目标即可。但此时会出现如图 4-23 所示的状况，说明镭神激光雷达并没有检测到 4 个目标，这是因为周围的点云太过复杂，影响镭神激光雷达检测标定板上 4 个圆孔中心。

因此，需要再打开一个新的终端，执行以下命令，人为地过滤周围点云：

```
rosrun rqt_reconfigure rqt_reconfigure
```

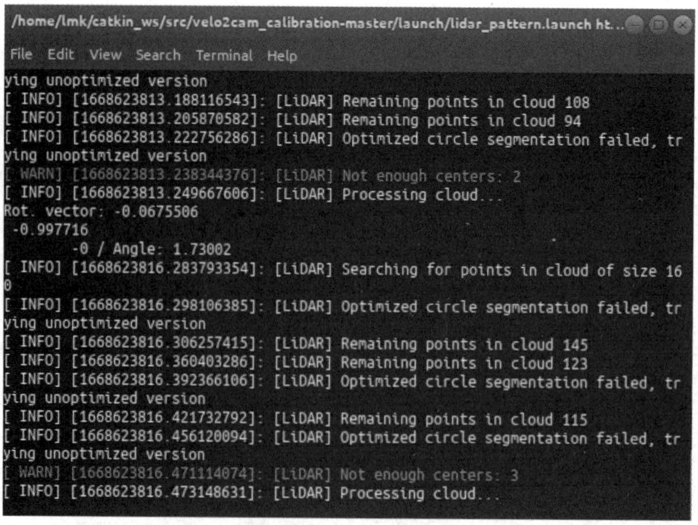

图 4-23　未过滤多余点云

按照图 4-24 调整坐标系 x 轴、y 轴、z 轴的范围，按经验来说，filter_limit_min 和 filter_limit_max 设置得越小越好。调整完这 3 组参数后，观察镭神激光雷达终端的输出，可以发现，成功过滤了周围点云。镭神激光雷达检测到 4 个目标如图 4-25 所示。

需要强调的是，每次启动镭神激光雷达后，检测镭神激光雷达时，都要执行 rosrun rqt_reconfigure rqt_reconfigure 命令，人为地过滤周围点云。镭神激光雷达和标定板放置位置的不同都会导致所需坐标系 x 轴、y 轴、z 轴的 filter_limit_min 和 filter_limit_max 的值不同，要视情况灵活调整参数。

（6）联合标定。

确保工业单目相机与镭神激光雷达都完成了检测，终端不再一直报 warnning（偶尔报没有关系），便可以开始标定，即根据两个传感器检测结果来迭代求取外参。

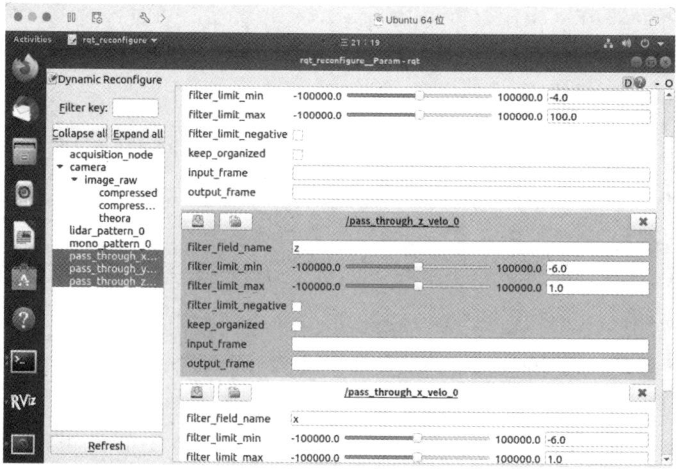

图 4-24　过滤多余点云

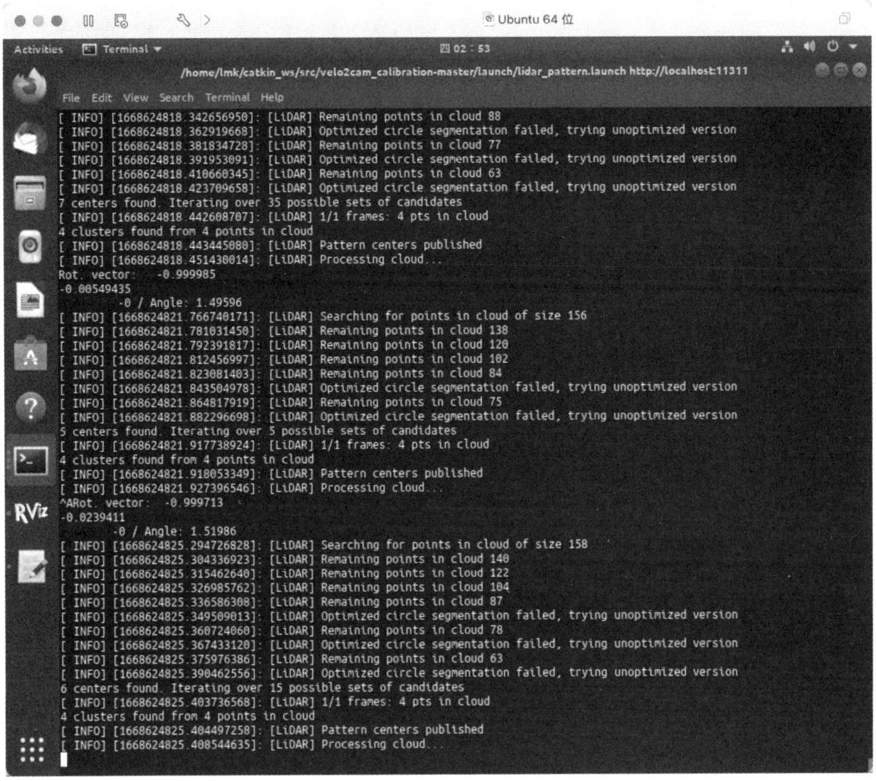

图 4-25　镭神激光雷达检测到 4 个目标

在 catkin_ws/根目录下打开一个新的终端，执行以下命令：

```
source devel/setup.bash
roslaunch velo2cam_calibration registration.launch sensor1_type:=mono sensor2_type:=lidar
```

如图 4-26 所示，在连续输入两个 Y 之后，在正式进入标定环节时，竟出现这样的问题：在相机坐标系下，4 个圆孔中心的坐标无法获取。

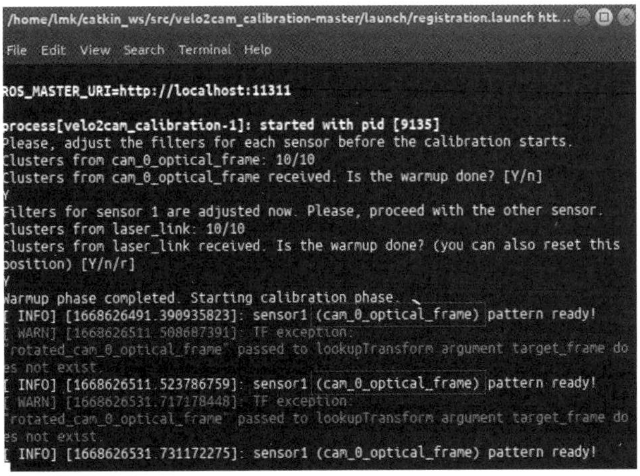

图 4-26　联合标定未接收到工业单目相机消息

此时，观察到图4-26中方框内的名称是cam_0_optical_frame，于是使用Visual Studio Code软件在工业单目相机启动程序中快速定位到cam_0_optical_frame的位置，如图4-27所示，在src/spinnaker_camera_driver/README.md中。

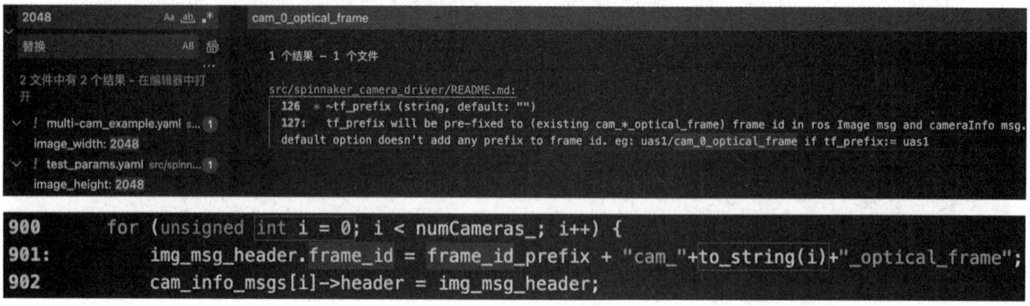

图4-27 查看工业单目相机的frame

在src/spinnaker_camera_driver/README.md中，可以发现cam_0_optical_frame与工业单目相机的frame有关，于是查找frame_id的相关位置。框中的内容表明cam_0_optical_frame才是工业单目相机的frame_name，而在此前调试工业单目相机时，输入的命令为：

```
roslaunch velo2cam_calibration mono_pattern.launch camera_name:=/camera_array/camera image_topic:=image_raw frame_name:=camera
```

很明显，此处对frame_name的赋值出现了错误，因此才会在联合标定时无法获取相机坐标系下4个圆孔中心的坐标信息。这是一个陷阱，之后在做类似的标定工作时一定要注意，首先要明确相机的名称、Topic、frame_name及雷达的Topic这些关键的信息。

因此，在调试工业单目相机时，应当输入的正确命令如下：

```
source devel/setup.bash
roslaunch velo2cam_calibration mono_pattern.launch camera_name:=/camera_array/camera image_topic:=image_raw frame_name:=cam_0_optical_frame
```

再次执行步骤（4）～（6），正式开始进行工业单目相机与镭神激光雷达的联合标定，如图4-28所示。

经过30次迭代后，程序会询问你是否换一个姿态继续标定（见图4-28中方框1），至少要3个姿态，此时可以更换标定板的摆放位置（前、后、左、右位移，中心角度旋转等），继续重复执行步骤（4）～（6）。

如图4-29所示，在完成联合标定后会立刻在终端显示联合标定结果（见图4-28中方框2），也就是一个tf，具体内容还可以在/catkin_ws/src/velo2cam_calibration-master/launch/calibrated_tf.launch中查看，其中给出了3个坐标系之间的静态tf，但需要的是lidar到camera的。

此外，还要注意在/catkin_ws/src/velo2cam_calibration-master/launch/calibration_tf.launch中输出的标定结果与终端输出的rpy（roll, pitch, yaw）顺序不一致的问题。

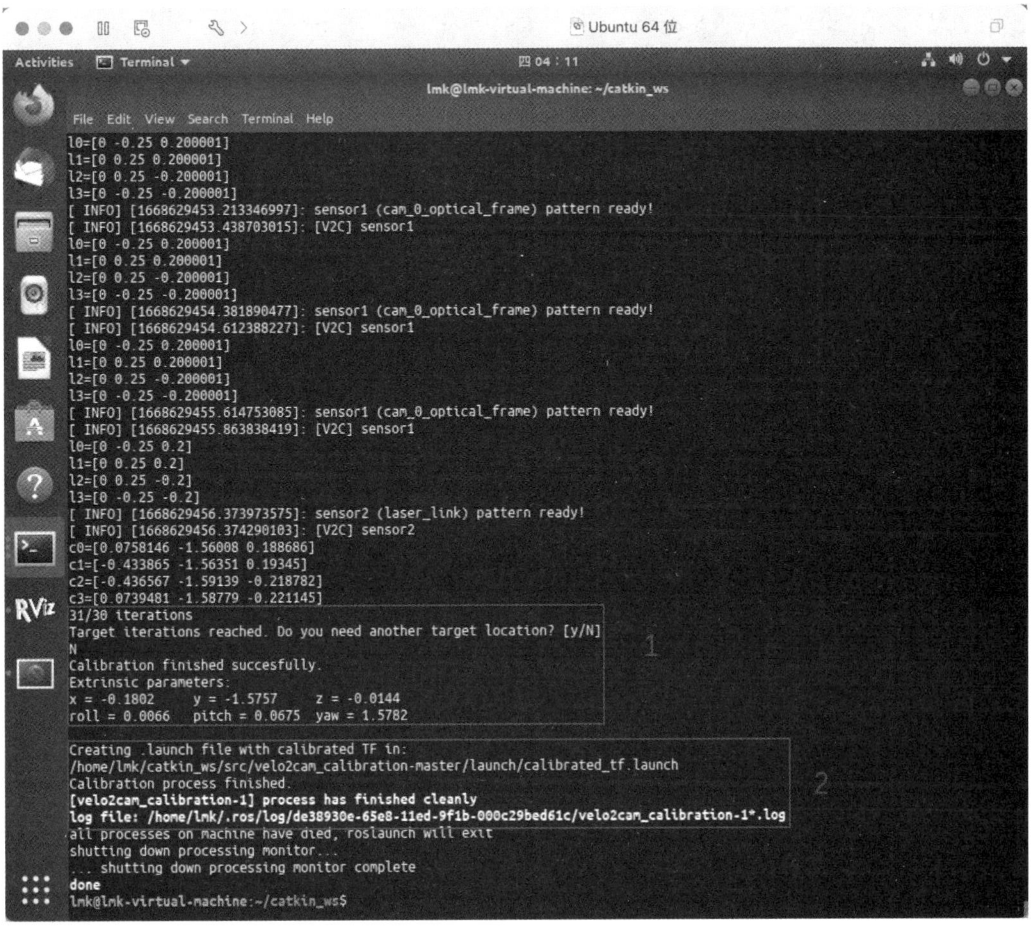

图 4-28　工业单目相机与镭神激光雷达联合标定完成

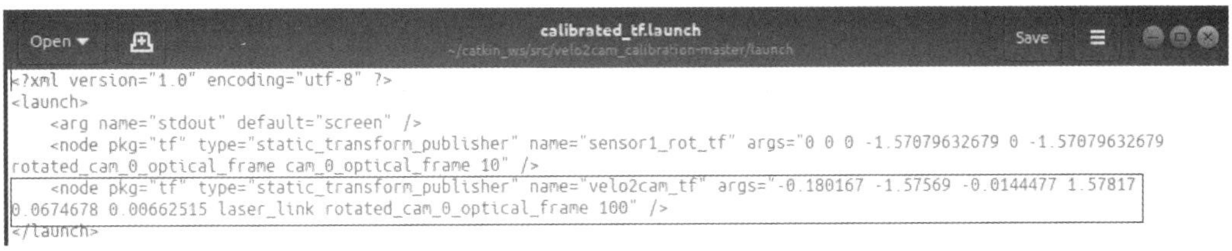

图 4-29　工业单目相机与镭神激光雷达联合标定的结果

至此，工业单目相机与镭神激光雷达的联合标定工作完成。

（7）求取外参。

求取外参的源代码和编译空间如图 4-30 所示。

```cpp
#include <ros/ros.h>
#include <Eigen/Dense>
#include <tf/transform_broadcaster.h>
#include <tf/message_filter.h>
#include <tf/transform_listener.h>
#include<pcl_ros/transforms.h>
int main(int argc, char** argv){
  ros::init(argc, argv, "my_tf_listener");
  ros::NodeHandle node;
  tf::TransformListener listener;
  ros::Rate rate(10.0);
  while (node.ok())
  {
    tf::StampedTransform transform_lidar;
    tf::StampedTransform transform_cam;
    try{
      listener.lookupTransform("/laser_link", "/rotated_cam_0_optical_frame",
                               ros::Time(0), transform_lidar);
      listener.lookupTransform( "/rotated_cam_0_optical_frame","/cam_0_optical_frame",
                               ros::Time(0), transform_cam);
      Eigen::Matrix4f lidar2cam;
      Eigen::Matrix4f cam2cam;
      pcl_ros::transformAsMatrix(transform_lidar, lidar2cam);
      pcl_ros::transformAsMatrix(transform_cam, cam2cam);
      std::cout << "lidar2cam:"  <<std::endl;
      std::cout << lidar2cam  <<std::endl;
      std::cout << "cam2cam:"  <<std::endl;
      std::cout << cam2cam  <<std::endl;
      std::cout << "final:"  <<std::endl;
      std::cout <<cam2cam* lidar2cam  <<std::endl;
      std::cout << "final2:"  <<std::endl;
      std::cout << (cam2cam*lidar2cam).inverse()  <<std::endl;
      std::cout << "final3:"  <<std::endl;
      std::cout << lidar2cam*cam2cam  <<std::endl;
      std::cout << "final4:"  <<std::endl;
      std::cout << (lidar2cam*cam2cam).inverse()  <<std::endl;
      std::cout << "final5:"  <<std::endl;
      std::cout << (cam2cam*lidar2cam).transpose()  <<std::endl;
      std::cout << "final6:"  <<std::endl;
      std::cout << (lidar2cam*cam2cam).transpose()  <<std::endl;
    }
    catch (tf::TransformException &ex) {
      ROS_ERROR("%s",ex.what());
      ros::Duration(1.0).sleep();
      continue;
    }
    rate.sleep();
  }
  return 0;
};
```

（a）源代码

```
∨ .vscode
  {} c_cpp_properties.json
  {} settings.json
∨ tf_pkg
  ∨ src
    > .vscode
    C tf_node.cpp
  M CMakeLists.txt
  package.xml
M CMakeLists.txt
```

（b）编译空间

图 4-30　求取外参的源代码和编译空间

CMakeLists 文件内容如图 4-31 所示。

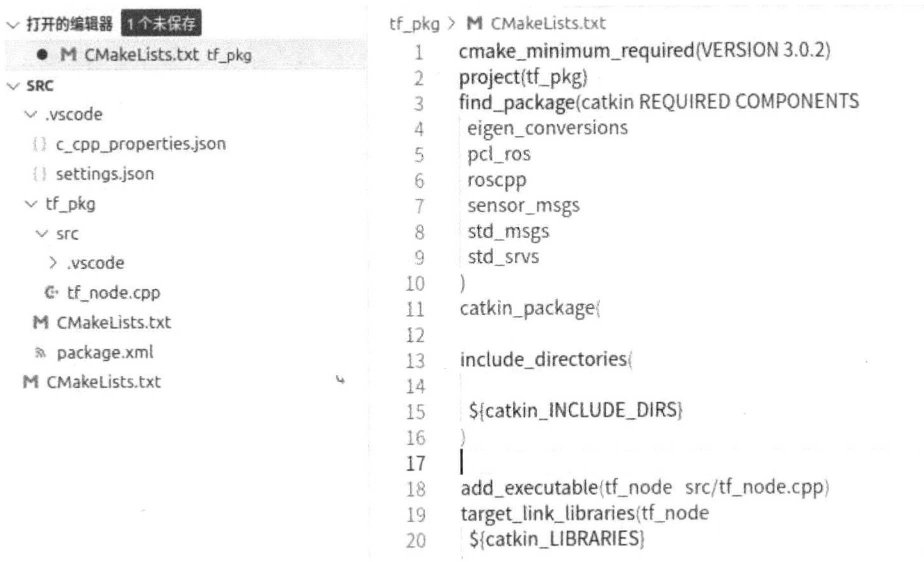
打开的编辑器 1个未保存
CMakeLists.txt tf_pkg
SRC
.vscode
c_cpp_properties.json
settings.json
tf_pkg
src
.vscode
tf_node.cpp
CMakeLists.txt
package.xml
CMakeLists.txt
tf_pkg > CMakeLists.txt
cmake_minimum_required(VERSION 3.0.2)
project(tf_pkg)
find_package(catkin REQUIRED COMPONENTS
eigen_conversions
pcl_ros
roscpp
sensor_msgs
std_msgs
std_srvs
)
catkin_package(
include_directories(
${catkin_INCLUDE_DIRS}
)
add_executable(tf_node src/tf_node.cpp)
target_link_libraries(tf_node
${catkin_LIBRARIES}

图 4-31　CMakeLists 文件内容

其中，黑色字体的内容尤其需要注意。如果没有这些内容，那么代码中的 include 将会报错。

由于联合标定任务完成之后会在/catkin_ws/src/velo2cam_calibration-master/launch/中生成含有 tf 消息的联合标定结果文件 calibrated_tf.launch。若要订阅 calibrated_tf.launch 文件中的 tf 消息，则需要在终端中返回/catkin_ws 目录，执行 catkin_make 命令重新编译，将 calibrated_tf.launch 文件编译为可执行文件。编译完成后，依次执行以下命令：

```
source devel/setup.bash
roslaunch velo2cam_calibration calibrated_tf.launch
```

如图 4-32 所示，终端中输出一系列结果，表明已成功发布 calibrated_tf.launch 文件中的 tf 消息。

在使用 roslaunch 命令成功启动 calibrated_tf.launch 文件，发布 tf 消息之后，通过以下链接下载接收 tf 消息，求取相机与雷达的坐标系转换关系（外参矩阵）的代码：

```
https://shuusv.coding.net/p/lslidar_ros/d/tf/git
```

值得注意的是，在 tf_node.cpp 代码中，需要根据 calibrated_tf.launch 文件中相对应的相机与雷达等的坐标系名称，修改各自颜色框内的坐标系名称，否则无法正常接收到发布的 tf 消息。

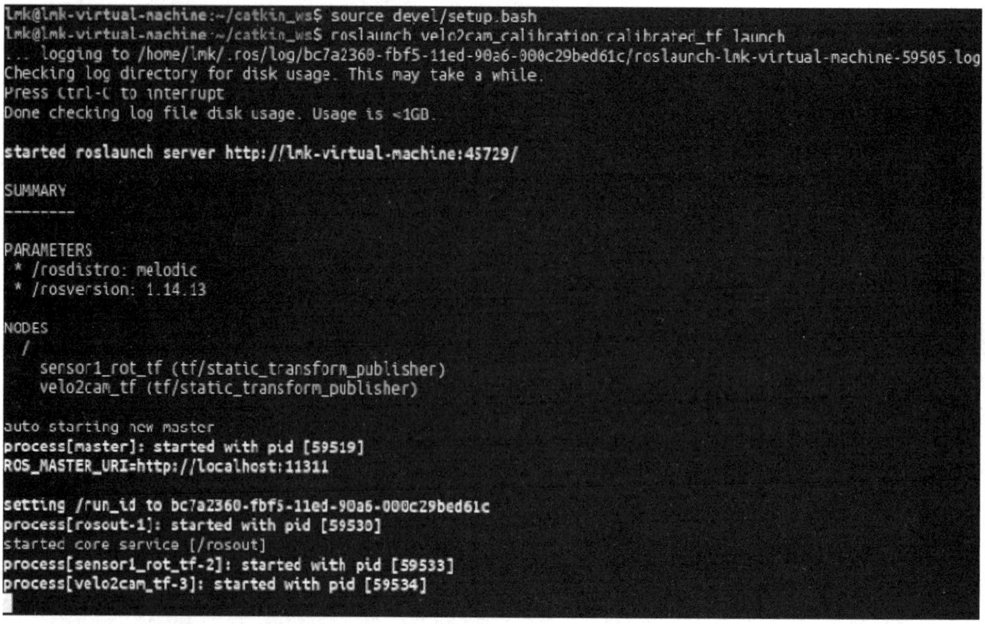

图 4-32　使用 roslaunch 命令发布标定的 tf 消息

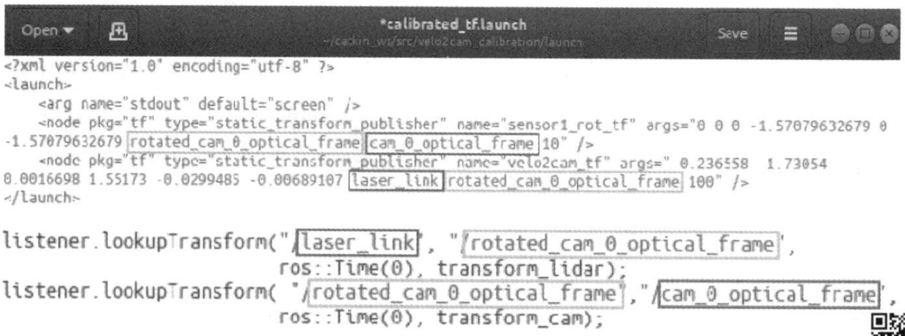

图 4-33　在外参代码中正确修改雷达与相机的坐标系名称

在图 4-33 中，橙色框内表示中转，绿色框内是相机坐标系名称，蓝色框内是雷达坐标系名称。在 velo2cam_calibration/launch/calibrated_tf.launch 中，存在 3 个坐标系之间的静态 tf，雷达坐标系先到一个旋转了一下的相机坐标系，旋转的相机坐标系再到相机的光心坐标系，但我们需要的是雷达坐标系到相机坐标系的外参矩阵。

修改完成后，在终端中进入/tf 目录，执行 catkin_make 命令编译整个代码。编译完成后，执行以下命令，开始接收刚刚发布的 tf 消息，求取外参矩阵：

```
source devel/setup.bash
rosrun tf_pkg tf_node
```

如图 4-34 所示，最终在终端中会打印出一个 final 矩阵，这就是我们需要的雷达坐标系到相机坐标系的外参矩阵。

```
lidar2cam:
  0.0190566   -0.999791 -0.00746064   -0.236558
    0.99937    0.019271  -0.0298065    -1.73054
   0.029944 -0.00688793    0.999528   0.0016698
          0           0           0           1
cam2cam:
4.89653e-12 4.89653e-12           1           0
         -1           0 4.89653e-12           0
          0          -1 4.89653e-12           0
          0           0           0           1
final
  0.999791 0.00746064  0.0190566  -0.236558
 -0.019271  0.0298065    0.99937   -1.73054
0.00688793  -0.999528   0.029944  0.0016698
         0          0          0          1
```

图 4-34　最终的外参矩阵

为了提高工业单目相机与镭神激光雷达融合的鲁棒性，在进行联合标定时，标定板可更换为不同姿势、位置，以得到不同的联合标定结果，并求取各自的外参矩阵，之后对所有外参矩阵求均值，得到最终的结果。

至此，求取雷达坐标系到相机坐标系的转换关系（外参矩阵）的任务完成。

4.4　多传感器融合建模

工业单目相机与镭神激光雷达融合的代码可通过https://shuusv.coding.net/p/usv_cv/d/cv_projection/git链接下载，下载之后仍需要编译，编译方法参照 4.3 节的说明。代码编译之后，在/shuusv-usv_cv-cv_projection-master/src/cv_projection/src/中修改 cv_project.cpp 文件中的部分内容。首先，确保工业单目相机与镭神激光雷达的信息准确，否则无法进行相应的融合。其次，对于内参和外参，如图 4-35 所示，找到对应位置进行修改。

```
double_t lidartocamera_temp[16] = {0, -1, 0, 0,
                   0, 0, -1, 0,
                   1, 0, 0, 0.5,
                   0, 0, 0, 1};          外参
cv::Mat(4, 4, 6, &lidartocamera_temp).copyTo(lidartocamera);//cameraIntrinsics params

double_t cameraIntrinsics_temp[16]={277.191356, 0, 320.5, -0,
                                    0, 277.191356, 240.5, 0,
                              内参  0, 0, 1, 0,
                                    0, 0, 0, 0};
```

图 4-35　工业单目相机与镭神激光雷达融合的内参和外参

以上内容修改完毕之后，重新编译。接下来在/shuusv-usv_cv-cv_projection-master 根目录下打开终端，分别输入以下命令：

```
source devel/setup.bash
rosrun cv_projection cv_projection
```

再打开一个新的终端，运行要融合的工业单目相机与镭神激光雷达的.bag 文件：

rosbag play XXX.bag。

此时会出现如图 4-36 所示的可视化结果（要安装 OpenCV）。

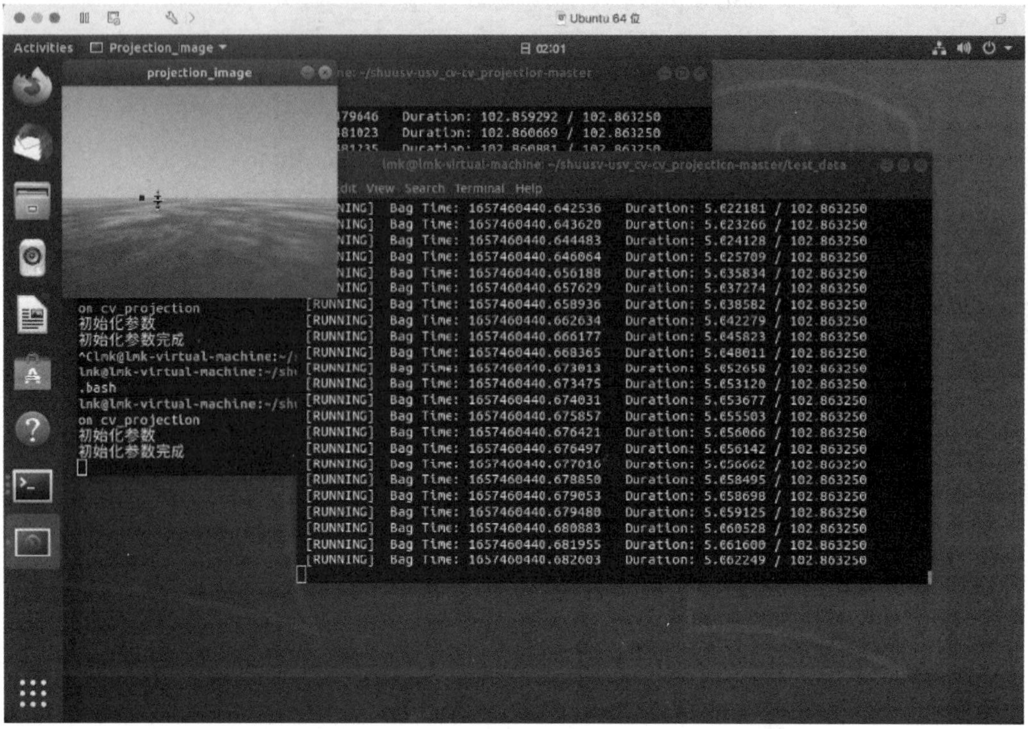

图 4-36　工业单目相机与镭神激光雷达两类传感器实现融合

至此，工业单目相机与镭神激光雷达的融合任务完成。

第5章　无人艇路径规划

5.1　无人艇全局路径规划

5.1.1　引言

全局路径规划算法属于静态规划算法，需要获取整个环境的信息，根据获得的完整信息对环境进行建模，并对指定路径进行初步规划。在整个全局路径规划的过程中，可以将全局路径规划问题拆分为环境信息获取及建模和全局路径规划算法选择。全局路径规划在存在未知的障碍物或航行过程中偶遇突发状况时不适用，只适用于对实时性要求不高、环境信息获取完全的情况。

全局路径规划在无人艇的路径规划中主要应用于大陆岸线、岛屿等相关信息已知的场景。无人艇全局路径规划算法利用电子海图等先进信息，根据任务需求，在较大的范围内借助合适的路径搜索算法，寻求一条可行的无障碍路线。全局路径规划算法可以分为传统全局路径规划算法和智能优化全局路径规划算法。本节将对电子海图及各类全局路径规划算法进行介绍，对某些重要算法将会进行较为详细的介绍。

5.1.2　电子海图

5.1.2.1　电子海图简介

电子海图是一个总的概念名词，可以分为两部分：一部分是电子海图数据，另一部分是各种基于电子海图数据的应用系统。电子海图这个总的概念名词是对所有有关电子海图的生产或应用、软件或硬件的技术泛称，即包含所有涉及电子海图数据、基于电子海图数据的应用系统的内容。

电子海图数据是指描写海域地理信息和航海信息的数字产品，其内容以海域要素为主，详细表示航行障碍物、助航标志、港口设施、潮流和海流等要素，陆地要素着重表示沿海的航行目标和主要地貌、地物。

电子海图数据由各个国家官方海道测量机构出版发行，这些机构同时负责根据航行要素的变化情况即时对已出版发行的电子海图数据进行补充和改正，以保持电子海图数据的实时性。

电子海图可分为栅格电子海图和矢量电子海图两大类。

栅格电子海图（Raster Navigational Chart，RNC）是以栅格形式（人们通常所说的图像格式，如 TIF、JPG 等格式）表示的数字海图，通常由纸质海图扫描得到，以像素点的排列反映海图中的要素，可以用图像软件打开，依靠眼睛识别航海要素。栅格电子海图在电子海图应用时只起辅助作用，只在没有矢量电子海图的海域使用，不支持智能化航海，不能提供选择性的查询和显示功能。

矢量电子海图（Vector Charts）是以矢量形式表示的数字海图，海域中的每个要素以点、线、面等几何图元的形式存储在电子海图数据文件中，具有存储量小、显示速度快、精度高、支持智能化航海等优点。矢量电子海图是将数字化的海图信息分类存储的数据库，可供使用者选择性地查询、显示和使用数据，并且可以和其他船舶系统相结合，提供警戒区、危险区自动报警等功能。

官方电子海图（Electronic Navigational Charts，ENCs）是指国家海道测量机构按国际海道测量组织（International Hydrographic Organization，IHO）颁布的《数字式海道测量数据传输标准》（*Transfer Standard for Digital Hydrographic Data*）（编号为 S-57）制作的矢量电子海图。只有国家海道测量机构可以生产或授权其他国家海域的电子海图生产。

目前，按国际海道测量组织的要求，电子海图提供的数据格式是 S-63 格式，S-63 是国际海道测量组织颁布的数据保护方案（IHO Data Protection Scheme）。S-63 规范了官方电子海图数据的安全保护方法，确保了多数据源用户官方电子海图分发和服务的一致性。S-63 格式数据是一种加密的 S-57 格式数据。

S-57 是国际海道测量组织颁布的数字式海道测量数据传输标准。该标准主要用于世界各国之间海道测量数据/电子海图数据的交换，以及原始设备制造厂商（OEM）、终端用户电子海图的分发等。

5.1.2.2 Shapefile 电子海图文件格式简介

Shapefile 电子海图文件格式是由美国环境系统研究所（Environmental Systems Research Institute，ESRI）公司研制的一种空间数据开放格式。该文件格式已经成为地理信息软件界的一个开放标准。同时，Shapefile 也是一种重要的交换格式，能够在 ESRI 公司与其他公司的产品之间进行数据互操作。

Shapefile 属于一种矢量图形存储格式，能够存储几何图形的位置及相关属性信息。Shapefile 是一种比较原始的矢量数据存储格式，仅能存储几何体的位置数据，而无法在一个文件中同时存储这些几何体的属性数据。因此，Shapefile 还附带一个二维表用于存储 Shapefile 中每个几何体的属性数据。Shapefile 中许多几何体能够代表复杂的地理事物，并且可以提供强大而精确的计算能力，这就使电子海图数据可以区分障碍空间与可行空间，同时可以对不同的障碍物加以区分，由此获得较高的路径规划效率。

无人艇在航行时通过传感器获得局部环境信息，全局环境信息可以从相关地区的电子海图数据中获取。以 Shapefile 为例，它将实体的非拓扑几何信息和属性信息存储为二进制形式，一个完整的 ESRI 公司的 Shapefile 文件包括几何图形的主文件（*.shp）、包含数据索引的索引文件（*.shx）、包含图形属性的属性文件（*.dbf），具体构成如表 5-1 所示。

表 5-1　Shapefile 文件的具体构成

组　成	后　缀	内　容
主文件	.shp	记录空间坐标信息，即图形位置信息
索引文件	.shx	对主文件的索引，指出主文件中记录在文件中的位置信息
属性文件	.dbf	图形的具体位置和属性信息

Shapefile 文件支持的几何图形类型主要有点（Point）、折线（Polyline）和多边形（Polygon）。如果是三维图形，则还有相应的三维点（PointZ）、三维折线（PolylineZ）和三维多边形（PolygonZ）。如果目标数据中包含 Measure 值，即用来记录权值等信息的附加数据，则还有相应的 Measure 点（PointM）、Measure 折线（PolylineM）和 Measure 多边形（PolygonM）。在用于全局路径规划的电子海图文件中，起点、终点及中途的路径节点都为点状目标；路径为折线目标，每个折线由一系列点连接而成；大陆和岛屿都为多边形目标，每个多边形由一系列点形成闭环。

主文件格式如表 5-2 所示。主文件中包含地理参照数据。主文件由一个定长的文件头和一条或若干条可变长度的记录数据组成。每条可变长度的记录数据包含一个记录头和一些记录内容。主文件的文件头包含 17 个字段，共 100B，其中有 9 个 4B 整数（32bit 有符号整数，int32）字段，以及 8 个 8B 有符号浮点数（双精度浮点数）字段，用来记录文件的目标类型、空间坐标范围等数据。记录头内有记录号及坐标记录长度信息；记录内容包含目标几何图形类型及坐标记录信息。

表 5-2　主文件格式

<table>
<tr><td colspan="2">文件头</td></tr>
<tr><td>记录头 1</td><td>记录内容 1</td></tr>
<tr><td>记录头 2</td><td>记录内容 2</td></tr>
<tr><td>记录头 3</td><td>记录内容 3</td></tr>
<tr><td>⋮</td><td>⋮</td></tr>
<tr><td>记录头 n</td><td>记录内容 n</td></tr>
</table>

索引文件主要与坐标文件相对应，保存着坐标文件的索引。索引文件实现了目标与坐标数据信息的一一对应，使每个图形文件都具有唯一固定的 ID。

索引文件由一个固定长度的文件头和固定长度的记录集构成。索引文件的文件头与主文件的文件头组织结构一致。索引文件的文件头长度为 100B，记录集中每条记录的长度为 8B，因此索引文件的总长度为 100B+8B×记录条数。索引文件格式如表 5-3 所示。

表 5-3　索引文件格式

文件头
记录 1
记录 2
记录 3
⋮
记录 *n*

索引文件中第 *n* 条记录保存的是主文件中第 *n* 条记录的偏移量（Offset）和数据长度（Content Length），因为主文件的文件头长度为 100B，所以第 1 条记录的偏移量就是 100。

属性文件是标准的数据库文件，用于保存图形属性信息，由可变长度的文件头和可变长度的记录集构成。其文件头用于存放版本信息、更新日期、记录条数、文件头中字节数及字节长度等信息。属性文件文件头的结构如表 5-4 所示。

表 5-4　属性文件文件头的结构

位　置	内　容	说　明
0	1 个字节	记录当前文件的版本
1～3	3 个字节	记录最近文本的更新日期
4～7	1 个 32 位数	记录当前文件中的记录条数
8、9	1 个 16 位数	记录文件头中字节数
10、11	1 个 16 位数	每条记录中的字节长度
12、13	2 个字节	保留字节，以后添加新的信息时使用，用 0 来填写
14	1 个字节	保留字节，表示未完成的操作
15	1 个字节	保留字节，表示 BASE Ⅳ编码标记
16～27	12 个字节	保留字节，多用户处理时使用
28	1 个字节	保留字节，表示 DBF 文件的 MDX 标识
29	1 个字节	保留字节，表示 Language driver ID
30、31	2 个字节	保留字节，以后添加新的信息时使用，用 0 来填写
32～X	*n*×32 个字节	记录项信息描述数组，*n* 表示记录项的个数
X+1	1 个字节	作为记录项终止标识

属性文件记录集中的记录用于存放记录名称、数据类型、长度等属性信息。例如，可以添加一条属性 Name 用于表示岛屿的名称。由于属性是可以增加和删除的，所以属性文件文件头的长度是可变的。每条记录由若干记录项（属性值）组成，因此要想获取属性只需对每条记录依次循环读取即可。表 5-4 也为属性文件（*.dbf）格式，与索引文件一样。

5.1.3　环境建模

在全局路径规划过程中，无人艇在航行过程中遇到的岛屿、礁石、人为禁止航行区域等都被归类为已知环境中的障碍物，是全局路径规划过程中需要避开的目标。由于无人艇都是基于海平面航行的，因此不需要考虑障碍物的高度信息，可以将环境模型简化为二维平面进行全局路径规划。常用的无人艇全局路径规划环境建模方法有以下几种。

（1）栅格法。栅格法是将二维或三维的环境离散化为多个栅格，并对每个栅格进行标记，以表示该栅格上是否存在障碍物或其他环境特征的一种建模方法。

（2）代价地图法。代价地图法是一种将环境离散化为栅格，并为每个栅格赋予代价值的建模方法。代价值反映了在该栅格上行驶的代价，代价越高表示在该栅格上行驶的难度越大或者越危险。在全局路径规划中，代价地图能够有效地描述环境中的障碍物和地形信息，并为全局路径规划提供基础数据。

（3）拓扑图法。拓扑图法通过描述环境中各个位置之间的拓扑关系来表示环境。拓扑关系指的是各个位置之间的相对位置关系，如连接、相邻、上下、左右等。在拓扑图中，节点表示位置，边表示位置之间的拓扑关系。拓扑图法可以有效地描述环境中的障碍物和地形信息，为全局路径规划和避障提供基础数据。

相较于其他环境建模方法，栅格法在用于无人艇全局路径规划时，具有实现简单，易于开发、部署，可快速搭建基本的环境模型，以及扩展性和可定制性好等优点，可以根据实际需求对环境分辨率和精度进行调整，能够比较准确地描述环境中的障碍物信息。将全局路径规划空间按照一定的粒度拆分成多个连续不相交的栅格，每个栅格的状态代表其所在位置的环境信息，如图 5-1 所示，其状态主要分为可行路径点（空白栅格）和障碍路径点（黑色栅格）两种，岛屿、礁石、人为禁止航行区域等静态障碍物信息都作为障碍路径点表现在栅格中。最终无人艇的全局路径规划目标就是在构建的栅格地图中规划出一条从起点到终点的最优路径。但是受栅格大小的限制，栅格法无法检测小障碍物或细节。代价地图法可以考虑到路径中的位置、距离、障碍物和速度等因素，能够更好地处理动态环境，但它需要大量的计算资源。拓扑图法在涉及复杂环境、动态障碍物等的情况下，效率和准确性可能会降低。

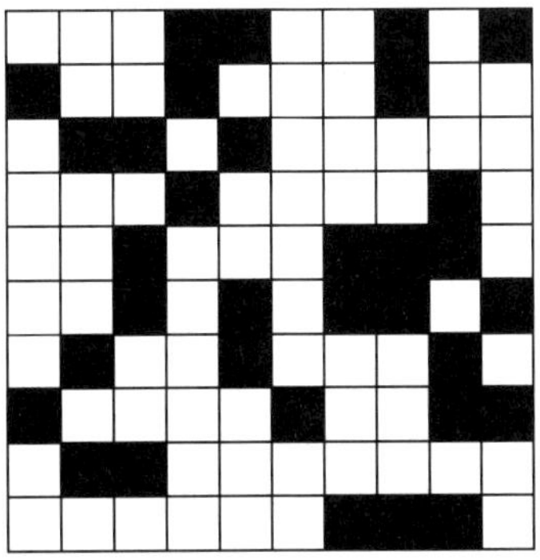

图 5-1　栅格法环境建模示意图

5.1.4 常用的全局路径规划算法

常用的全局路径规划算法通常分为传统路径规划算法和智能路径规划算法，如图 5-2 所示。传统路径规划算法分为 Bug1 算法、Bug2 算法、可视图法、Voronoi 算法、Dijkstra 算法、A*算法及 RRT 算法等，而智能路径规划算法由快速发展的智能优化算法构成，包括模拟退火算法、神经网络算法、遗传算法、蚁群算法及粒子群算法等。根据实现方法的不同，全局路径规划算法也可分为基于搜索的算法（如 A*算法）和基于采样的算法（如 RRT 算法）。这些算法各有各的优缺点，本节将对每种算法进行具体的介绍。

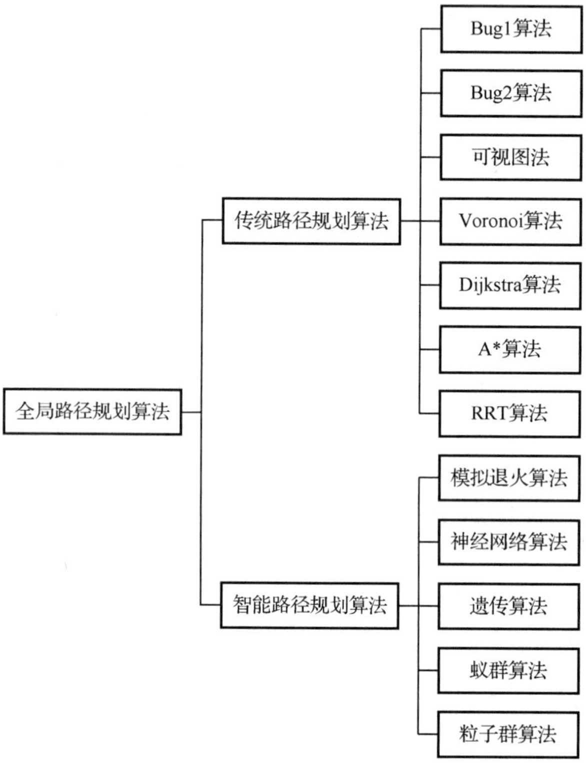

图 5-2 全局路径规划算法分类

5.1.4.1 Bug1 算法

Bug1 算法的基本思想让机器人朝着目标点前进，当路径上出现障碍物时，让机器人绕着障碍物的轮廓移动，找出障碍物轮廓上最靠近目标点的点，将其作为离开点，从该点离开障碍物轮廓，沿直线向目标点移动。Bug1 算法可保证机器人能到达任意目标点，但是计算效率极低。

5.1.4.6　A*算法

A*算法是一种静态路网中求解最优路径最有效的直接搜索算法，是一种启发式的搜索算法，也是 Dijkstra 算法的拓展，其仿真图如图 5-6 所示。

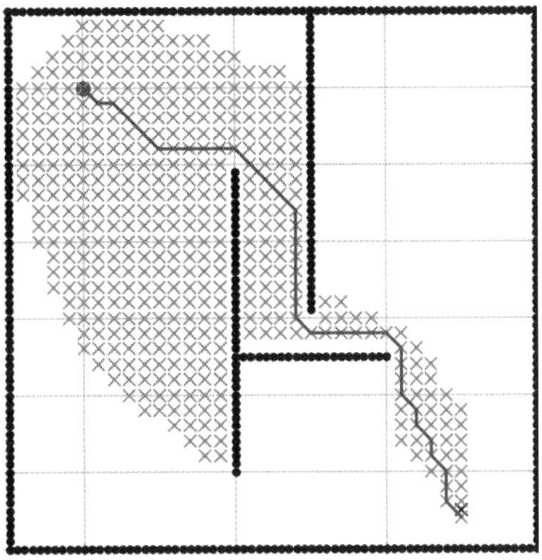

图 5-6　A*算法的仿真图

A*算法的思路是将所处环境先进行栅格化，将地图细分为一个个栅格，每个栅格根据其内部是否有障碍物被分类为可行空间和不可行空间，然后采用启发式算子在与当前栅格相邻的 8 个栅格中选择需要行驶的方向，排除不可行空间，对剩下的栅格采用启发式算子进行代价评估，每次选择代价评估值最小的栅格，以此来搜寻从起点栅格到终点栅格的最优路径，可用公式表达为

$$f(n)=g(n)+h(n) \tag{5.1}$$

式中，$f(n)$ 为从起点栅格到终点栅格的代价函数；$g(n)$ 为从起点栅格到当前待评估栅格的代价评估函数，代表了搜索的广度优先趋势；$h(n)$ 为从当前待评估栅格到终点栅格的代价评估函数，体现了搜索的启发信息。

如果 $h(n)$ 为 0，则意味着 $f(n)=g(n)$，此时 A*算法就变成 Dijkstra 算法。如果 $h(n)$ 小于实际代价评估值，则 A*算法可以找到最优路径，但是搜索效率略低，$h(n)$ 越小，意味着搜索节点越多，效率越低，但是精度越高，越接近最优解，因为趋于 Dijkstra 算法。

A*算法流程图如图 5-7 所示，具体的实施步骤如下。

步骤 1：初始化栅格环境模型、Open 表和 Close 表，将待搜索域表示为 Open 表，已搜索域表示为 Close 表，建立 Open 表和 Close 表。

步骤 2：先把起点 S 加入 Close 表并将其设置为父节点 A_n，然后扩展起点 S 周围可行节点，作为父节点的子节点加入 Open 表，计算 Open 表中各个节点的 $g(n)$ 和 $h(n)$，根据父节点 $h(n)$ 计算各个子节点的真实移动代价 $g(n+1)=g(n)+D(p_n+p_{n+1})$。其中，$p_n$ 代表第 n 个节点的坐标；$D(p_n+p_{n+1})$ 代表 p_n 和 p_{n+1} 之间的欧几里得距离。

步骤 3：在 Open 表中找出令 $f(n)$ 最小的子节点 A_{n+1}，将其设为新的父节点 A_n，并将其从 Open 表移到 Close 表中。

步骤 4：判断父节点 A_n 是否为目标点，如果是，则沿着父节点将目标点 T 一致回溯到起点 S，此时的回溯节点序列即最优路径。

步骤 5：如果父节点 A_n 不是目标点，则判断 Open 表是否为空，如果是，则表示不存在从起点 S 到目标点 T 的可行路径。如果 Open 表不为空，则扩展父节点周围可行节点加入 Open 表，跳过已经在 Close 表中的扩展节点，计算新加入 Open 表的各个节点的 $g(n)$ 和 $h(n)$。对已在 Open 表中的节点，比较该节点在原有运行成本 $g(n)$ 和将当前节点作为父节点时的运行成本 $g(n)'$。若 $g(n)' < g(n)$，则修改该节点的父节点为当前父节点 A_n 并更新 $g(n)$。

步骤 6：重复步骤 3、4、5，直至找到最优路径或 Open 表为空，不存在从起点 S 到目标点 T 的可行路径。

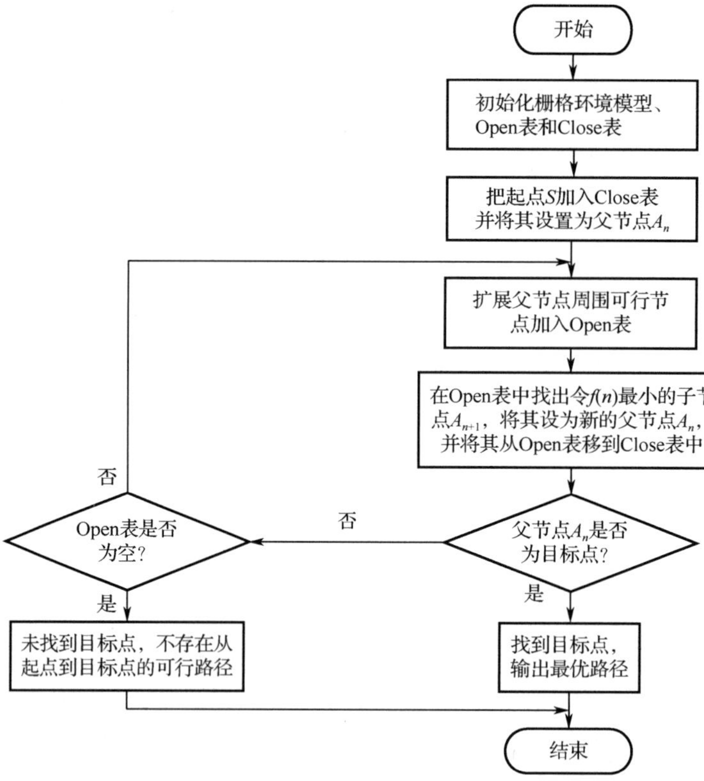

图 5-7　A*算法流程图

通过 Dijkstra 算法与 A*算法在无障碍物情况下的对比（见图 5-8）可以看到，Dijkstra 算法的搜索范围是从起点栅格由中心向外围一步步扩大的，而 A*算法的搜索范围比 Dijkstra 算法小很多，有指向性地向终点逼近，很多完全偏离方向的可达空间被移除在外不纳入待评估栅格。

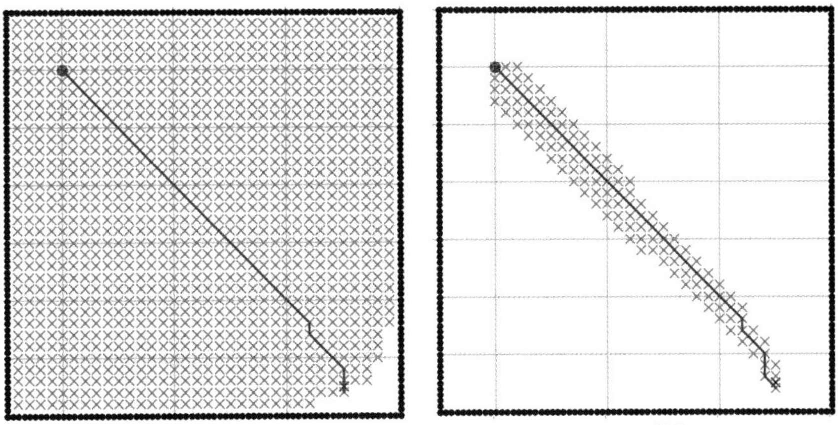

（a）Dijkstra 算法　　　　（b）A*算法

图 5-8　Dijkstra 算法与 A*算法在无障碍物情况下的对比

因为要进行代价评估的栅格减少了，所以 A*算法的运算速度更快，但是 A*算法对于启发函数非常依赖，对于规划路径转折点较多、搜索范围相对较小的情况，A*算法容易陷入局部最优解问题，对最终的全局路径规划造成影响。因此，在后续优化的 A*算法中，可以通过启发函数、搜索方式对 A*算法进行改善。对于无人艇，还需要将风、浪、洋流等影响因素能够导致的偏差考虑在内，同时因为无人艇相对于路面上的机器人灵活性和机动性较差，所以还需要将无人艇的最大转弯半径等因素考虑在内，避免发生无人艇无法按照规划路径行驶的情况。

为了提升 A*算法在无人艇全局路径规划中的效能和实用性，研究者们提出了多种优化策略。这些策略旨在通过改进搜索机制和路径优化过程，以减少不必要的节点探索，并缩短算法的执行时间。例如，可以采用并行计算技术来加速搜索过程，或者实施多节点扩展策略，以克服栅格环境对路径形状的限制，并进一步逼近最优路径。具体来说，一种方法是通过启发式函数的改进，设计更符合无人艇动力学特性的评估指标，以引导算法朝着更适合无人艇航行的路径方向发展。另一种方法则是利用多线程或分布式计算资源，实现算法的并行化处理，从而在保持路径质量的同时，显著降低计算时间。

5.1.4.7　模拟退火算法

模拟退火算法（Simulate Annealing Algorithm，SAA）是一种智能进化算法，它模仿固体物质的退火过程，通过设定初始温度、初态和降温率控制温度的不断下降，结合概率突跳特性，利用解空间的邻域结构进行随机搜索。模拟退火算法具有描述简单、使用灵活、运行效率高、初始条件限制少等优点，但也存在收敛速度慢、随机性等缺点，参数设定是模拟退火算法应用过程中的关键环节。

模拟退火算法流程图如图 5-9 所示，具体流程如下。

（1）令 $T=T_0$，表示开始退火的初始温度，随机产生一个初始解 x_0，并计算对应的目标函数值 $E(x_0)$。

（2）令 $T=\alpha T$，其中 α 取值在 0 到 1 之间，为降温率。

（3）对当前解 x_t 施加随机扰动，在其领域内产生一个新解 x_{t+1}，并计算对应的目标函数 $E(x_{t+1})$，计算 $\Delta E = E(x_{t+1}) - E(x_t)$。若 $\Delta E < 0$，则接受新解作为当前解，否则按照概率 $e^{-\Delta E/\alpha T}$ 判断是否接受新解。在温度 T 下，重复多次扰动和接受过程，判断温度是否达到终止温度水平，若是，则终止，否则返回（2）。

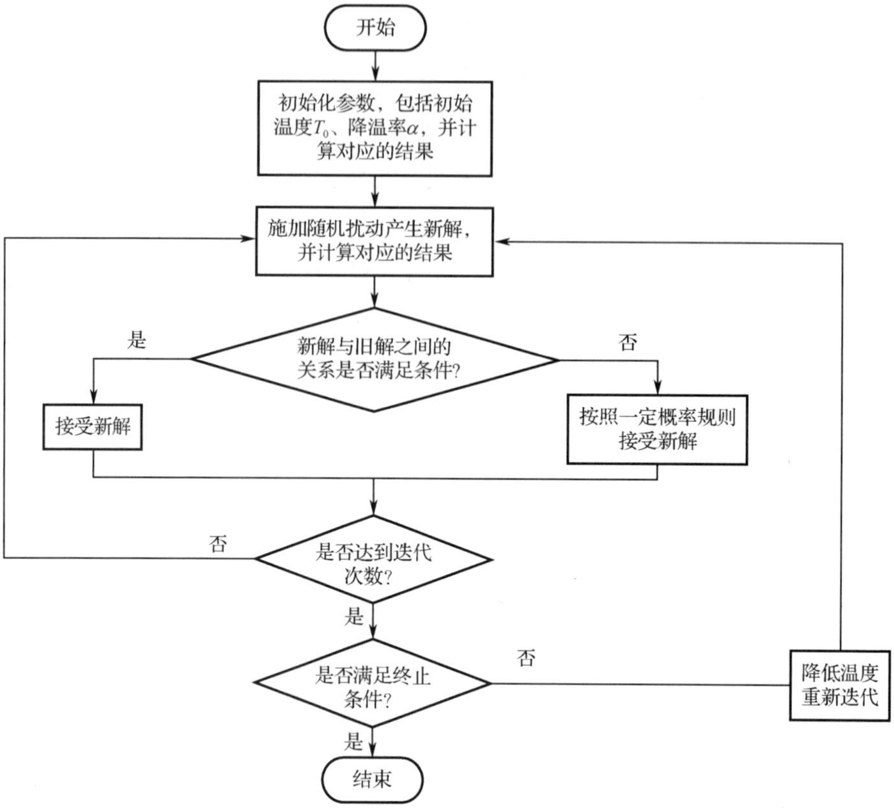

图 5-9　模拟退火算法流程图

模拟退火算法应用于无人艇全局路径规划的步骤如下。

步骤 1：建立地图。

步骤 2：随机生成一条可行路径，记作 Old_path。

步骤 3：计算 Old_path 的适应度，即从起点到终点的距离。

步骤 4：由 Old_path 生成一条新的路径，记作 New_path。

步骤 5：计算 New_path 的适应度。

步骤 6：判断两条路径的适应度之间的关系。

如果 New_path 的适应度小于 Old_path 的适应度，则用 New_path 的信息更新 Old_path 的信息。

如果 New_path 的适应度大于 Old_path 的适应度，则计算接受此条新路径的概率，该概率称为接受概率。产生一个 0～1 的随机数，若接受概率大于随机数，则用 New_path

的信息更新 Old_path 的信息，否则放弃 New_path 这条路径，仍用 Old_path 进行搜索。

步骤 7：判断是否满足终止条件，若不满足，则循环步骤 3～6；若满足，则停止程序运行，输出 New_path 的信息，并在地图上画出路径。

模拟退火算法的仿真图如图 5-10 所示。

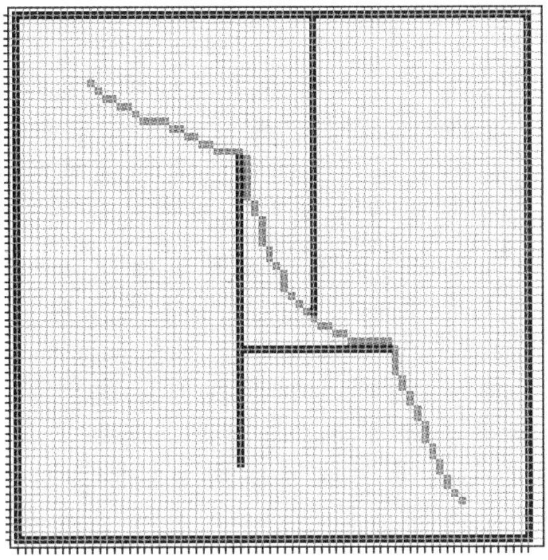

图 5-10　模拟退火算法的仿真图

模拟退火算法具有全局搜索的能力，适用于复杂的问题，能够处理非连续问题，但是随着迭代次数的增加，计算的复杂度可能会很高，同时也容易陷入局部最优解问题，通常其应用需要根据具体问题的特点综合考虑，并与其他优化算法进行比较后做出选择。

5.1.4.8　神经网络算法

神经网络算法是人工智能领域中的一种非常优秀的算法，它主要模拟动物神经网络行为，进行分布式并行信息处理。但它在全局路径规划中的应用并不成功，因为全局路径规划中复杂多变的环境很难用数学公式进行描述，如果用神经网络去预测学习样本分布空间以外的点，则其效果必然非常差。尽管神经网络具有优秀的学习能力，但是泛化能力差是其致命缺点。但因为学习能力强、鲁棒性高，神经网络算法与其他算法的结合应用已经成为全局路径规划领域研究的热点。

目前在全局路径规划中应用效果较好的有循环神经网络（Recurrent Neural Network，RNN）和卷积神经网络（Convolutional Neural Network，CNN）。

1．循环神经网络

循环神经网络实现了序列化数据的记忆功能，其基本结构如图 5-11 所示。从决策路径开始，给出一系列不同性质的输入数据，它创建描述其当前环境感知的数据之间的关系，并根据当前的状态选择下一时刻的路径信息，以便将自己从当前状态转移到相对于目标点应该处于更好位置的下一状态。在时间序列下的路径信息呈现相关性，当前位置的信息可以同时体现之前一系列状态和相关的位置信息。因此，路径规划成为序列问题的可变序列，能够实现对信息的有效记忆和分析。

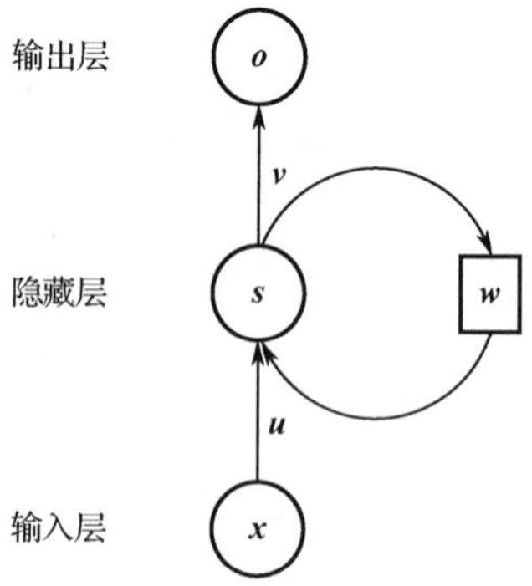

图 5-11　循环神经网络的基本结构

在图 5-11 中，$\boldsymbol{x}$ 是一个向量，表示输入层的值；$\boldsymbol{s}$ 是一个向量，表示隐藏层的输出值；$\boldsymbol{u}$ 是输入层到隐藏层的权重矩阵；$\boldsymbol{o}$ 是一个向量，表示输出层的值；$\boldsymbol{v}$ 是隐藏层的权重矩阵；$\boldsymbol{w}$ 是隐藏层上一次的值作为这一次的输入的权重。图 5-11 的公式表达形式为

$$\begin{aligned} \boldsymbol{o}_t &= g(\boldsymbol{v} \cdot \boldsymbol{s}_t) \\ \boldsymbol{s}_t &= f(\boldsymbol{u} \cdot \boldsymbol{x}_t + \boldsymbol{w} \cdot \boldsymbol{s}_{t-1}) \end{aligned} \tag{5.2}$$

标准型循环神经网络的结构如图 5-12 所示。标准型循环神经网络包含输入层、隐藏层、输出层三部分，该模型实现了层之间神经元的权重连接，箭头表示数据流的传递方向。标准型循环神经网络具有一定的记忆能力，在处理序列化数据时能够得到很好的准确结果。

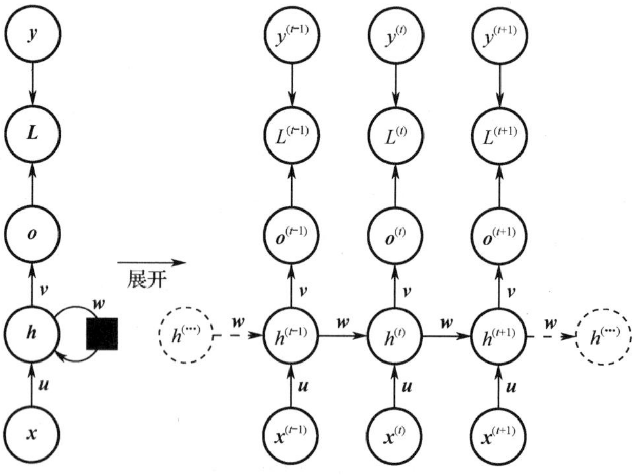

图 5-12　标准型循环神经网络的结构

2. 卷积神经网络

卷积神经网络是通过多层的网络训练，运用两个端对端的设计思路设计的一种网络结构，主要包括三种网络层结构，分别为卷积层、池化层、全连接层，三种不同的网络层结构起到了不同的作用，如图 5-13 所示。在训练卷积神经网络结构的过程中，存在前向和后向两个阶段。前向阶段实现对于输入图像的读取，此时各个网络层结构的权重值和偏置值会发生变化。预测的输出将对比图像的标签，得到预测准确率。在此基础上，进行后向阶段的参数梯度计算及更新。当准确率达到要求时，网络学习可以停止。

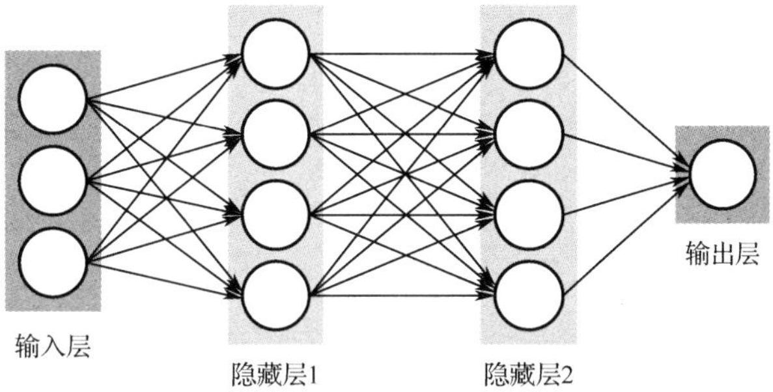

图 5-13　卷积神经网络的结构

在卷积层中，卷积神经网络利用卷积核实现了整个图像空间信息的特征提取，利用若干个卷积核单位实现了对不同特征的提取。

在通常情况下，卷积层之后会添加一个池化层，池化层的作用是减少特征图的维度和网络结构的参数量，实现数据的降维操作。池化层具有平移不变性，在计算过程中充分考虑相邻像素点。最常用的池化策略为平均池和最大池，如图 5-14 所示。

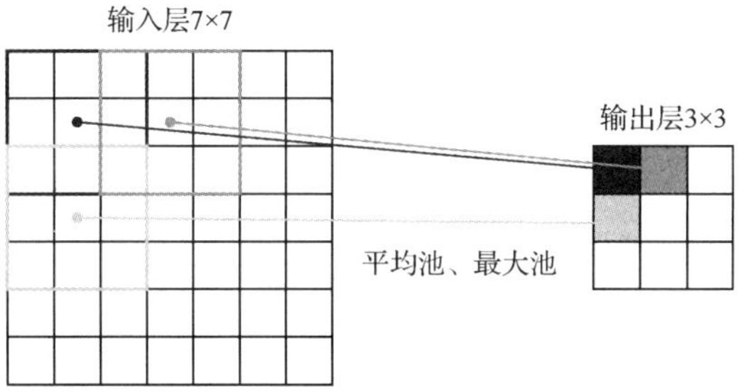

图 5-14　池化层示意图

在池化层之后将连接全连接层，全连接层实现了将二维特征图映射为一维固定长度的特征向量，该特征向量包含输入图像信息的所有特征信息。全连接层的主要作用有：完成卷积神经网络的参数整合，将网络结构存储在定长矢量中，进一步作为图像空间分类的特征向量。

使用卷积神经网络算法进行无人艇全局路径规划的步骤如下。

步骤 1：根据环境生成路径，通常可根据 FM 算法或其他算法（如 A*算法）等生成路径。

步骤 2：训练测试集划分及数据预处理。

步骤 3：通过卷积神经网络训练出最优路径。

卷积神经网络算法能够通过学习历史数据和经验，自动调整权重和参数，有能力适应复杂的问题和多变的环境，通常也可以进行并行计算，加快训练和推理的速度，而且它也具有一定的鲁棒性，对于输入数据的噪声和不完整性具有较好的处理能力。但是它对于数据具有依赖性，需要基于大量高质量的数据集进行训练，否则效果可能会很不好。同时，训练通常需要大量的计算资源和时间，对于复杂结构的卷积神经网络和大规模的数据集，训练时所需要的时间和计算复杂度会成倍增加。此外，卷积神经网络算法不具备一个合理且可解释的决策过程和规则。

5.1.4.9 遗传算法

遗传算法是基于生物进化论的自然选择和遗传变异观点所提出的，该算法通过加入选择、交叉和变异算子对初始长度编码下的种群进行运算，并将适应度作为路径解的评价标准，是按照遗传学原理实现的一种迭代过程的搜索算法。该算法具有较高的鲁棒性，适用于复杂环境下的路径求解问题，应用非常广泛，但是它存在收敛速度慢、控制变量多、求解能力差等缺点。遗传算法流程图如图 5-15 所示。

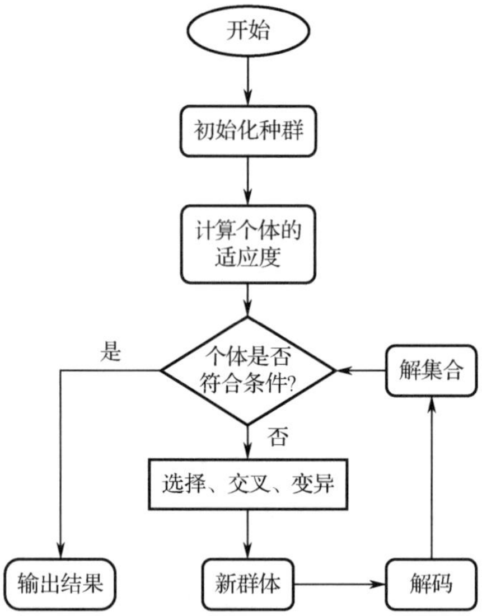

图 5-15　遗传算法流程图

步骤 1：初始化种群。

步骤 2：计算个体的适应度。

步骤 3：选择适应度合适的个体进入下一代。

步骤 4：交叉。

步骤 5：变异。

步骤 6：更新种群，若已经出现最优路径或已经达到迭代次数，则输出结果，否则转到步骤 2。

种群的概念是个体的集合，种群中的每个个体都是一个可行解，使用遗传算法的过程是从若干可行解中寻求最优解，即最优个体的过程。初始化种群的目的是找到若干组可以从起点到达终点的路径，每组路径就是一个个体，种群的大小就是个体的数量。在使用遗传算法求解最优路径的过程中，初始化种群是一个难点，既要保证路径的可行性，又要保证路径的连续性。

遗传算法的本质是求最小的适应度，而适应度的选择在全局路径规划过程中通常为一条路径从起点到终点的距离。如果要从多方面考量这条路径，那么还可以加入对路径的平滑度、耗能、转向代价等的考量，本节只以路径最短为标准。

（1）选择。根据适应度选择比较优秀的个体进入下一代，即物竞天择。最常规的进行适应度选择的方法为轮盘赌方法，其基本思路为，个体被选中的概率与其适应度大小成正比，即

$$P(x_i)=\frac{f(x_i)}{\sum_{j=1}^{N}f(x_j)} \tag{5.3}$$

式中，$f(\cdot)$为适应度函数。

另一种进行适应度选择的方法是将适应度从小到大排序，认为前一部分是强者，都能进入下一代。在剩下的弱者中选取 30%左右的个体，认为其可以存活，其余的弱者则直接舍弃。存活下来的强者和弱者构成一个新的种群，进行下一步的交叉操作。

（2）交叉。交叉的方法有许多种，如单点交叉，其操作原理是先给定一个交叉概率p_c，然后产生一个 0～1 之间的随机数，将其和交叉概率p_c进行比较，若p_c大于这个随机数，则进行交叉操作。

路径的不同会导致个体长度的不同，因此选择相邻的两个个体，其交叉点的位置不一定相同，这里选取相同编码处进行交叉（起点和终点除外），以保证路径的连续性。具体的交叉操作是找出两条路径中所有相同的点，随机选择其中一个点，将之后的路径进行交叉操作，即交换。

（3）变异。遗传学基因突变是指基因中的某一段发生变化，全局路径规划中的变异是指一条路径中的某一段发生变化。先给定一个变异概率p_m，然后产生一个 0～1 之间的随机数，将其和变异概率p_m进行比较，若p_m大于这个随机数，则进行变异操作。

变异操作方法是随机选取路径中除起点和终点外的两个栅格，去除这两个栅格之间的路径，以这两个栅格为相邻点，使用初始化种群中的路径连续化步骤对这两个点进行连续操作。此时有可能无法产生连续的路径，需要重新选择两个栅格执行以上操作，直到完成变异操作为止。这种重新生成的连续路径就是变异之后的连续路径。

遗传算法具有很好的搜索性能，能够处理多目标问题，但是实现起来相对复杂，需要编写适应度函数，并进行选择、交叉和变异等操作。此外，遗传算法的迭代次数较多，计算复杂度也较高，其收敛速度对于复杂的路径规划问题较难得到全局最优解，其仿真图如图 5-16 所示。

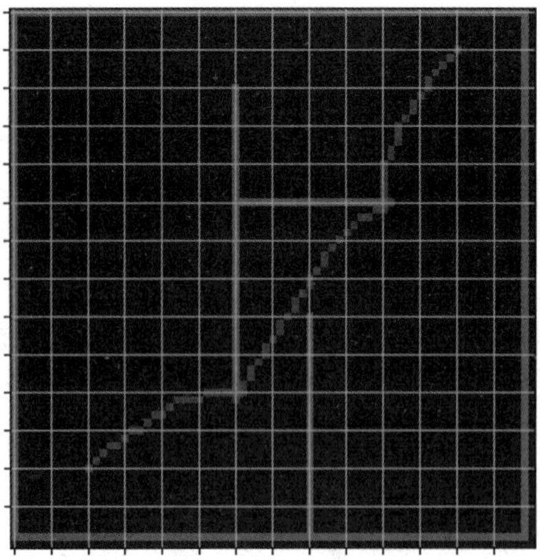

图 5-16　遗传算法的仿真图

5.1.4.10　蚁群算法

蚁群算法的思想源于对蚁群觅食行为的探索，每只蚂蚁在觅食时都会在走过的路径上留下一定浓度的信息素，相同时间内最优路径上由于蚂蚁遍历的次数多所以信息浓度高，起到正反馈作用，因此信息素浓度高的最优路径很快就会被发现。蚁群算法通过迭代来模拟蚁群觅食的行为来达到目的。在选择路径的过程中，路径选择概率 P 和信息素挥发系数 ρ 是决定全局搜索能力的重要因素，P 由初始信息素 τ 和启发信息 η 决定。路径选择概率 P 和启发信息 η 的计算公式分别为

$$P_{ij}(t)=\frac{\tau_{ij}(t)^{\alpha}\eta_{ij}(t)^{\beta}}{\sum\limits_{i,j=0}^{n-1}\tau_{ij}(t)^{\alpha}\eta_{ij}(t)^{\beta}} \tag{5.4}$$

$$\eta_{ij}(t)=\frac{1}{d_{ij}} \tag{5.5}$$

式中，下标 i、j 为节点；n 为节点数量；t 为时刻；α、β 分别为信息素重要程度因子和启发函数重要程度因子，反映信息素和启发函数对蚂蚁下一步移动作用的强度；d 为两节点间的直线距离。

蚁群算法的实施步骤如下。

步骤 1：对相关参数进行初始化，如蚁群规模（蚂蚁数量）、信息素重要程度因子、启发函数重要程度因子、信息素挥发系数、信息素常数、最大迭代次数等。

步骤 2：构建解空间，将蚂蚁随机地置于不同的出发点，为每只蚂蚁确定当前候选路径集。

步骤 3：更新每只蚂蚁走过的路径长度，记录当前的最优路径。同时对各个节点的信息素进行更新。

步骤 4：判断是否达到最大迭代次数，若是，则停止计算并输出最优路径，否则返回步骤 2。

蚁群算法流程图如图 5-17 所示。

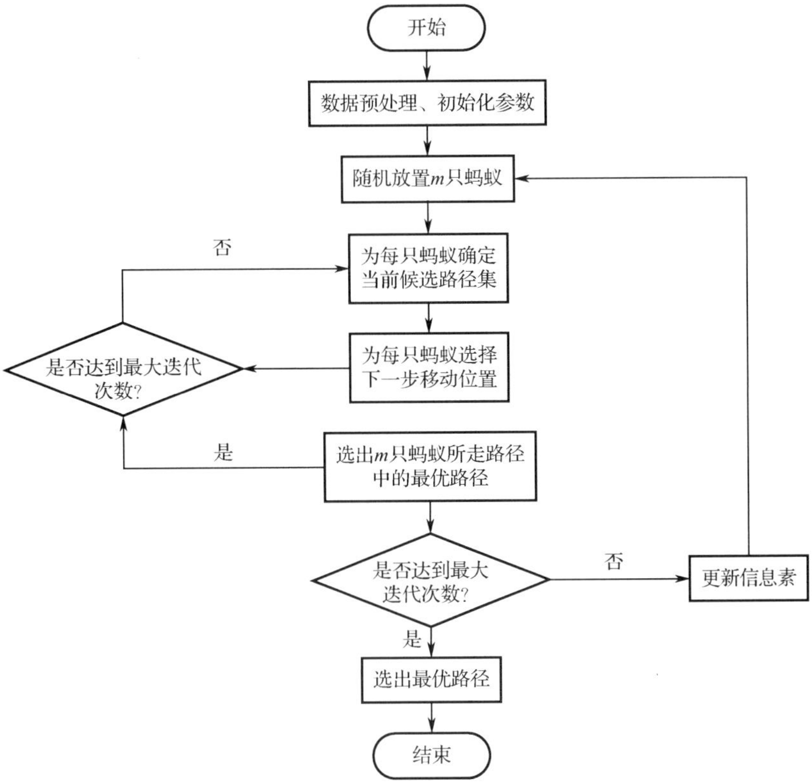

图 5-17　蚁群算法流程图

蚁群算法相较于传统算法具有较高的鲁棒性和便于并行处理的优点，但是如果初期路径规模太大或前期信息素缺失，则可能导致路径规划求解时间变长或无法得到全局最优解。参数的选择对于最终结果会造成较大的影响，如信息素挥发系数、信息素更新强度等，选择合理的参数对于蚁群算法的收敛性和搜索能力至关重要。蚁群算法的仿真图如图 5-18 所示。

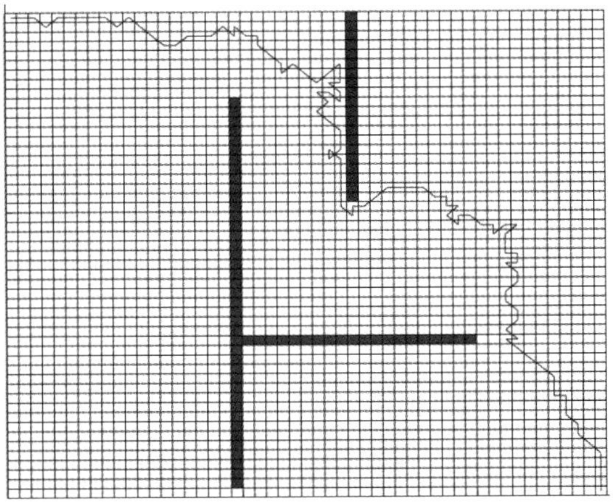

图 5-18　蚁群算法的仿真图

5.1.4.11 粒子群算法

粒子群算法（Particle Swarm Optimization，PSO）也是一种迭代算法，它模拟鸟群飞行捕食行为，和遗传算法相似，也是从随机解出发，通过迭代寻找最优解，并通过适应度来评价解的品质的，但它比遗传算法规则更为简单，没有遗传算法的交叉和变异操作。粒子群算法的优点在于容易实现，能记忆个体最优和全局最优信息，并且没有过多的参数，同样它也具有群体智能算法共有的缺点，即容易陷入局部最优解问题。

基本粒子群算法中的觅食行为可以理解为一群鸟在空间中寻找食物，空间中存在唯一的食物，鸟群不知道食物在哪里，但是知道自己与食物之间的距离，并且知道自己历史上与食物之间的最近距离。鸟会自己飞行，同时也会受到周围鸟的影响，因此整个鸟群都在一个中心的控制之下，整个鸟群的飞行就是由这个简单的规则驱使的。

粒子群算法的实施步骤如下。

步骤 1：初始化粒子群。

步骤 2：计算每个粒子的适应度。

步骤 3：根据适应度更新个体最优位置、全局最优位置，更新粒子位置、速度。

步骤 4：判断是否达到最大迭代次数，若是，则终止计算并输出最优位置，否则返回步骤 2。

粒子速度更新的数学表达式为

$$v_{n+1}=\omega v_n+c_1r_1(p_{\text{best}}-x_n)+c_2r_2(g_{\text{best}}-x_n) \tag{5.6}$$

式中，v_n 表示粒子速度；ω 为权重系数；c_1、c_2 为学习因子，r_1、r_2 为随机数；x_n 表示当前位置；p_{best} 表示个体最优位置；g_{best} 表示全局最优位置。

粒子位置更新的数学表达式为

$$x_{n+1}=x_n+v_n \tag{5.7}$$

式中，x_n 表示粒子位置；v_n 表示粒子速度。

粒子群算法具有较强的动态优化能力，能够实时根据当前搜索结果调整粒子的移动方向和速度，快速适应问题的变化，对动态环境下的全局路径规划问题具有良好的适应性。同样，它也存在参数选择、过早收敛等智能优化算法常出现的问题。粒子群算法流程图如 5-19 所示。

5.1.4.12 RRT 算法

RRT（Rapidly-exploring Random Tree，快速扩展随机树）算法适用于各种机器人类型和复杂约束条件，并且其原理十分简单，这也是它在机器人领域被广泛应用的主要原因之一。

RRT 算法是一种基于采样的算法，从机器人（无人艇）的起点位置进行向外扩展，在空间中通过随机函数进行采样得到周围一定范围内的随机点，利用节点扩展策略得到新节点，通过碰撞检测判断是否将新节点加到随机数中，经过多次探索和扩展最终将终点加到随机数中，表明成功地找到最优路径。

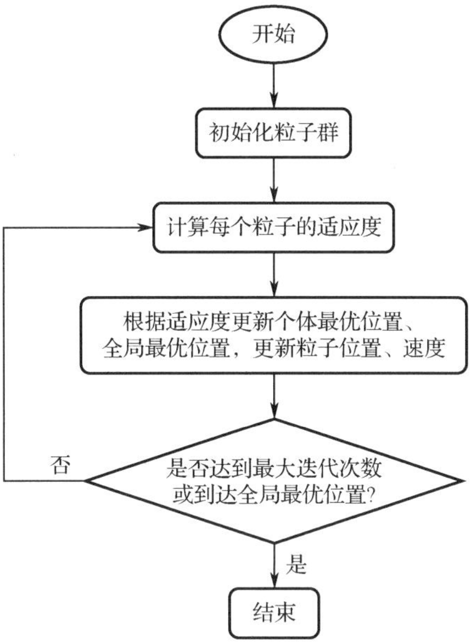

图 5-19　粒子群算法流程图

如图 5-20 所示，在每轮采样开始时，先生成随机点 x_{rand}，然后寻找距离 x_{rand} 最近且在随机树上的节点 x_{near}。在算法初始化时，会设置一个步长 Δ，表明每节树枝的长度，x_{new} 在 x_{near} 和 x_{rand} 的延长线上，x_{new} 到 x_{rand} 的距离就是步长 Δ，如果 x_{new} 没有碰撞的危险，则将 x_{near} 设置为 x_{new} 的父节点，并将 x_{new} 连接到随机树上。如此往复，最终生成的 x_{new} 在终点的阈值范围内，搜索结束，生成搜索路径，算法结束。RRT 算法搜索过程如图 5-21 所示。

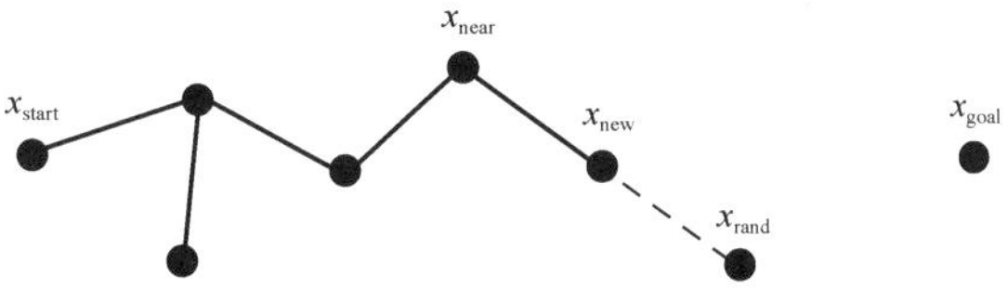

图 5-20　RRT 算法采样过程

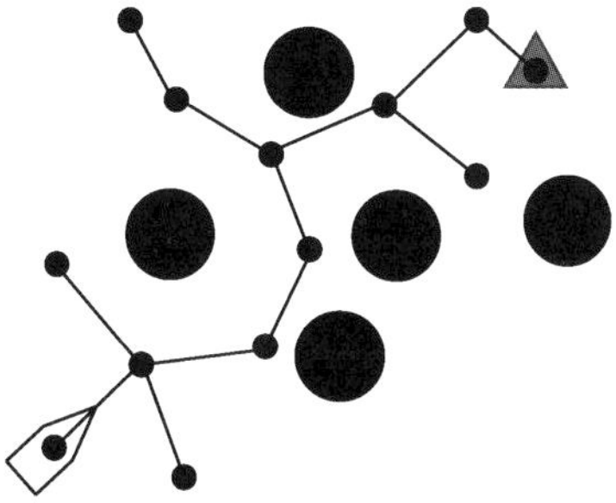

图 5-21　RRT 算法搜索过程

不难看出，RRT 算法的思想是快速扩张一群像树一样的路径来搜索大部分空间，趁机找到一条可行的路径。但是，因为随机点一般是均匀分布的，所以在没有障碍物时，树也会均匀地向各个方向生长，这样可以快速搜索。虽然 RRT 算法的搜索速度快，但是它仍有一些缺点，第一个缺点是，难以在有狭窄通道的环境中找到路径。由 RRT 算法的原理可知，节点是随机生成的，想随机找到狭窄通道内的点的概率本就小，在障碍物和步长的影响下不发生碰撞检测的概率微乎其微。假设在一个封闭空间中只开了一个小出口，能够一眼就看出最优路径，但是 RRT 算法可能会在封闭空间中绕来绕去被困住。第二个缺点是，不一定能找到一条最优路径。假设在一个空间中没有障碍物，只有起点和终点，可以知道两点连线为最优路径，但是 RRT 算法仍然会向周围扩展，而且最后得出的路径不一定是那条连线。第三个缺点是，每次得出的路径都是不一样的，具有随机性，不具备很好的参考性。

总之，RRT 算法是一种很简单的全局路径规划算法。对不同问题进行不同的算法优化或算法革新是研究人员多年来一直在做的事，下面对于全局路径规划算法中较麻烦、不合理的点逐一进行优化。

（1）随机点的选取。前文中提到随机性使 RRT 算法具有很强的搜索能力，均匀地向外扩展有时会降低算法的搜索速度，但是实际情况是机器人事先知道障碍物的信息，此时的随机性使路径规划没有了导向性，就像前文中提到的 Dijkstra 算法一样，对周围点都要计算一遍。针对这种情况，可以通过加入势函数，让算法在搜索空间中有倾向地沿着势场的方向前进，这样能够大大提高速度、精确度，同时能够互补两种方法的缺点。

（2）父节点的选取。前文中表示，选取不发生碰撞检测的、距离最近的节点为父节点，在此基础上对算法进行改善，每次对当前节点重新选择父节点，并且对在一定范围内的节点重新进行连接，达到压缩路程的目的，试图搜索到最优路径，这就是所谓的 RRT*算法。

（3）运用迭代的思想。先根据每次得出的路径确定一个范围（椭圆），然后通过在不断缩小的椭圆范围内重新进行随机点的选取来逐渐逼近最优解，这种改进方法称为 Informed RRT*算法。

当然，前文中提到的所有全局路径规划算法都是传统的、基本的算法，都有不小的改进空间，可以对不同条件下的全局路径规划算法进行优化，或者融合算法以达到更好的效果。

假设路经已经被搜索到，但是全局路径规划还没有结束，通过多种全局路径规划的结果图不难看出，利用全局路径规划算法计算出的路径往往是由多折线构成的，更有 A*算法等将地图栅格化后得到一格一格的多折线路径。沿这样的多折线路径运行对于扫地机器人来说不是一件难事，但是对于无人艇来说，由于存在环境干扰及运动学的限制，所以其没有办法完成折线节点那样瞬时的转向，即不可导。因此，在求出路径之后要进行轨迹规划，通常采用曲线拟合的方法，如多项式曲线拟合、样条曲线拟合、软约束和贝塞尔曲线拟合等方法。在进行轨迹规划时，要注意在确保沿新的轨迹运行不与障碍物发生碰撞的同时尽可能避免路径的过度增长，还要注意无人艇能否沿规划后的路径运行。

以 B 样条曲线为例，B 样条曲线是贝塞尔曲线的一种特例。与贝塞尔曲线相比，B 样条曲线在保留贝塞尔曲线全部优点的同时又克服了缺乏局部性质、连续性差等缺点，是路径平滑中常用的工具。B 样条曲线使用逼近多边形的方法使曲线优化，其核心是通过控制路径点对轨迹进行 B 样条处理，具有针对局部路径进行修改的特点。由于 A*算法规划的路径是在栅格环境中的最优路径，实际上在部分转折处存在转折角度过大问题，不利于无人艇进行路径跟踪，因此本节引入 3 次 B 样条曲线对 A*算法规划的路径中存在拐点的部分进行优化处理。

根据B样条曲线函数定义，已知有由n+1 个顶点 p_i（$i=0,1,\cdots,n$）构成的特征多边形，则 k 次的 B 样条曲线表达式为

$$E(u)=\sum_{i=0}^{n}p_iS_{i,k}(u),\quad u\in[0,1] \tag{5.8}$$

式中，$S_{i,k}(u)$ 被称为基函数，定义为

$$S_{i,k}(u)=\frac{1}{k!}\sum_{j=0}^{k-i}(-1)^j\mathrm{C}_{k+1}^{j}(u+k-i-j)^k \tag{5.9}$$

式中，$u\in[0,1]$；$i\in\{0,1,\cdots,k-1\}$；$\mathrm{C}_{k+1}^{j}=\dfrac{(n+1)!}{j!(n+1-j)!}$。

当 $k=3$ 时为 3 次 B 样条曲线，其数学表达式为

$$E(u)=\sum_{i=0}^{n}p_iS_{i,3}(u) \tag{5.10}$$

结合式（5.9）可得，3 次 B 样条曲线的基函数为

$$\begin{cases}S_{0,3}(u)=\dfrac{1}{6}(1-u)^3\\ S_{1,3}(u)=\dfrac{1}{6}(3u^3-6u^2+4)\\ S_{2,3}(u)=\dfrac{1}{6}(-3u^3+3u^2+3u+1)\\ S_{3,3}(u)=\dfrac{1}{6}u^3\end{cases} \tag{5.11}$$

将式（5.11）代入式（5.8）可得，3 次 B 样条曲线表达式为

$$E(u)=\frac{1}{6}[1\quad u\quad u^2\quad u^3]\begin{bmatrix}1&4&1&0\\-3&0&3&0\\3&-6&3&0\\-1&3&-3&1\end{bmatrix}\begin{bmatrix}p_0\\p_1\\p_2\\p_3\end{bmatrix},\quad u\in[0,1] \tag{5.12}$$

图 5-21 优化后的路径如图 5-22 所示。

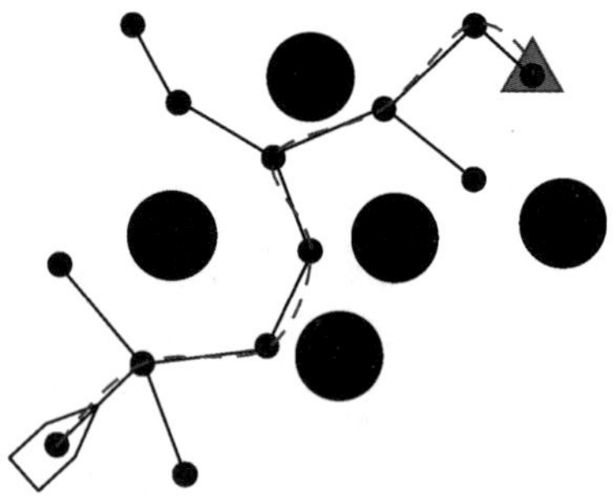

图 5-22　图 5-21 优化后的路径

5.2　无人艇局部路径规划

5.2.1　引言

与全局路径规划算法不同，局部路径规划算法不需要完整的环境信息，通过传感器从周围环境中获取信息，包括但不限于障碍物的尺寸、形状和相对速度，并通过算法计算得到一条安全的路径，因此也被称作避障算法。前文提到全局路径规划算法是一种静态规划算法，即所有障碍物都是已知且静止的，而本节要介绍的局部路径规划算法是一种动态规划算法，即障碍物是未知且运动着的。其中，动态障碍物的运动分为两种情况，一种是运动已知的情况，另一种是运动未知的情况。

（1）在动态障碍物的运动已知的情况下，获取到的障碍物运动信息准确。无人艇在沿着规划好的全局路径轨迹航行的过程中，会遇到在全局路径规划时没有考虑到的障碍物，这些障碍物可能是静态的，也可能是动态的，无人艇需要根据现场情况实时地躲避这些障碍物，并且在避让之后尽快回到规划好的轨迹上。

船舶自动识别系统（Automatic Identification System，AIS）是一种用于实现船和岸、船和船之间的海事安全与通信的新型助航系统，通常由 VHF 通信机、GPS 定位仪和与船载显示器及传感器等相连接的通信控制器组成，能自动交换船位、航速、航向、船名、呼号等重要信息。装在船舶上的 AIS 在向外发送这些信息的同时，接收 VHF 通信机覆盖范围内其他船舶的信息，从而实现自动应答。此外，作为一种开放式数据传输系统，AIS 可与雷达、ARPA、ECDIS、VTS 等终端设备和 Internet 实现连接，构成海上交管和监视网络，是不用通过雷达探测也能获得交通信息的有效手段，可以有效减少船舶碰撞事故。

国际海事组织规定，所有 300 总吨及以上的国际航行船舶、500 总吨及以上的非国际航行船舶，以及所有客船，应按要求配备 AIS。由于在小型船舶的 AIS 设备被强制要求安装之前，难以精确获取它们的运动信息，因此针对它们的避碰需要采用其他方法。

（2）在动态障碍物的运动未知的情况下，障碍物的运动难以分辨，它的运动存在较大的不确定性，想要实时避碰则更为困难。这种运动的不确定性一方面是障碍物自身的复杂性导致的，如在海面上漂浮的大型物体在风、浪、洋流的影响下，其运动状态很难计算出来，无法预测障碍物的运动方向将带来巨大的威胁；另一方面是无人艇感知系统的误差、精度，以及相应的障碍物识别算法和障碍物运动预测算法的准确性不高导致的。

海上的环境复杂多变，而无人艇又存在幅度较大的 6 自由度运动，风、浪造成的摇晃及有雾天气造成的视觉干扰和图像处理问题，使得只采用视觉传感器来感知存在隐患。因此，雷达、声呐等传感器就很有必要安装在无人艇上，它们通过发射电磁波等并接受回波对周围环境进行感知。尽管目前雷达的性能已经显著提高了，但是与 AIS 相比仍有很大的差距。一般大型船舶配备两个雷达，分别用于低频和高频，以及远程和进程。无人艇本身尺寸较小，雷达天线高度、发射功率与大型船舰仍有差距，因此雷达的精度易受影响。

常见的局部路径规划算法包括虚拟势场法、速度障碍法、动态窗口法、人工势场法等。本节将介绍无人艇在海上的避碰规则、碰撞风险及常用的局部路径规划算法。

5.2.2　避碰规则

在《1972 年国际海上避碰规则公约》（以下简称《海规》）中，对海上船舶避碰规则进行了很全面的描写。《海规》中对于两船相遇的公约如下。

第十三条　追越

1．任何船舶在追越任何他船时，均应给被追越船让路。

2．一船正从他船正横后大于 22.5 度的某一方向赶上他船时，即该船对其所追越的船所处位置，在夜间只能看见被追越船的尾灯而不能看见它的任一舷灯时，应认为是在追越中。

3．当一船对其是否在追越他船有任何怀疑时，该船应假定是在追越，并应采取相应行动。

4．随后两船间方位的任何改变，都不应把追越船作为本规则条款含义中所指的交叉相遇船，或者免除其让开被追越船的责任，直到最后驶过让清为止。

第十四条　对遇局面

1．当两艘机动船在相反或接近相反的航向上相遇致有构成碰撞危险时，各应向右转向，从而各从他船的左舷驶过。

2．当一船看见他船在正前方或接近正前方，并且在夜间能看见他船的前后桅灯成一直线或接近一直线和（或）两盏舷灯；在白天能看到他船的上述相应形态时，则应认为存在这样的局面。

3．当一船对是否存在这样的局面有任何怀疑时，该船应假定确实存在这种局面，并应采取相应的行动。

第十五条　交叉相遇局面

当两艘机动船交叉相遇致有构成碰撞危险时，有他船在本船右舷的船舶应给他船让路，如当时环境许可，还应避免横越他船的前方。

以上公约可以简单总结为，在两船对遇的情况下，两船都应该向右转，从它船的左舷驶过；在两船交叉相遇的情况下，让右舷的船先过或者向右绕过去。对于追越的情况，在《海规》中并未详细提及，但是在第九条狭水道中提到"沿狭水道或航道行驶的船舶，只要安全可行，应尽量靠近其右舷的该水道或航道的外缘行驶"。因此，对于狭水道的特殊情况，需要从左侧追越，而在宽阔水域，只需要注意安全，从左侧或者右侧追越均可。

在《海规》第十八条中写明了船舶之间的责任，机动船应该给失去控制的船舶、操纵能力受到限制的船舶、从事捕鱼的船舶和帆船让路；帆船应该给失去控制的船舶、操纵能力受到限制的船舶和从事捕鱼的船舶让路；从事捕鱼的船舶应该给失去控制的船舶和操纵能力受到限制的船舶让路。

由此可以看出，《海规》给船员驾驶船舶提出一种思路，主要描述的是驾驶员的感受，但是这些所谓的公约难以作为无人艇的避碰依据。无人艇虽然并不属于国际海事组织所定义的船舶，但是无人艇在出海时同样要将海上唯一交通规则《海规》作为避碰的准则。无人艇遭遇的障碍物是比它更加灵活的船舶，运动情况复杂且无法预知，最终造成的避碰局面也难以预料。因此，虽然无人艇要以《海规》为准则，但是当面对复杂紧迫的局面，《海规》可能置无人艇于更危险的情况时，应该放弃这一准则，沿更安全的方向规避危险。

目前，针对《海规》的条例，先将抽象的海上避碰规则具体化为以下几种方法。

（1）相遇：无人艇与障碍物的航向角度差满足$|180^\circ-\Delta\theta|<22.5^\circ$，并且接近危险距离的情况，视作相遇碰撞，此时按照《海规》，无人艇应该从障碍物的左侧通过，无人艇要向右侧航行。

（2）追越：无人艇高速航行，与障碍物的航向角度差小于45°，并且接近危险距离的情况，视作追越，此时无人艇统一向左侧航行。

（3）交叉相遇：无人艇与障碍物的航向角度差为45°～157.5°，并且接近危险距离的情况，视作交叉相遇，此时无人艇应该从障碍物后方航行。

5.2.3　碰撞风险

船舶碰撞事故是最常见的水上交通事故之一，其不仅会造成船舶、货物等财产损失，而且可能造成人员伤亡或燃油泄漏等，严重威胁人员生命、财产和水域环境安全。为减小船舶碰撞事故发生率，提高船舶航行安全和交通效率，船舶碰撞风险评价已成为水上交通安全领域的研究热点。

《海规》中出现了多处对"碰撞风险"的引用，但是并没有给出相关定义，目前尚无公认的度量方法。目前，国内外对海上碰撞的研究很多，相关的标准也不尽相同。对于碰撞风险，两个通用的指标是碰撞危险度和避碰时机。

5.2.3.1　碰撞危险度

根据确定标准不同，船舶碰撞危险度可分成两类：一类是客观上船舶之间发生碰撞的可能性，即根据一定的客观指标所评价的船舶发生碰撞的可能性。在确定这种碰撞危险度时，所选取的指标是会遇船舶在特定情况下的客观指标，即船舶会遇几何要素等，是不以人的意志为转移的客观事实。因此，它基本未考虑驾驶员对局面的认识。另一类是在特定情况下驾驶员所感觉到的碰撞危险，即所谓的主观碰撞危险度。主观碰撞危险度是在特定情况下驾驶员对客观碰撞危险的认识或反映。还有一种分类方法是将船舶碰撞危险度分为宏观碰撞危险度与微观碰撞危险度。宏观碰撞危险度主要以历史碰撞事故数据、交通流数据、水文气象环境数据为依据，结合数理统计知识、德尔菲法（专家意见法）、Markov 理论、证据理论等方法，对特定范围水域的航行安全形势进行整体分析评价。微观碰撞危险度是指从船舶会遇局面下的碰撞事故角度进行研究，量化船舶之间的碰撞危险。微观碰撞危险度评价具体而言是指船舶之间的碰撞危险度。宏观碰撞危险度评价方法主要有故障树分析（FTA）方法、最佳避让操作方法等；微观碰撞危险度评价方法主要有概率流、最小会遇距离（DCPA）和最小会遇时间（TCPA）加权确定方法、神经网络方法、模糊集方法等。

以无人艇在航行过程中遇到动态会遇船舶（TS_n）为例，计算无人艇与动态会遇船舶的相关运动参数，从而构建无人艇与障碍物之间的碰撞危险度模型。假设在北东坐标系下，两船相对运动参数如图 5-23 所示，设无人艇（USV_m）航速为$\boldsymbol{v}_m(v_{mx}, v_{my})$，航向为$\psi_m$，坐标为$P_m(x_m, y_m)$，通过船载感知系统获得目标船舶的航速为$\boldsymbol{v}_n(v_{nx}, v_{ny})$，航向为$\psi_n$，坐标为$P_n(x_n, y_n)$，相关运动参数计算方法具体如下。

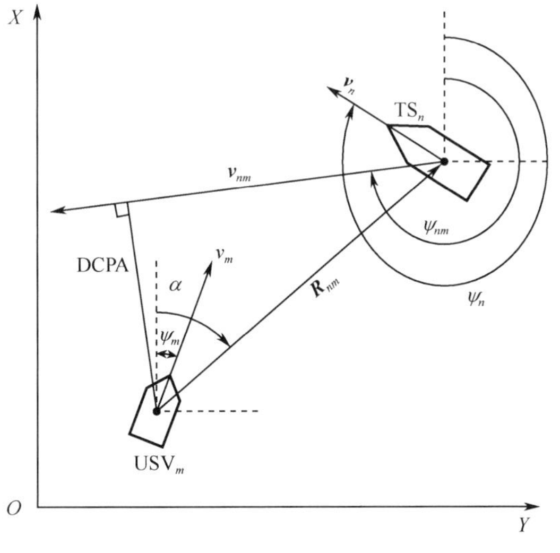

图 5-23　无人艇会遇示意图

1. 无人艇信息

无人艇航速矢量 $\boldsymbol{v}_m$ 的模值，即航速的大小为

$$\|\boldsymbol{v}_m\| = \sqrt{v_{mx}^2 + v_{my}^2} \tag{5.13}$$

无人艇航向 ψ_m 为

$$\psi_m = \arctan\frac{v_{mx}}{v_{my}} + \kappa \tag{5.14}$$

式中，

$$\kappa = \begin{cases} 0, & v_{mx} \geqslant 0, \ v_{my} \geqslant 0 \\ \pi, & v_{my} \leqslant 0 \\ 2\pi, & v_{mx} < 0, \ v_{my} \geqslant 0 \end{cases}$$

2. 目标船舶信息

目标船舶航速矢量 $\boldsymbol{v}_n$ 的模值，即船速的大小为

$$\|\boldsymbol{v}_n\| = \sqrt{v_{nx}^2 + v_{ny}^2} \tag{5.15}$$

目标船舶航向 ψ_n 为

$$\psi_n = \arctan\frac{v_{nx}}{v_{ny}} + \kappa \tag{5.16}$$

3. 目标船舶与无人艇的相对信息

相对速度矢量 $\boldsymbol{v}_{nm}(v_{nmx}, v_{nmy})$ 在 x 轴和 y 轴上的分量大小为

$$\begin{cases} v_{nmx} = v_{nx} - v_{mx} \\ v_{nmy} = v_{ny} - v_{my} \end{cases} \tag{5.17}$$

相对速度矢量 $\boldsymbol{v}_{nm}(v_{nmx}, v_{nmy})$ 的模值，即相对速度大小为

$$\|\boldsymbol{v}_{nm}\| = \sqrt{v_{nmx}^2 + v_{nmy}^2} \tag{5.18}$$

相对速度矢量 $\boldsymbol{v}_{nm}$ 的方向 ψ_{nm} 为

$$\psi_{nm} = \arctan\frac{v_{nx}}{v_{ny}} + \kappa \tag{5.19}$$

相对位置矢量 $\boldsymbol{R}_{nm}(x_{nm}, y_{nm})$ 在 x 轴和 y 轴上的分量大小为

$$\begin{cases} x_{nm} = x_n - x_m \\ y_{nm} = y_n - y_m \end{cases} \tag{5.20}$$

相对位置矢量 $\boldsymbol{R}_{nm}(x_{nm}, y_{nm})$ 的模值，即两船相对距离为

$$\|\boldsymbol{R}_{nm}\| = \sqrt{x_{nm}^2 + y_{nm}^2} \tag{5.21}$$

目标船舶相对于无人艇的真方位 α 为

$$\alpha = \arctan\frac{x_n - x_m}{y_n - y_m} + \kappa \tag{5.22}$$

4．目标船舶与无人艇的最小会遇距离

目标船舶与无人艇的最小会遇距离 DCPA 为

$$\mathrm{DCPA} = \|\boldsymbol{R}_{nm}\| \cdot \sin(\psi_{nm} - \alpha - \pi) \tag{5.23}$$

当目标船舶从无人艇的船艏方向通过时，DCPA≥0；当目标船舶从无人艇船艉方向通过时，DCPA<0。

5．目标船舶与无人艇的最小会遇时间

目标船舶与无人艇的最小会遇时间 TCPA 为

$$\mathrm{TCPA} = \|\boldsymbol{R}_{nm}\| \cdot \cos(\psi_{nm} - \alpha - \pi) / \|\boldsymbol{v}_{nm}\| \tag{5.24}$$

当目标船舶没有行驶至最近会遇点时，TCPA≥0；当目标船舶已经行驶经过最近会遇点时，DCPA<0。

6．无人艇与目标船舶的空间碰撞危险度

如果无人艇与目标船舶存在碰撞危险，则以无人艇与目标船舶的最小会遇距离DCPA 为主要因素，以无人艇的安全半径为主要指标，建立空间碰撞危险度模型，衡量二者距离发生碰撞的空间迫切程度，其取值范围为[0,1]，其值越大代表发生碰撞的可能性越大，当其值为 1 时，代表无人艇与目标船舶发生碰撞，因此无人艇与目标船舶的空间碰撞危险度 U_{D} 为

$$U_{\mathrm{D}} = \begin{cases} 1, & \mathrm{DCPA} < l_1 \\ \dfrac{1}{2} - \dfrac{1}{2}\sin\left[\dfrac{\pi}{l_2 - l_1} \cdot \dfrac{\mathrm{DCPA}(l_1 + l_2)}{2}\right], & l_1 \leqslant \mathrm{DCPA} \leqslant l_2 \\ 0, & \mathrm{DCPA} > l_2 \end{cases} \tag{5.25}$$

式中，l_1 为无人艇的安全半径，此区域里面禁止其他船舶驶入，当 $\mathrm{DCPA} < l_1$ 时，意味着无人艇与目标船舶发生了碰撞；l_2 为无人艇空间碰撞危险度的零边界，当 $\mathrm{DCPA} \geqslant l_2$ 时，无人艇与目标船舶不存在碰撞风险，$l_2 = \varepsilon \cdot l_1$，其中 ε 为增益系数，与无人艇性能有关。当 $l_1 \leqslant \mathrm{DCPA} \leqslant l_2$，需要计算无人艇与目标船舶的空间碰撞危险度。

7．无人艇与目标船舶的时间碰撞危险度

对于具有碰撞危险的两船，以时间碰撞危险度来衡量二者在临近最近会遇点的时间上的紧迫性，其取值范围为[0,1]，其值越大代表临近发生碰撞的时间越短，当其值为 1 时，代表无人艇与目标船舶发生碰撞，则无人艇与目标船舶的时间碰撞危险度 U_{T} 为

$$U_{\mathrm{T}} = \begin{cases} 1, & 0 < \mathrm{TCPA} < t_1 \\ \left(\dfrac{t_2 - \mathrm{TCPA}}{t_2 - t_1}\right)^2, & t_1 \leqslant \mathrm{TCPA} \leqslant t_2 \\ 0, & \text{else} \end{cases} \tag{5.26}$$

式中，$t_1=\sqrt{\dfrac{l_1^2-\text{DCPA}^2}{\|\boldsymbol{v}_{nm}\|}}$；$t_2=\sqrt{\dfrac{l_2^2-\text{DCPA}^2}{\|\boldsymbol{v}_{nm}\|}}$。

8．综合碰撞危险度

综合上述无人艇与目标船舶的空间碰撞危险度U_{D}和时间碰撞危险度U_{T}，进而定义综合碰撞危险度CR为

$$\text{CR}=\begin{cases}\max(U_{\text{D}},U_{\text{T}}), & U_{\text{D}}\neq 0,\ U_{\text{T}}\neq 0\\ 0, & U_{\text{D}}=0 \text{ 或 } U_{\text{T}}=0\end{cases} \tag{5.27}$$

在无人艇沿着既定路径航行的过程中，无论遇到多少未知障碍物，只需要依次计算与障碍物的碰撞危险度，当碰撞危险度超过无人艇指定的碰撞危险度阈值CR_0，并且进一步增大时，认为无人艇处在危险中，需要进行避碰。

5.2.3.2　避碰时机

基于避碰时机的碰撞风险评估模型可以分成以下5类。

（1）基于船舶领域的避碰时机模型。

船舶领域是一船避免他船进入的、本船周围一定范围内的水域，当他船与本船的距离值小于船舶领域值时，本船或他船就应采取措施避开。基于这种思想，英国学者Davis在船舶领域研究的基础上提出了动界的概念。动界以船舶领域为基础，是驾驶员进行避让决策和采取避让行动的空间区域，是本船采取避碰行动时机的判断标准。

（2）基于避碰行为统计方法的避碰时机模型。

这种模型的特点是基于调查问卷、模拟或观测等方法获得数据，采取统计、回归或模糊数学方法进行分析，研究避碰时机问题。这种模型用于在海上碰撞发生前后分析驾驶员的个体差异和心理活动，并利用模糊集值统计方法获取两船首次采取避碰行动的距离模糊满意度函数。这种模型以大量数据为基础，影响变量很多，直接统计难以真正反映不同因素对避碰时机的影响。

（3）基于碰撞危险度的避碰时机模型。

在这种模型中，船舶避碰时机与碰撞危险度直接相关。通常设定碰撞危险度的某个阈值，当碰撞危险度大于或等于该阈值时船舶采取避碰行动。与前文介绍的碰撞危险度相对应，以主观危险度SJ来表示操作人员的主观感受，即“非常危险”“危险”“轻微危险”“既不危险也不安全”“轻微安全”“安全”“非常安全”等。

（4）以时间或距离确定避碰时机的模型。

这种模型以某个确定的时间或距离阈值为避碰时机，该时机通常与本船的性能相关，当他船继续航行将侵入本船领域时，设定在侵入本船领域前几分钟的时间标准作为本船的避碰时机。在确定本船的避碰时机时，根据本船旋转航向的时间、转向避碰幅度、采取的舵角等综合得出本船距离他船多远时采取避碰行动，计算公式为

$$R_{\text{B}}=\frac{U+V}{60}\times\frac{90}{\dot{\psi}} \tag{5.28}$$

式中，U 为本船航速；V 为他船航速；R_B 为安全距离；$\dot{\psi}$ 为转弯速度。

$$T_r = \frac{90 + A}{\dot{\psi}} + T_d \tag{5.29}$$

式中，T_r 为所需要的时间；A 为舵角；T_d 为船舶响应舵角的物理时间延迟。

（5）以避让界限确定避碰时机的模型。

该模型认为本船的避碰操纵需要一定时间，并且要保证会遇船舶安全通过。因此，需要设定两船的通过条件和时间条件。通过条件是指两船不发生碰撞时必须确保的最小限度的距离间隔，其轨迹一般设定为圆或椭圆。时间条件是指从开始采取避碰行动到恢复原航向为止，确保与他船之间的通过条件所需的时间。在设定本船与他船航速及航向误差的情况下，根据本船的转向幅度、操纵性能、大小等因素，研究避让界限（距离和时间）在被避让船周围 360°方向上的分布情况。根据避让操纵所需的时间界限，可推出本船采取避碰行动的时机。

目前的船舶避碰决策系统是通过对海上避碰规则的分析、船员的理解及船舶情况等获取知识库进而构建的避碰专家系统，该系统已较为智能，但仍存在一些不足，如在多船相遇的复杂场合下，避碰专家系统难以给出正确的决策。无人艇避碰流程图如图 5-24 所示。

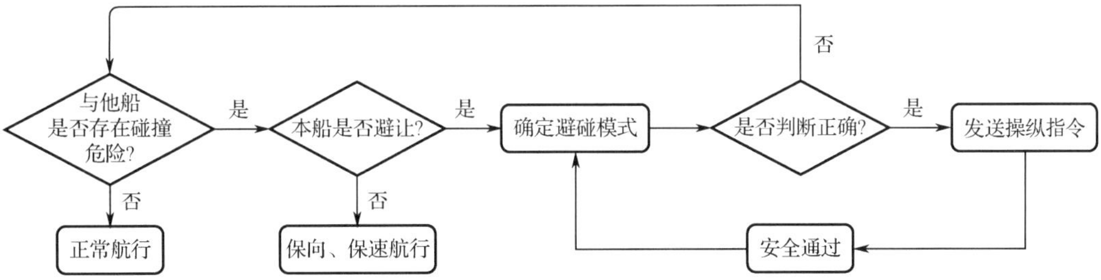

图 5-24　无人艇避碰流程图

5.2.3.3　无人艇避碰需要考虑的因素

由以上分析可知，在无人艇对船舶的避碰决策中，有许多因素需要予以考虑，主要体现为如下几点。

（1）《海规》给船舶避碰提供了规则，无人艇应该时刻遵守这一公约。

（2）障碍船舶存在人为因素。事实上，在过往的船舶碰撞事故中，人的判断是最关键的因素，可能会违背《海规》从而给无人艇带来隐患。

（3）多船相遇的情况。《海规》中规定了两船相遇时的避碰规则，但是在多船相遇的复杂情况下，《海规》中的规则可能不适用，容易出现问题。

（4）水文信息、地理信息、气象信息等环境因素。

（5）船舶自身各方面的性能因素，如大小、航速、操作性能等，以及无人艇自身的感知系统的准确性等因素。

5.2.4 常用的局部路径规划算法

5.2.4.1 虚拟势场法

虚拟势场法使用二维笛卡儿直方图网格进行障碍物表示。直方图网格中的每个单元格 (i, j) 都拥有一个确定性值 $c_{i,j}$，表示算法对该位置存在障碍物的置信度，在靠近障碍物实际位置的单元格中获得了高确定性值。

接下来，将势场思想应用于直方图网格，因此可以有效地利用概率传感器信息来控制机器人。图 5-25 显示了虚拟势场法的工作原理：随着机器人的移动，一个由 $w_s \times w_s$ 个单元格组成的窗口覆盖在一个方形的区域上。该区域称为活动区域（记为 C^*），暂时属于活动区域的单元称为活动单元（记为 $C^*_{i,j}$）。窗口的大小是 33×33 个单元格（单元格大小为 10cm×10cm），并且窗口中机器人的位置始终居中。

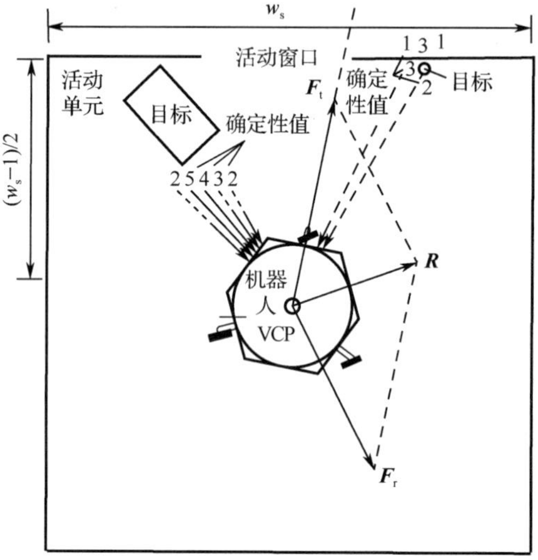

图 5-25 虚拟势场法示意图

每个活动单元对机器人施加一个虚拟排斥力 $\boldsymbol{F}_{i,j}$，这个力的大小与确定性值 $C^*_{i,j}$ 成正比，与 d^x 成反比，其中 d 是单元格与机器人中心之间的距离，x 是一个正实数（在下面的讨论中假设 $x = 2$）。在每次迭代中，将所有虚拟排斥力加起来，得到合力排斥力 $\boldsymbol{F}_r$。同时，一个大小恒定的虚拟吸引力 $\boldsymbol{F}_t$ 被施加到机器人上，将其“拉”向目标。由 $\boldsymbol{F}_r$ 和 $\boldsymbol{F}_t$ 的和得到力向量 $\boldsymbol{R}$。为了计算 $\boldsymbol{R}$，必须计算和累积多达 33×33 = 1089 个单独的排斥力向量 $\boldsymbol{F}_{i,j}$。

因此，虚拟势场法的计算核心是一种专门开发的快速计算合力排斥力 $\boldsymbol{F}_r$ 的算法。

虚拟势场法存在如下 3 个问题，主要原因是原理上的缺陷——大量障碍物点的数据被抽象成一个合力排斥力 $\boldsymbol{F}_r$，造成了信息损失。

（1）和人工势场法相同的局部极小值。

（2）无法通过狭窄的障碍物间隙。

（3）传感器测量的不确定性、坐标和占据值的离散变化会导致运动方向易抖动。

5.2.4.2　速度障碍法

无人艇在水面航行时，可通过雷达、AIS 设备等获取环境信息，对影响无人艇安全航行的障碍物的速度、方位、形状等信息进行提取并存储。在无人艇航行避碰过程中，障碍物的形状、覆盖区域是无人艇避碰重点考虑的因素。障碍物的形状、大小各异，并且其周围水域环境变化也会影响无人艇安全航行，对此可根据英国学者 Davis 研究改进的 GoodWin 船舶领域模型，设立船舶航行水域范围。以无人艇的长为直径画圆，将所覆盖的区域视作无人艇简化模型，如图 5-26 所示，其中 a 为无人艇区域，b 为障碍物区域。

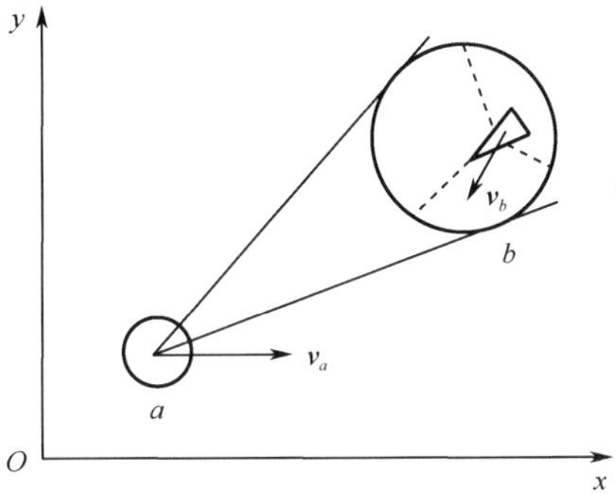

图 5-26　无人艇简化模型

对障碍物与无人艇进行安全性膨化处理，建立无人艇-障碍物环境模型，如图 5-27 所示，确定碰撞区域。在 t 时刻，无人艇向障碍物两侧切线方向发射射线 l_1 和 l_2，l_1 和 l_2 与 x 轴的夹角分别为 θ_1 和 θ_2；无人艇和障碍物的速度分别为 $\boldsymbol{v}_a$、$\boldsymbol{v}_b$，两者相对速度为 $\boldsymbol{v}_{\mathrm{R}}=\boldsymbol{v}_a-\boldsymbol{v}_b$，$\boldsymbol{v}_{\mathrm{R}}$ 与 x 轴的夹角为 θ_a，对无人艇、障碍物的速度进行沿 x 轴、y 轴方向的分解，分别得到 v_{ax}、v_{ay}、v_{bx} 和 v_{by}，则有

$$\theta_a=\arctan\frac{v_{ay}-v_{by}}{v_{ax}-v_{bx}} \tag{5.30}$$

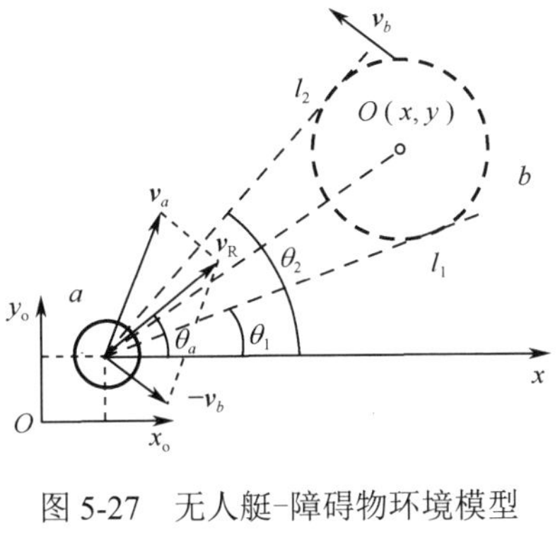

图 5-27　无人艇-障碍物环境模型

定义两条切线l_1、l_2与由 a 和 b 组成的扇形封闭区域为碰撞区域，记为$\varDelta$。倘若$\boldsymbol{v}_{\mathrm{R}} \in \varDelta$，则无人艇存在碰撞风险。由图 5-27 可以看出，无人艇与障碍物不发生碰撞的条件为

$$0 < \theta_a < \theta_1 \text{或} \theta_2 < \theta_a < 2\pi \tag{5.31}$$

假设在某一水域中存在 n 个经过安全性膨化处理的障碍物，每个障碍物的两条切线与 x 轴的夹角分别为θ_{2n-1}和θ_{2n}，n=1,2,⋯。若$\boldsymbol{v}_{\mathrm{R}} \notin \varDelta$，则无人艇处于安全水域，与所有障碍物均无碰撞风险。当无人艇在水面上快速航行时，对于水域内出现的障碍物，无人艇需要实时确定θ_a与$\theta_1, \theta_2, \cdots, \theta_{2n}$的关系，并且通过无人艇自身的操纵控制实现对$\theta_a$的调节，使其处于碰撞区域之外。因此，无人艇在对障碍物进行避碰时其转向操作应遵循一定准则。无人艇确定其航行安全区域后，需要转向避让障碍物。在避让过程中，无人艇需要考虑与障碍物的距离、障碍物的位置及障碍物分布信息。

5.2.4.2 动态窗口法

动态窗口法（Dynamic Window Approach，DWA）是一种避障规划算法，通过对速度空间施加约束以确保满足动力学模型和避障的要求，在速度空间中搜索机器人最优控制速度，最终实现快速、安全地到达目的地的目标。动态窗口法的突出点在于“动态窗口”这个定义，它的含义是依据机器人的加减速性能将速度采样空间限定在一个可行的动态范围内。

根据机器人位置和速度的对应关系，动态窗口法将机器人的位置控制转化为速度控制，将避障问题描述为速度空间中带约束的优化问题，其中包含两类约束，一类是机器人速度和加速度限制，另一类是环境和障碍物约束。

首先，模拟机器人的运动轨迹，需要知道机器人的运动模型，整个机器人的运动轨迹可以认为是由 n 个时段的 n 个小圆弧构成的，可用(v, ω)表示小圆弧轨迹。将小圆弧轨迹累加到全局坐标系中，可以推导一定时间之后机器人在全局坐标系中的位置$(x_{\mathrm{robot}}, y_{\mathrm{robot}})$，如图 5-28 所示。

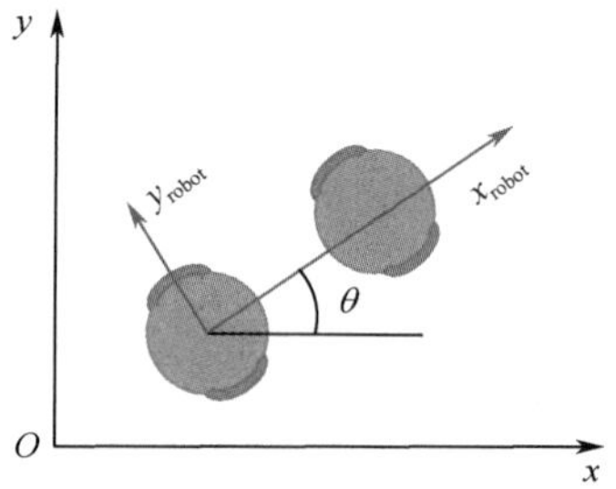

图 5-28　动态窗口法坐标变换图

其次，对机器人进行速度采样，根据机器人速度限制，速度组合$V_{\mathrm{s}}(v, \omega)$满足：

$$V_{\mathrm{s}} = \{(v, \omega) | 0 \leqslant v \leqslant v_{\max}, -\omega_{\max} \leqslant \omega \leqslant \omega_{\max}\} \tag{5.32}$$

式中，v 代表线速度；ω 代表角速度。

基于机器人的运动学原理，并且对机器人和障碍物进行安全性膨化处理，在某个时刻，机器人的允许速度 V_a 可以表示为

$$V_a = \{(v,\omega) \big| v \leqslant \sqrt{2\cdot \text{dist}(v,\omega)\cdot \dot{v}}, \omega \leqslant \sqrt{2\cdot \text{dist}(v,\omega)\cdot \dot{\omega}}\} \tag{5.33}$$

式中，$\text{dist}(v,\omega)$ 表示下一时刻机器人到障碍物的距离。由于受到动力学约束，线加速度 $\dot{v}$ 和角速度 $\dot{\omega}$ 有上、下限。在给定机器人的当前线速度为 v_{cur}、当前角速度为 ω_{cur} 和时间间隔为 d_t 的条件下，下一时刻的可达速度 $V_d(v,\omega)$ 满足：

$$V_d(v,\omega) = \begin{cases} v_{cur} - \dot{v}_{max} d_t \leqslant v \leqslant v_{cur} + \dot{v}_{max} d_t \\ \omega_{cur} - \dot{\omega}_{max} d_t \leqslant \omega \leqslant \omega_{cur} + \dot{\omega}_{max} d_t \end{cases} \tag{5.34}$$

根据环境和障碍物约束，以及机器人动力学约束，得到了一个带动力学和环境等约束的二维速度空间，根据这个速度空间进行轨迹模拟，其中会与障碍物发生碰撞的轨迹已经被排除。最后还需要利用评价函数对每条轨迹做出评价，通常的评价函数如下：

$$G(v,\omega) = \alpha \cdot \text{heading}(v,\omega) + \beta \cdot \text{dist}(v,\omega) + \gamma \cdot v(v,\omega) \tag{5.35}$$

式中，$\text{heading}(v,\omega)$ 为方位角评价函数，用于评价无人艇在当前采样速度下对目标的方向性，当机器人运动方向完全指向目标点，即图 5-29 中 θ 为 0 时，它的值最大。

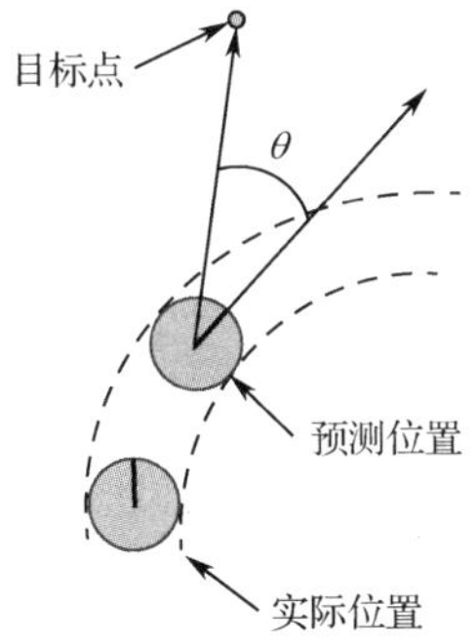

图 5-29　动态窗口法方位角示意图

5.2.5　人工势场法

在广阔的海洋上有些不稳定的因素会影响无人艇的航行安全性，其中避开礁石、漂浮物、动态航行的船只等障碍物是非常受关注的问题。研究者针对无人艇航行中需要考虑的避碰问题已进行了很多年研究，提出了许多智能化避障算法。

人工势场法作为当今热门的避障算法之一，被应用在众多领域，为智能化避障提供了强大的理论基础。

人工势场类似于电场，在电场中存在两种不同的电荷，即正电荷和负电荷，同性的电荷相互排斥，异性的电荷相互吸引。电荷之间的吸引与排斥会产生相应的吸引力与排斥力，电荷会沿着吸引力或排斥力的方向移动。在无人艇局部路径规划的研究中，无人艇相当于电场中的正电子，目标点相当于电场中的负电子，两者之间存在方向为由无人艇指向目标点的吸引力；海域内的障碍物相当于电场中的正电子，和无人艇之间存在排

斥力。无人艇受力分析图如图 5-30 所示，吸引力 $\boldsymbol{F}_{\text{att}}$ 和排斥力 $\boldsymbol{F}_{\text{rep}}$ 合成合力 $\boldsymbol{F}_{\text{sum}}$ 。无人艇在合力 $\boldsymbol{F}_{\text{sum}}$ 的作用下避开障碍物并安全到达目标点。

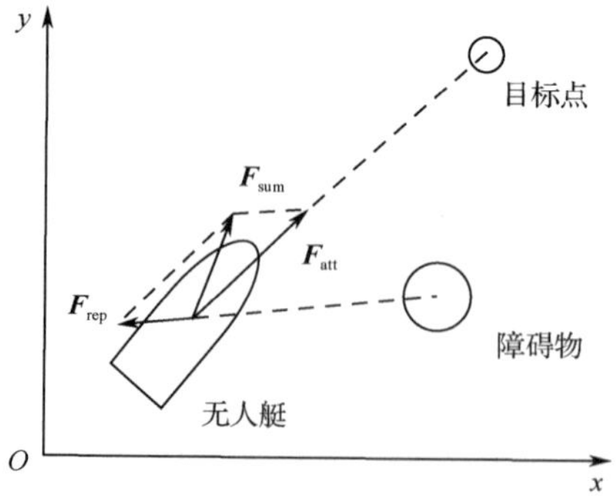

图 5-30　无人艇受力分析图

假设当前无人艇的位置是 $\boldsymbol{p}=[\xi,\eta]^{\text{T}}$，最终目标点的位置是 $\boldsymbol{p}_{\text{g}}=[\xi_{\text{g}},\eta_{\text{g}}]^{\text{T}}$，障碍物的位置是 $\boldsymbol{p}_{\text{o}}=[\xi_{\text{o}},\eta_{\text{o}}]^{\text{T}}$ 。

根据无人艇和目标点的相对距离，可以得到无人艇在航行中受到的吸引力，吸引力势场 $\boldsymbol{U}_{\text{att}}(\boldsymbol{p})$ 可表示为

$$\boldsymbol{U}_{\text{att}}(\boldsymbol{p})=\frac{1}{2}\lambda_1(\boldsymbol{p}-\boldsymbol{p}_{\text{g}})^2=\frac{1}{2}\lambda_1\left\|d_{\text{pg}}\right\|^2 \tag{5.36}$$

式中，λ_1 表示吸引力势场的系数；d_{pg} 表示无人艇与目标点的直线距离。吸引力势场的方向为由无人艇指向目标点。

对吸引力势场 $\boldsymbol{U}_{\text{att}}(\boldsymbol{p})$ 求负梯度可得到吸引力表达式，即

$$\boldsymbol{F}_{\text{att}}(\boldsymbol{p})=-\nabla\boldsymbol{U}_{\text{att}}(\boldsymbol{p})=-\lambda_1\left\|d_{\text{pg}}\right\|\boldsymbol{n}_{\text{pg}} \tag{5.37}$$

吸引力势场示意图如图 5-31 所示。

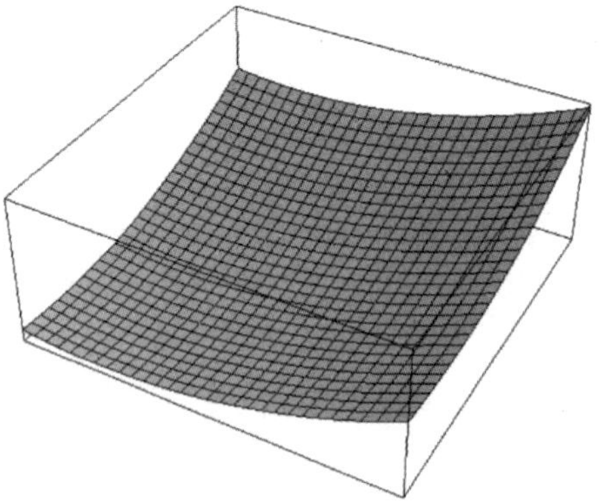

图 5-31　吸引力势场示意图

无人艇与目标点的直线距离越小，无人艇受到的吸引力越大，吸引力的方向为由无人艇指向目标点。当计算所得到的吸引力大小为 0 时，说明无人艇在目标点处。

在无人艇与障碍物之间存在排斥力势场 $\boldsymbol{U}_{\text{rep}}(\boldsymbol{p})$，其表达式为

$$U_{\text{rep}}(\boldsymbol{p})=\begin{cases}\dfrac{1}{2}\lambda_2\left(\dfrac{1}{\|d_{\text{po}}\|}-\dfrac{1}{\|d_{\text{o}}\|}\right)^2, & \|d_{\text{po}}\|<d_{\text{o}}\\ 0, & \|d_{\text{po}}\|\geqslant d_{\text{o}}\end{cases} \tag{5.38}$$

$$\left(\|d_{\text{po}}\|\right)^2=(\boldsymbol{p}-\boldsymbol{p}_{\text{o}})^2 \tag{5.39}$$

式中，λ_2 表示排斥力势场的系数；d_{po} 是无人艇与障碍物的距离，可由式（5.39）求得；d_{o} 表示障碍物能影响到的范围。当无人艇与障碍物的距离超出了排斥力势场所能覆盖的范围时，无人艇不会受到与障碍物产生的排斥力，$\boldsymbol{U}_{\text{rep}}(\boldsymbol{p})$ 的大小取值为 0。

排斥力势场示意图如图 5-32 所示。

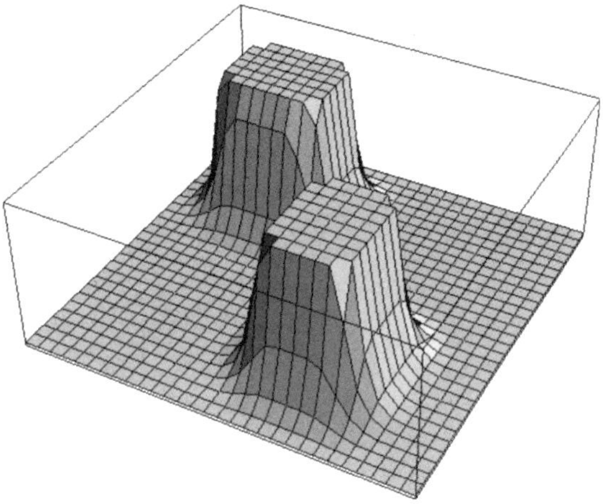

图 5-32　排斥力势场示意图

同理，排斥力的表达式为

$$\boldsymbol{F}_{\text{rep}}(\boldsymbol{p})=-\nabla\boldsymbol{U}_{\text{rep}}(\boldsymbol{p})=\begin{cases}\lambda_2\left(\dfrac{1}{\|d_{\text{po}}\|}-\dfrac{1}{\|d_{\text{o}}\|}\right)\|d_{\text{o}}\|^{-2}\boldsymbol{n}_{\text{op}}, & \|d_{\text{po}}\|<d_{\text{o}}\\ 0, & \|d_{\text{po}}\|\geqslant d_{\text{o}}\end{cases} \tag{5.40}$$

排斥力的方向为从障碍物指向无人艇。

因此，无人艇受到的合力为

$$\boldsymbol{F}_{\text{sum}}(\boldsymbol{p})=\boldsymbol{F}_{\text{rep}}(\boldsymbol{p})+\boldsymbol{F}_{\text{att}}(\boldsymbol{p})=\begin{cases}-\lambda_1\|d_{\text{pg}}\|\boldsymbol{n}_{\text{pg}}+\lambda_2\left(\dfrac{1}{\|d_{\text{po}}\|}-\dfrac{1}{\|d_{\text{o}}\|}\right)\|d_{\text{o}}\|^{-2}\boldsymbol{n}_{\text{op}}, & \|d_{\text{po}}\|<d_{\text{o}}\\ -\lambda_1\|d_{\text{pg}}\|\boldsymbol{n}_{\text{pg}}, & \|d_{\text{po}}\|\geqslant d_{\text{o}}\end{cases} \tag{5.41}$$

将吸引力势场与排斥力势场叠加，就形成了人工势场，其表达式为

$$\boldsymbol{U}(\boldsymbol{p})=\boldsymbol{U}_{\text{rep}}(\boldsymbol{p})+\boldsymbol{U}_{\text{att}}(\boldsymbol{p}) \tag{5.42}$$

通常采用梯度下降的方法，从当前位置开始，沿着负梯度方向不断前进，直至到达梯度为 0 的位置，就可以绕过图 5-33 中的两个障碍物到达目标点。人工势场法容易陷

入局部最优解问题，也会出现与障碍物产生的排斥力和与目标点产生的吸引力大小相等、方向相反的情况，此时无人艇受到的合力大小为 0，将不能产生速度向目标点航行。还存在一种情况，即势场函数是由中心向四周扩散出去的函数，因此当无人艇进入障碍物的影响范围内时，受到的排斥力永远大于受到的吸引力，导致无人艇偏离预想轨迹，远离目标点，在目标点周围徘徊而无法靠近。

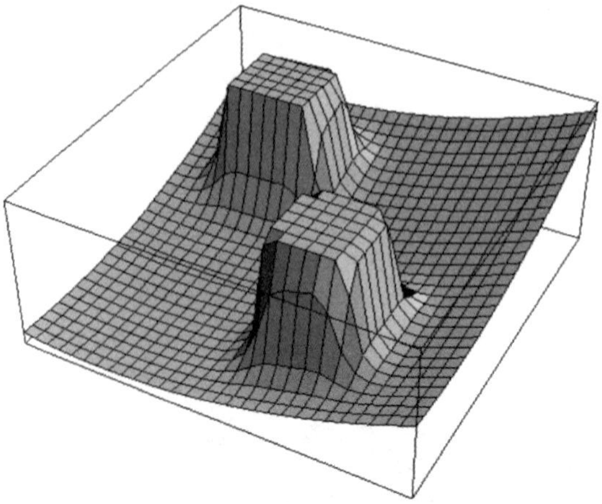

图 5-33　混合势场示意图

参 考 文 献

[1] 彭艳，葛磊，李小毛，等. 无人水面艇研究现状与发展趋势[J]. 上海大学学报（自然科学版），2019, 25(5): 645-654.

[2] 吴骁. 水面无人集群监控系统与避障规划研究[D]. 武汉：华中科技大学，2018.

[3] 杨怀. USV 路径规划算法的研究[D]. 大连：大连海事大学，2016.

[4] 赵嘉祺. 基于改进遗传算法的水面无人艇避障问题研究[D]. 天津：天津理工大学，2019.

[5] 曾江峰. 复杂海况下 USV 路径跟踪控制算法研究[D]. 哈尔滨：哈尔滨工程大学，2019.

[6] 牛晓威. 无人艇控制与路径规划算法研究[D]. 哈尔滨：哈尔滨工业大学，2019.

[7] 陈佐鹏. 无人艇局部路径规划的研究与实现[D]. 武汉：华中科技大学，2019.

[8] 郭峰. 小型 USV 高速运动条件下避碰规划方法研究[D]. 哈尔滨：哈尔滨工程大学，2019.

[9] 李茂如. 基于电子海图的无人艇路径规划及实时避碰策略研究与实现[D]. 南京：南京邮电大学，2020.

[10] 孙晓界. 无人水面艇实时路径规划系统研究[D]. 大连：大连海事大学，2016.

[11] 徐钰斐. 复杂环境下的 USV 路径规划与跟踪控制研究[D]. 哈尔滨：哈尔滨工程大学，2020.

[12] 黄胜全. 高海况条件下无人艇智能操船决策控制[D]. 哈尔滨：哈尔滨工业大学，2021.

[13] 欧文. 小型水面无人艇障碍物避碰方法研究[D]. 武汉：华中科技大学，2020.

[14] 李亚南. 智能水面无人艇的集群运动控制研究[D]. 哈尔滨：哈尔滨工业大学，2019.

[15] 金健安. 无人艇航迹规划与实时避障方法研究[D]. 杭州：浙江大学，2020.

[16] 谢伟杰. 基于蜂拥算法的无人艇集群编队研究[D]. 哈尔滨：哈尔滨工程大学，2020.

[17] 沈童. 基于混合智能算法的无人艇自主避障研究[D]. 大连：大连理工大学，2020.

[18] 蔡悦. 水面无人艇固定时间协同路径跟踪控制[D]. 镇江：江苏科技大学，2022.

[19] 魏新勇. 水面无人艇自主局部避障系统关键技术研究[D]. 广州：华南理工大学，2019.

[20] 顾尚定. 面向复杂环境的无人艇运动规划研究[D]. 武汉：武汉理工大学，2020.

[21] 杜哲. 基于轨迹单元的水面无人艇运动规划研究[D]. 武汉：武汉理工大学，2018.

[22] WANG Z, LI G F, REN J. Dynamic path planning for unmanned surface vehicle in complex offshore areas based on hybrid algorithm[J]. Computer Communications, 2021, 166: 49-56.

[23] LI L Y, WU D F, HUANG Y G, et al. A path planning strategy unified with a COLREGS collision avoidance function based on deep reinforcement learning and artificial potential field[J]. Applied Ocean Research, 2021, 113: 102759.

[24] LIU Y C, BUCKNALL R. Path planning algorithm for unmanned surface vehicle formations in a practical maritime environment[J]. Ocean Engineering, 2015, 97: 126-144.

[25] WANG N, XU H W, LI C Z, et al. Hierarchical path planning of unmanned surface vehicles: a fuzzy artificial potential field approach[J]. International Journal of Fuzzy Systems, 2021, 23(6): 1797-1808.

[26] SANG H Q, YOU Y S, SUN X J, et al. The hybrid path planning algorithm based on improved A* and artificial potential field for unmanned surface vehicle formations[J]. Ocean Engineering, 2021, 223: 108079.

[27] WU Y, LOW K H, LV C. Cooperative path planning for heterogeneous unmanned vehicles in a search-and-track mission aiming at an underwater target[J]. IEEE Transactions on Vehicular Technology, 2020, 69(6): 6782-6787.

[28] ZHU X H, YAN B, YUE Y. Path planning and collision avoidance in unknown environments for usvs based on an improved d* Lite[J]. Applied Sciences, 2021, 11(17): 7863.

[29] ZHANG Y, HSUEH Y L, LEE W C, et al. Efficient cache-supported path planning on roads[J]. IEEE Transactions on Knowledge and Data Engineering, 2015, 28(4): 951-964.

[30] SUNG I, CHOI B J, NIELSEN P. On the training of a neural network for online path planning with offline path planning algorithms[J]. International Journal of Information Management, 2021, 57: 102142.

[31] XU K, SU R. Path planning of nanorobot: a review[J]. Microsystem Technologies, 2022, 28(11): 2393-2401.

[32] HU L, NAEEM W, RAJABALLY E, et al. A multiobjective optimization approach for COLREGs-compliant path planning of autonomous surface vehicles verified on networked bridge simulators[J]. IEEE Transactions on Intelligent Transportation Systems, 2019, 21(3): 1167-1179.

[33] LI J Q, ZHANG G Q, LIU C, et al. COLREGs-constrained adaptive fuzzy event-triggered control for underactuated surface vessels with the actuator failures[J]. IEEE Transactions on Fuzzy Systems, 2020, 29(12): 3822-3832.

[34] IMO. COLREGs—Convention on the International Regulations for Preventing Collisions at Sea[Z]. 1972.

[35] ZHAO L, ROH M. COLREGs-compliant multiship collision avoidance based on deep reinforcement learning[J]. Ocean Engineering, 2019, 191(1): 106436.1-106436.15.

[36] XU X L, LU Y, LIU X C, et al. Intelligent collision avoidance algorithms for USVs via deep reinforcement learning under COLREGs[J]. Ocean Engineering, 2020, 217: 106436.1-106436.15.

[37] MA Y, HU M Q, YAN X P. Multi-objective path planning for unmanned surface vehicle with currents effects[J]. ISA Transactions, 2018, 75: 137-156.

[38] FIORINI P, SHILLER Z. Motion planning in dynamic environments using velocity obstacles[J]. The International Journal of Robotics Research, 1998, 17(7): 760-772.

[39] DENG Q, PENG Y, QU D, et al. Neuro-adaptive containment control of unmanned surface vehicles with disturbance observer and collision-free[J]. ISA Transactions, 2022, 129: 150-156.

[40] HUANG Y, GELDER P V, WEN Y Q. Velocity obstacle algorithms for collision prevention at sea[J]. Ocean Engineering, 2018, 151: 308-321.

[41] WU T Y, XUE K, WANG P. Leader-follower formation control of USVs using APF-based adaptive fuzzy logic nonsingular terminal sliding mode control method[J]. Journal of Mechanical Science and Technology, 2022, 36(4): 2007-2018.

[42] YU Y L, GUO C, YU H M. Finite-time PLOS-based integral sliding-mode adaptive neural path following for unmanned surface vessels with unknown dynamics and disturbances[J]. IEEE Transactions on Automation Science and Engineering, 2019, 16(4): 1500-1511.

[43] PARK B S. A simple output-feedback control for trajectory tracking of underactuated surface vessels[J]. Ocean Engineering, 2017, 143: 133-139.

[44] WENG Y P, WANG N. Data-driven robust backstepping control of unmanned surface vehicles[J]. International Journal of Robust and Nonlinear Control, 2020, 30(9): 3624-3638.

[45] LIU Y C, BUCKNALL R. Efficient multi-task allocation and path planning for unmanned surface vehicle in support of ocean operations[J]. Neurocomputing, 2018, 275: 1550-1566.

[46] AGUIAR P, GHABCHELOO R, PASCOAL A, et al. Coordinated path-following of multiple underactuated autonomous vehicles with bidirectional communication constraints[C]//Proc. International Symposium on Communications, Control and Signal Processing, 2006.

[47] LI Y, ZHENG J. Real-time collision avoidance planning for unmanned surface vessels based on field theory[J]. ISA Transactions, 2020, 106: 233-242.

[48] WANG Y L, Han Q L. Network-based fault detection filter and controller coordinated design for unmanned surface vehicles in network environments[J]. IEEE Transactions on Industrial Informatics, 2016, 12(5): 1753-1765.

[49] PARK B S, Kwon J W, Kim H K. Neural network-based output feedback control for reference tracking of underactuated surface vessels[J]. Automatica, 2017, 77: 353-359.

[50] CHEN W H. Development of nonlinear disturbance observer based control and nonlinear PID: a personal note[J]. Control Theory and Technology, 2018, 16: 284-300.

[51] CHEN M, GE S S. Direct adaptive neural control for a class of uncertain nonaffine nonlinear systems based on disturbance observer[J]. IEEE Transactions on Cybernetics, 2012, 43(4): 1213-1225.

[52] WANG P K. Navigation strategies for multiple autonomous mobile robots moving in formation[J]. Journal of Robotic Systems, 1991, 8(2): 177-195.

[53] GHOMMAM J, Saad M. Adaptive leader--follower formation control of underactuated surface vessels under asymmetric range and bearing constraints[J]. IEEE Transactions on Vehicular Technology, 2017, 67(2): 852-865.

[54] WANG J, LIU J, Yi H. Formation control of unmanned surface vehicles with vision sensor constraints[C]//Oceans 2015-mts/ieee Washington, 2015: 1-8.

[55] HE S D, DONG C, DAI S L. Adaptive neural formation control for underactuated unmanned surface vehicles with collision and connectivity constraints[J]. Ocean Engineering, 2021, 226: 108834.

[56] DAI S L, HE S D, LUO F, et al. Leader-follower formation control of fully actuated USVs with prescribed performance and collision avoidance[C]//2017 36th Chinese Control Conference (ccc), 2017: 8777-8782.

[57] LEWIS M A, TAN K H. High precision formation control of mobile robots using virtual structures[J]. Autonomous Robots, 1997, 4: 387-403.

[58] RABELO M F S, Brandã o A SARCINELLI-FILHO M. Centralized control for an heterogeneous line formation using virtual structure approach[C]//2018 Latin American Robotic Symposium, 2018 Brazilian Symposium on Robotics (sbr) and 2018 Workshop on Robotics in Education (wre), 2018: 135-140.

[59] BREIVIK M, HOVSTEIN V E, FOSSEN T I. Straight-line target tracking for unmanned surface vehicles[J]. Modeling, Identification and Control (MIC), 2008, 29(4): 131-149.

[60] BALCH T, ARKIN R C. Behavior-based formation control for multirobot teams[J]. IEEE Transactions on Robotics and Automation, 1998, 14(6): 926-939.

[61] TAN G G, ZHUANG J Y, ZOU J, et al. Coordination control for multiple unmanned surface vehicles using hybrid behavior-based method[J]. Ocean Engineering, 2021, 232(29): 109147.

[62] ARRICHIELLO F, CHIAVERINI S, FOSSEN T I. Formation control of underactuated surface vessels using the null-space-based behavioral control[C]//2006 IEEE/rsj International Conference on Intelligent Robots and Systems, 2006: 5942-5947.

[63] KHATIB O. Real-time obstacle avoidance for manipulators and mobile robots[Z].

Springer, 1986: 396-404.

[64] 付明玉，王元慧，王成龙. 海洋运载器运动建模[M]. 哈尔滨：哈尔滨工程大学出版社，2017.

[65] 郑华荣，魏艳，瞿逢重. 水面无人艇研究现状[J]. 中国造船，2020,61(S1): 228-240.

[66] 李大光. 美国海上猎手无人战舰将使未来反潜作战发生改变[J]. 飞航导弹，2016（9）: 3-7.

[67] 薛春祥，黄孝鹏，朱咸军. 外军无人系统现状与发展趋势[J]. 雷达与对抗，2016, 36（1）: 1-5.